高等职业教育规划教材
高等职业院校船舶技术类专业拓展课程教学用书

Chuanbo Xiuzao Dianqi Anquan Jishu

船舶修造电气安全技术

（船舶安全管理技术专业）

郭祖平　主　编
于风卫　副主编
刘明伟　主　审

人民交通出版社

内 容 提 要

本书为高等职业教育规划教材，共九章，内容包括：船舶电气安全基础，直接接触电击的防护，间接接触电击的防护，其他电击防护措施，电工安全用具与常用仪表，防雷技术，供配电系统过电压防护，电气环境安全，施工中的电气安全管理与措施。

本书主要作为高职院校船舶安全管理技术专业教材，也可以作为轮机管理、船机修造专业的选修课程教材，还可供航运、修造船企业有关的工程技术人员参考。

图书在版编目（CIP）数据

船舶修造电气安全技术/郭祖平主编.—北京：人民交通出版社，2011.1
ISBN 978-7-114-08840-7

I.①船… II.①郭… III.①船舶修理－电气设备－安全技术②造船－电气设备－安全技术 IV.①U673.4

中国版本图书馆CIP数据核字(2010)第265070号

高等职业教育规划教材
书　　名：船舶修造电气安全技术
著 作 者：郭祖平
责任编辑：杨　川　黄兴娜
出版发行：人民交通出版社股份有限公司
地　　址：（100011）北京市朝阳区安定门外外馆斜街3号
网　　址：http://www.ccpress.com.cn
销售电话：（010）59757973
总 经 销：人民交通出版社股份有限公司发行部
经　　销：各地新华书店
印　　刷：北京市密东印刷有限公司
开　　本：787×1092　1/16
印　　张：9.75
字　　数：224千
版　　次：2011年1月第1版
印　　次：2017年1月第2次印刷
书　　号：ISBN 978-7-114-08840-7
印　　数：2001–3000册
定　　价：29.00元

前言
QIANYAN

为深入贯彻《教育部关于全面提高高等职业教育教学质量的若干意见》,积极推进课程改革和教材建设,为职业教育教学和培训提供更加丰富、多样和实用的教材,更好地满足我国造船工业快速发展的需要,中国交通教育研究会职业教育分会船舶技术专业委员会组织全国开办有船舶技术类专业的职业院校及其骨干教师,编写了高等职业教育船舶技术类专业拓展课程教学用书。

本系列教材注重以就业为导向,以能力为本位,面向市场,面向社会,体现了职业教育的特色,满足了高素质的实用型、技能型船舶技术类专业高等职业人才培养的需要。

本系列教材是针对三年制高等职业教育编写的,二年制的也可参考使用。同时,本系列教材还适用于船员的考证培训和船厂职工的自学以及其他形式的职业教育。

在中国航运业和船舶修造业飞速发展的同时,船舶修造和管理中存在的安全问题也越来越明显,发生的危险事故屡见不鲜,造成巨大的财产损失和大量的人员伤亡。其中,电气安全的事故占有很大比重,因此必须重视船舶修造和管理中的电气安全工作。作者通过参加在船舶电气安全技术课程的教学培训和实践,参考相关教材和国内船舶修造过程中电气安全的实际情况编写了《船舶修造电气安全技术》。

本书针对船舶管理、修造中的电气安全问题,结合中国船级社《钢质海船入级规范》,主要介绍了船舶电气设备的技术标准、电力系统安全防护、船舶修造中的安全用电、防火防爆技术与组织管理。全书共分九章,内容包括:船舶电气安全基础,直接接触电击的防护,间接接触电击的防护,其他电击防护措施,电工安全用具与常用仪表,防雷技术,供配电系统过电压防护,电气环境安全,施工中的电气安全管理与措施。

本书主要作为高职院校船舶安全管理技术专业的专业教材,还可供轮机管理、船机修造专业学生及航运、修造船企业有关的工程技术人员参考。

参加本书编写工作的人员有:主编青岛远洋船员学院郭祖平(编写第一、四、七章),副主编青岛远洋船员学院于风卫(编写第三、六章);参编青岛远洋船员学院孙红英(编写第二章),武汉航海职业技术学院周春东(编写第五章),青岛远洋船员学院曹海滨(编写第八章)、徐昆伦(编写第九章)。

全书由渤海船舶职业学院刘明伟担任主审,在此表示感谢!

限于编者经历和水平,教材内容难以覆盖全国各地的实际情况,希望各教学单位在积极选用和推广本系列教材的同时,注重总结经验,及时提出修改意见和建议,以便再版修订时改正。

中国交通教育研究会职业教育分会船舶技术专业委员会
二〇一〇年一月

目录 MULU

第一章　船舶电气安全基础

本章首先介绍工业企业和船舶供配电的一些基本知识，然后讲述电气事故概要、触电事故的类型及其分布规律，最后重点论述电流对人体的作用。本章内容有关电气安全工程的基础知识。

第一节　电力系统概况

一、工业企业供配电

工业企业供配电是指工业企业所需电能的供应和分配。由于电能易于由其他形式的能量转换而来，又易于转换为其他形式的能量而被利用，并且，电能在传输和分配上简单经济，便于控制，因此，电能成为现代工业生产的重要能源和动力。实际上，电能的生产、输送、分配和使用是在同一瞬间完成的，实现这个全过程的各个环节构成了一个有机联系的整体，这个整体就称为电力系统。

1. 电力系统

(1)电力系统的组成。电力系统由发电厂、送电线路、变电所、配电网和电力负荷组成，图1-1 是典型的电力系统主接线单线图(图中未画出用户内部的配电网)。

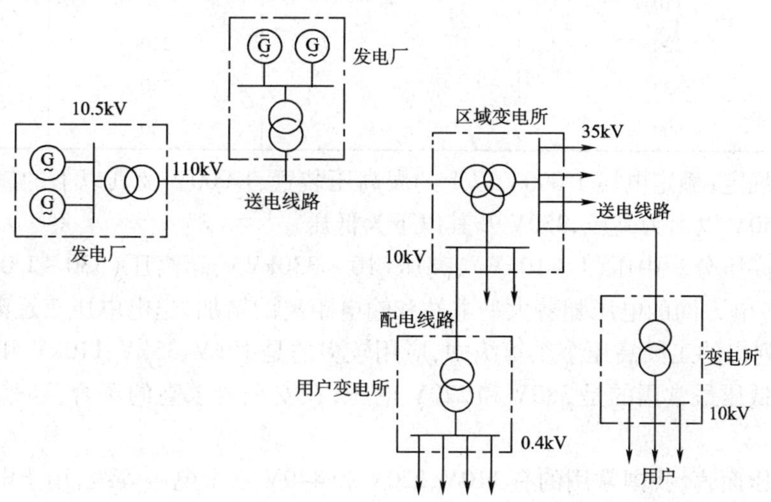

图 1-1　电力系统图

发电厂又称发电站，将自然界蕴藏的各种一次能源转换为电能(二次能源)。在现代电力系统中，最常见的是火力发电厂、水力发电厂和核能发电厂。

送电线路是指电压为35kV 及其以上的电力线路，分为架空线路和电缆线路。其作用是将电能输送到各个地区的区域变电所和大型企业的用户变电所。

变电所是构成电力系统的中间环节,分为区域变电所(中心变电所)和用户变电所。其作用是汇集电源、升降电压和分配电力。

配电网由电压为10kV及其以下的配电线路和相应电压等级的变电所组成,也有架空线路和电缆线路之分。其作用是将电能分配到各类用户。

电力负荷是指国民经济各部门用电以及居民生活用电的各种负荷。

(2)额定电压和电压等级。电气设备都是设计在额定电压下工作的。额定电压是保证设备正常运行并能够获得最佳经济效果的电压。我国标准规定的三相交流电网和电力设备常用的额定电压如表1-1所列。

我国三相交流电网和电力设备的额定电压　(单位:kV)　表1-1

分类	电网和用电设备额定电压	发电机额定电压	电力变压器额定电压	
			一次绕组	二次绕组
低压	0.22	0.23	0.22	0.23
	0.38	0.40	0.38	0.40
	0.66	0.69	0.66	0.69
高压	3	3.15	3及3.15	3.15及3.3
	6	6.3	6及6.3	6.3及6.6
	10	10.5	10及10.5	10.5及11
	—	13.8,15.75,18.20	13.8,15.75,18.20	—
	35	—	35	38.5
	63	—	63	69
	110	—	110	121
	220	—	220	242
	330	—	330	363
	500	—	500	550

我国标准规定:额定电压1 000V以上的属高压装置,1 000V及其以下的属低压装置。对地电压而言,250V以上为高压,250V及其以下为低压。

一般又将高压分为中压(1~10kV)、高压(10~330kV)、超高压(330~1 000kV)、特高压(>1 000kV)。电力网的电压随着大型电站和输电距离的增加,送电电压有逐渐提高的趋势。

在表1-1列出的工频高压多个等级中,应用较多的是10kV、35kV、110kV和220kV。

我国工频低压最常用的是380V和220V电压,在安全要求高的场合,还采用50V以下的安全电压。

就直流电压而言,我国常用的有110V、220V和440V三个电压等级,用于电力牵引的还有250V、550V、750V、1 500V、3 000V等电压等级。

用电设备的额定电压规定为与同级电网的额定电压相同。考虑用电设备运行时线路上要产生电压降,所以发电机额定电压要高于同级电网额定电压5%。同样,变压器的二次绕组额定电压高于同级电网额定电压5%。变压器一次绕组的额定电压分两种情况:当变压器直接与发电机相连时,其一次绕组额定电压应与发电机额定电压相同,即高于同级电网额定电压的

5%；当变压器接在电力网的末端，其一次绕组额定电压应与电网额定电压相同。

电力系统的电压和频率是衡量电力系统电能质量的两个基本参数。《全国供用电规则》(1983 年)规定，一般交流电力设备的额定频率为 50Hz，称为“工频”。设备的端电压与其额定电压有偏差时，设备的工作性能和使用寿命将受到影响，总的经济效果将会下降。

2. 工业企业供电系统的组成

工业企业供电系统由高压配电线路、配电所、低压配电线路等组成。其高压部分如图 1-2 所示。该图表示了系统的组成及相互关系，具体各部分的设立及连接方式还须根据工业企业的具体情况确定。常见的供电方式有以下四种：

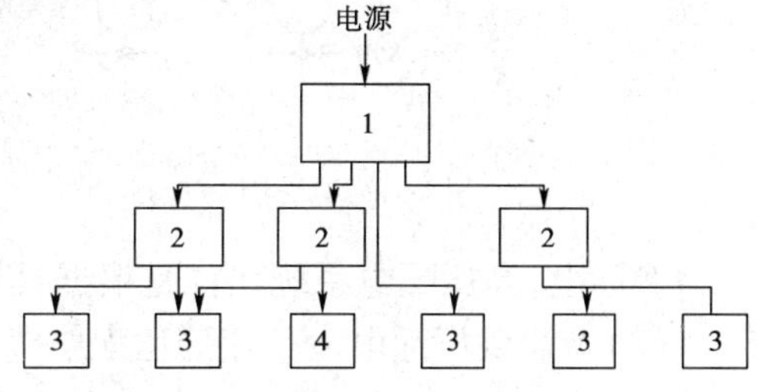

图 1-2 企业高压配电系统

1-总变电所；2-配电所；3-车间变电所；4-高压用电设备

(1)进线电压为 35kV，先经总变电所变为 10kV 的配电电压，分送到各车间变电所，再经车间变电所变为 0.4kV 低压电分送到各配电箱或用电设备。此方式适用于大型企业和大中型企业。

(2)进线电压为 10kV，经配电所分送到各车间，经车间变电所变为 0.4kV 低压电，分送到各配电箱或用电设备。此方式适用于大中型企业和中型企业。

(3)进线电压为 10kV，经变电所变为低压电分送到车间，再送到各配电箱或用电设备。此方式适用于中型企业和中小型企业。

(4)进线电压为 0.4kV，经配电所(室)分送到各车间或直接送到配电箱或用电设备。此方式适用于小型企业。

3. 工业企业配电

(1)企业高压配电。企业高压配电有放射式、树干式、环式三种基本接线方式。

①放射式，如图 1-3 所示。此方式是由一条母线分别给大型电动机、电炉变压器、电力变压器送电。其优点是各个线路上的故障不产生相互影响，因此可靠性较高，而且便于装设自动装置以实现自动化。缺点是使用高压开关设备较多，使投资增加。

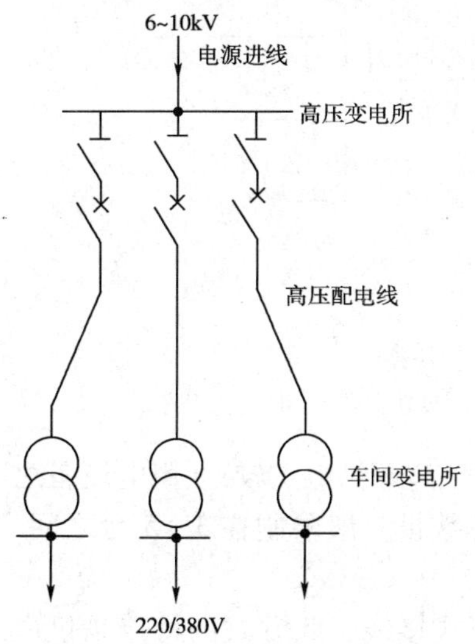

图 1-3 高压放射性电路

高压放射式配电适用于具有位置分散、大型集中负荷的企业。

②树干式，如图 1-4 所示。此方式是由一条高压配电干线引出若干支线，向用电负荷送电。其优点是线路简化，减少了线路的有色金属消耗量；采用的高压开关数量少，因此投资较少。缺点是供电可靠性低，当高压配电干线发生故障或检修时，连接于干线的所有变电所都要停电，并且在实现自动化方面适应性也较差。要提高其供电可靠性，可采用双干线供电或两端供电的接线方式。

③环式，如图 1-5 所示。此方式实质上是两端供电的树干式接线，为了避免环行线路上发生故障时影响整个电网，

以及便于实现线路保护的选择性，大多数环行线路采用开环运行，即环行线路中有一处开关是断开的。

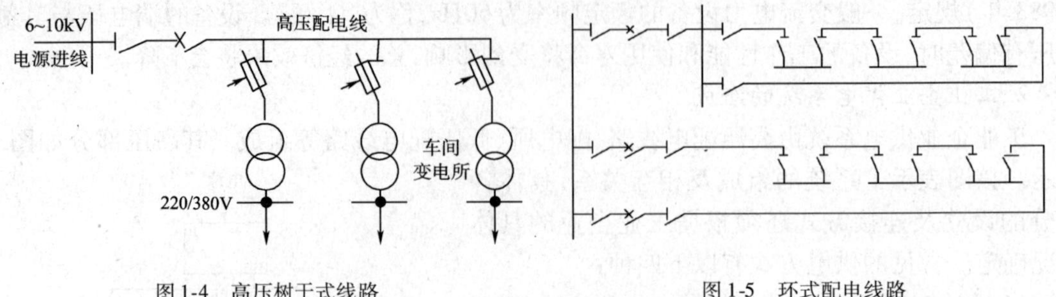

图 1-4　高压树干式线路　　图 1-5　环式配电线路

实际上，高压配电系统往往是根据具体情况，由上述几种接线方式组合而成。

(2)企业低压配电。企业低压配电线路也有放射式、树干式和环式等基本接线方式。

①放射式，如图 1-6 所示。此方式的特点是各个引出线在发生故障时相互之间不产生影响，供电可靠性较高。其应用范围主要是用电设备容量大，负荷性质重要，潮湿及腐蚀性环境的车间，或有爆炸危险性的厂房等。

②树干式，如图 1-7 所示。此方式在干线发生故障时，影响范围大，供电可靠性较差，适用于供电给容量较小而分布较均匀的用电设备，如机床、小型加热炉等。图 1-7b）所示树干式是“变压器-干线式”接线，由于省去了变电所低压侧整套低压配电装置，使变电所结构简化，投资大为降低。

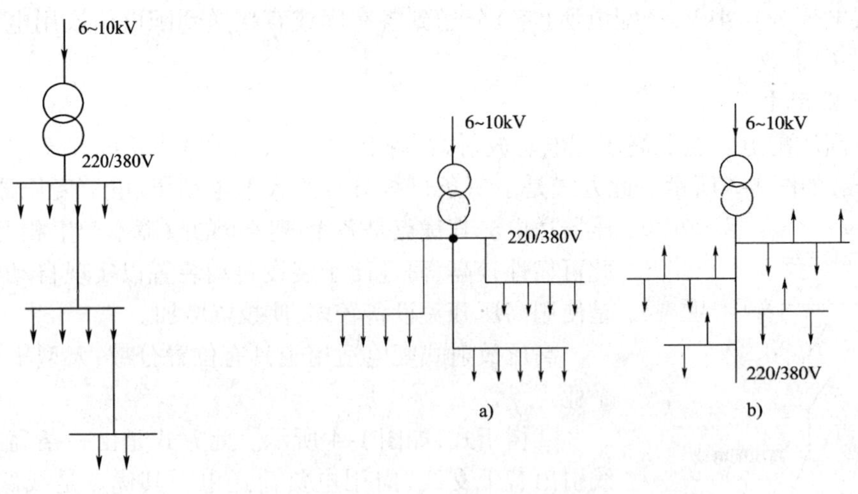

图 1-6　低压放射式接线

图 1-7　低压树干式接线
a)低压母线放射式配电的树干式；b)低压“变压器-干线组”的树干式

图 1-8 所示为由树干式变形而得到的链式接线方式，适用于离开供电点较远、用电设备之间相距很近、容量很小的次要用电设备。链式相连的用电设备数量一般限制在 3 ~ 5 台之间，或总容量不超过 10kW。

③环式，如图 1-9 所示。它是由一台变压器供电的低压环式接线。此方式的特点是供电的可靠性较高，但其保护装置及其整定比较复杂，若配合不当，易发生误动作。实际上，低压环

式接线多采用开环方式运行。

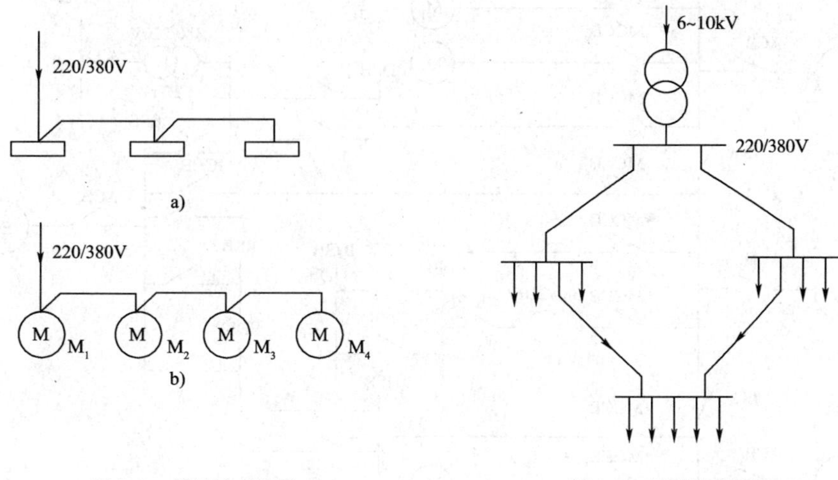

图 1-8　低压链式接线

a）连接配电箱；b）连接电动机

图 1-9　低压环式接线

工业企业的低压配电系统，根据具体的情况，往往是由上述几种接线方式进行组合而成。运行经验表明，工业企业电力线路的接线应力求简单。供电系统如果接线复杂，层次过多，使线路中串联的元件过多，既加大投资，又不便于操作和维护，而且因误操作或元件故障而产生的事故概率也随之增大。一旦发生事故，进行事故处理和用于恢复供电的操作也比较繁琐费时，使停电时间延长。此外，由于继电保护的级数增多，相对延长了动作时间，对供电系统的故障保护十分不利。

二、船舶电力系统基本知识

1. 船舶电力系统的组成

船舶电力系统主要是由电源、配电装置、电网与负载四部分组成，其单线图如图 1-10 所示。

（1）电源。电源是将机械能、化学能等能源转变成电能的装置。船上常用的电源装置是柴油发电机组和蓄电池。

（2）配电装置。配电装置是对电源和负荷进行分配、监视、测量、保护、转换、控制的装置。配电装置主要可分为主配电板、应急配电板、分配电板（动力、照明）、充放电板等。

（3）电网。电网是全船电缆电线的总称。电网是联系发电机、主配电板、分配电板和负荷间的中间环节，是将电源的电能输送到负荷端的媒体。船舶电网根据其所连接的负荷性质可分为动力电网、照明电网、应急电网、低压电网、弱电电网等。

（4）负荷。船舶负荷大体可分成舱室机械、甲板机械、船舶照明、通信导航设备及其他用电设施。

2. 船舶电力系统的特点

由于船舶是一个孤立的活动于海洋上的独立体，使得船舶电力系统与陆上电力系统相比有很大差异，主要有以下两个方面。

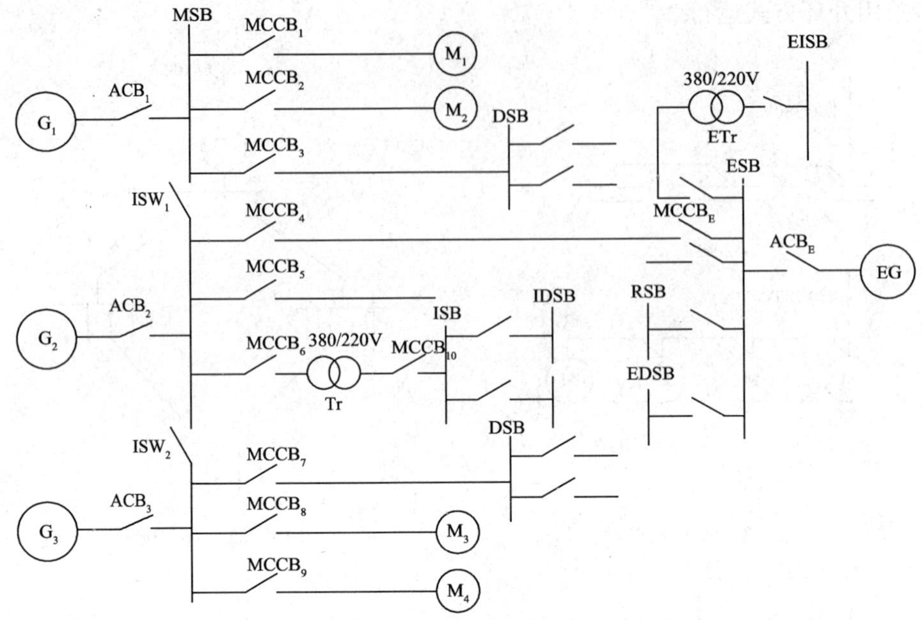

图 1-10 船舶电力系统简图

G_i-主发电机；EG-应急发电机；ACB_i-发电机主开关；ACB_E-应急发电机主开关；MSB-主配电板；ESB-应急配电板；$MCCB_i$-配电开关；M_i-电动机；DSB-分配电板；RSB-无线电分配电板；$MCCB_E$-应急配电开关；ISW_i-隔离开关；ISB-照明配电板；EISB-应急照明配电板；IDSB-照明分配电板；EDSB-应急分配电板；Tr-照明变压器；ETr-应急照明变压器

(1)船舶电站容量较小。陆上电网容量一般在几百万～几千万 kW 之间，单机容量大多在数十万 kW 左右；一般远洋船舶主电站大多装三台发电机组，发电机单机容量为 400～800kW。

(2)船舶电网输电线路短。与陆上数千公里高压输电网络相比，船舶电网输电线路要短的多。由于电能不需要远距离传输，船舶发电机端电压、电网电压、负荷电压大多是同一个电压等级，所以输配电装置较陆上系统简单。由于受容积的限制，船舶电气设备比较集中，电网长度不长并都采用电缆，所以对发电机和电网的保护比陆上系统要简单，一般只设置发电机过载保护及外部短路保护，电网的保护和发电机的保护通常共用一套装置。

3. 船舶电力系统的基本参数

船舶电力系统的基本参数是指电流种类(电制)、额定电压和额定频率的等级。它们决定了电站工作的可靠性和电气设备的重量、尺寸、价格等。

(1)电制的选择。由于电源有直流电源与交流电源之分，因此船舶电力系统也相应有直流电力系统船舶与交流电力系统船舶之分，习惯上把它们称为直流船与交流船。在 20 世纪 50 年代以前所建造的船舶，绝大部分是直流船。由于交流船舶的电气设备在维护、保养等方面工作量比直流船要少得多，且交流电机结构简单、体积小、重量轻、运行可靠，其相应控制设备也简单，因此在 60 年代以后建造的船舶主要是交流船，到了 70 年代后除特种工程船舶外，几乎都采用交流电力系统。采用交流电制后，船舶的造价和维修费用也有明显的降低。

(2)额定电压与额定频率的选择。船舶电力系统额定电压的大小直接影响到电力系统中所有电气设备的重量和尺寸、价格等技术经济指标和人身安全问题。船舶建造时选择额定电压主要是考虑与本国陆上低压电网额定电压相一致。

目前运行中的或正在建造中的远洋船舶主电站动力电网额定电压不是采用380V的就是采用440V的标准，照明电网额定电压不是采用220V就是采用110V（100V）的标准，临时应急照明电网与弱电电网一般采用24V的标准。

随着船舶发展大型化，目前采用电力推进的商船、滚装船和一些工程船舶电站的容量都比较大，这时仍采用低压系统标准显然已不合理，因此这类船舶大多采用陆上相应的3.3kV或6.6kV中压等级标准。

交流船舶电力系统的额定频率均选用陆上的标准等级，有50Hz与60Hz两种标准，通信导航设备除外。

根据CCS（中国船级社）规范规定，工作于额定频率为50Hz或60Hz、导体间最高电压不超过1 000V的交流系统，或在额定工作条件下导体间最高瞬时电压不超过1 500V的直流系统为低压系统。额定电压大于1kV但不超过15kV，额定频率为50Hz或60Hz的交流系统或在额定工作条件下最高瞬时电压超过1 500V的直流系统为高压系统。配电系统动力设备的最高供电电压为15 000V，居住舱室内的照明设备、取暖器的最高供电电压为250V。

4.船舶电网

1）船舶电网的线制

船级社允许采用的船舶配电系统有以下几种：

（1）直流。双线绝缘系统；负极接地的双线系统；利用船体作负极回路的单线系统。

（2）交流单相。双线绝缘系统；一线接地的双线系统；一线利用船体作回路的单线系统。

（3）交流三相。三线绝缘系统（图1-11a）；中性点接地的四线系统（图1-11b）；利用船体作为中性线回路的三线系统（图1-11c）。

1 600总吨及以上船舶的动力、电热和照明配电系统，均不应采用利用船体作回路的配电系统。油船的发电机电路、供电和配电电路均不应接地，也不应使用以船体作回路的配电系统。

现代船舶大多为三相交流电船舶，三相三线绝缘系统应用最为普遍。这种方式安全可靠，照明电网与动力电网间没有电的直接联系，互相影响小；触电的危险性小；发生单相接地时，并不形成短路，仍可维持电气设备的正常运行，因而供电的连续性好。

2）船舶电网的供配电网络

船舶电网可分为供电网络与配电网络两种形式。

（1）供电网络是指主发电机与主配电板之间、应急发电机与应急配电板之间、主配电板与主配电板之间及主配电板与应急配电板之间的电气联接网络。

民用商船大多采用单主电站供电网络。如图1-12所示。

（2）船舶电网的配电网络。配电网络是指主配电板及应急配电板到用电设备之间的网络。通常称主配电

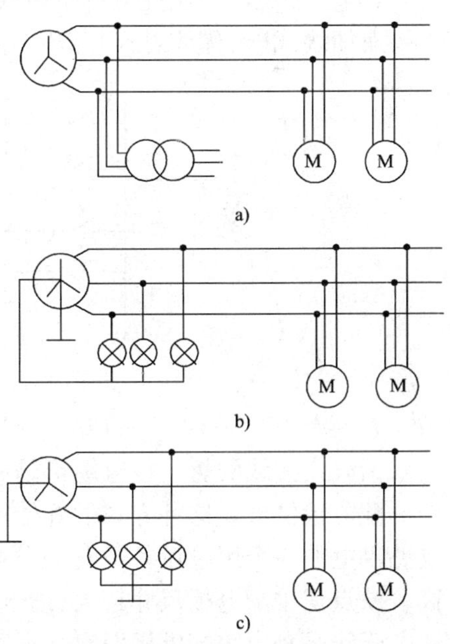

图1-11　三相交流系统船舶电网线

a）三相三线绝缘系统；b）三相四线系统；c）利用船体作中性线回路的三相三线系统

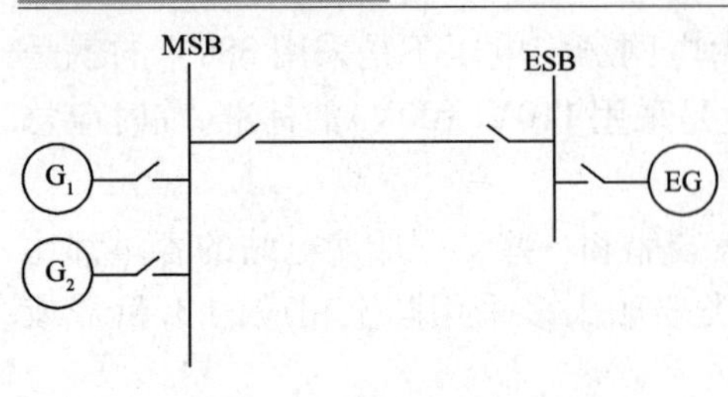

图 1-12　单主电站供电网

板与分配电板之间、主配电板和其直接供电负载之间的网络为一次配电网络，而分配电板到各用电负荷之间的网络为二次配电网络。

根据用电设备的不同，船舶配电网络可分为：

①动力电网。指供电给电动机负载的电网，但一般600W以上的电热装置及功率大于1kW的探照灯也是由动力网络供电。这些设备可由主配电板直接供电，也可由分配电板供电。

②照明电网。通常由主配电板供电给照明变压器，经降压后再返回到主配电板中的照明屏，通过照明屏上配电开关配电给各照明分配电箱，最后由照明分配电箱配电给各路照明灯具或其他用电器具。当配备的照明变压器容量足够大时，较大功率的加热器具、探照灯也有从照明电网供电的。

③应急电网。当船舶主电站因故不能供电时，应急发电机将通过应急配电板向船上部分特别重要的设施供电。如舵机、消防泵等机械设备，通信导航设备及部分重要区域照明等场所。正常情况下，应急电网由主配电板经两者间联络电缆供电。

④临时应急照明电网。一般是由应急照明蓄电池供电的网络。供电给公共场所的应急照明、主机操纵台、主配电板前后、锅炉仪表、应急出入口、艇甲板等处的最低照明。

⑤弱电电网。是向机舱自动化控制系统、无线电通信设备、各种导航仪器、船内通信设备及报警系统供电的网络。

(3)船舶电网一次配电网络接线方式。一般民用商船电压等级均在500V以下，接线方式主要有馈线式（也称放射式）与干线式。图1-13所示为这两种接线方式的单线示意图。

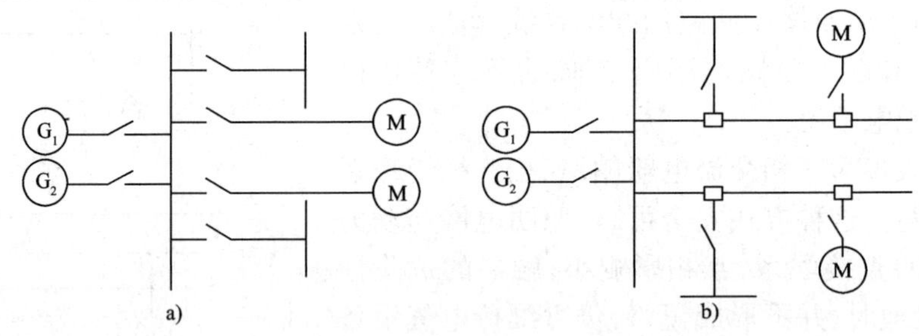

图 1-13　一次配电网络接线方式示意

a）馈线式；b）干线式

馈线式接线的每一根电缆都是由主配电板直接引出，各自独立且只向一个用电设备或一个分配电板供电。这种方式的好处是便于集中控制，一条支路馈电线路出现故障只影响这条支路供电的一个用电设备或这一分配电箱的供电，其他支路仍能正常供电，所以供电可靠性高。缺点是主配电板尺寸较大，馈电电缆需求量大，所以建造成本较高。

干线式是由主配电板引出几根干线电缆，所有用电设备是由串接在干线上的分接线盒供电。这种方式的好处在于主配电板的尺寸较小，耗用的电缆少，造船成本低。缺点是当干线馈电电缆发生故障时，这条干线供电的所有用电设备均要停电，因此供电可靠性差。所以这种方式一般在小型船舶配电网络中可以见到。

海上运输船舶的一次配电网络通常均采用馈电式供电；二次配电网络中动力电网也是采用馈电式供电，照明电网大多采用干线式供电。

5. 船舶配电装置

所谓配电装置，就是用来接受和分配电能的电气装置，其中包含开关电器、保护电器、自动化设备、测量仪表、连接母线和其他辅助设备。具有对电力系统进行控制、测量、保护和调整等功能。

(1)船舶配电装置按用途分类如下：

①主配电板。用来控制和监视主发电机的工作，并对全船电网进行配电。

②应急配电板。用来控制和监视应急发电机的工作，并对应急电网进行配电。

③充放电板。用来控制和监视充电设备，对蓄电池进行充放电以及对低压电网进行配电。

④岸电箱。船舶停靠码头或厂修时接岸电用。

⑤分配电箱。向成组的用电设备进行配电。按用电性质可分为电力、照明、无线电、通信导航等多种不同的类型。

(2)船舶主配电板。一般由发电机控制屏、负载屏、并车屏、汇流排(母线)组成。图1-14所示为5 440箱集装箱船上主配电板部分图片。

图1-14　船舶主配电板外观图

①发电机控制屏。发电机控制屏主要是由测量仪表及其转换开关、指示灯、发电机主开关、发电机继电保护装置、调速开关、发电机励磁装置等部分组成。

②负载屏。普通负载屏主要是由配电开关、熔断器、部分还有电流表及其转换开关组成；对于组合控制屏类的负载屏主要是由配电开关、负载启动继电-接触控制装置、启动与停止按钮、指示灯、熔断器等部分组成，对于大负载通常还装有电流表。

岸电开关一般位于紧靠发电机控制屏的某块负载屏的下部。

③并车屏。主要是由频率表(电网、待并机)、同步表与同步指示灯及其转换开关、调速开关(按钮)、合(分)闸按钮等部分组成。在这一屏上可以对任意一台发电机组进行调速、投入电网、切除等操作。电站自动化装置也有装设在并车屏的中下部的(通常自动化装置与主配电板是同一公司的产品)。

没有并车屏的主配电板，一般将同步表、同步指示灯及其转换开关装设在中间一块发电机控制屏上。

④汇流排。汇流排及其连接件是铜质材料制作的，最大允许温升为45℃。

交流汇流排的颜色：第1相为绿色，第2相为黄色，第3相为褐色或紫色，中性线为浅蓝色。

三、船用电气设备的环境条件及要求

电气设备总是工作于某一特定的环境中，不同的环境情况对电气设备的正常工作、可靠性、使用寿命等有不同的影响。比如电气设备一般靠空气散热，散热量的大小是按正常大气压下的空气密度计算的，但若设备工作在高海拔地区，空气稀薄，空气密度降低，其散热能力就会

下降，若此时设备仍工作于标称额定工况，则会因温度超过允许值而导致使用寿命缩短，甚至发生故障。再比如有些地方因气候与环境的原因很容易使物品发霉，电气设备发霉时，微生物可能会损坏绝缘或降低绝缘性能，从而出现闪络或稳定的短路故障。因此，环境条件与电气设备各种性能之间的关系是非常重要的。

空气中介质的状态以及其他环境参数都影响触电的危险性。例如，潮湿、导电性粉尘、腐蚀性蒸气和气体对电气设备的绝缘起破坏作用，大幅度降低其绝缘电阻，可能造成电气设备的外壳、机座等金属部件带上危险的电压，并由此酿成触电事故。在这种情况下，如果环境温度较高，人体电阻降低，将更加增大触电的危险性。又如，导电性地板以及电气设备附近有金属接地物体存在，使得容易构成电流回路，从而增大触电的危险性。因此，应根据环境特征，选用适当防护型式的用电设备。电气设备的结构及所采取的安全措施应能防护所在环境中各种不安全因素的影响。

1. 船舶电气设备工作环境

船舶电气设备工作条件比在陆地上恶劣得多，如船舶机舱存在油气、夏季温度很高（机舱某些场所夏季温度可能高达40℃以上），海上工作环境湿度大、有盐雾、材料易发霉，船舶营运中由于波浪、设备运转的作用易受到严重的冲击和振动等。当环境温度高时，会造成电机出力不足，绝缘加速老化。相对湿度高则会使电气设备绝缘受潮、发胀、分层及变形等，使绝缘性能降低，并且会使金属部件加速腐蚀，镀层剥落。盐雾的存在、霉菌的生长和油雾及灰尘黏结都能使电气设备绝缘下降、工作性能受到影响。当船舶受到严重的冲击和振动时，也会造成电气设备损坏、接触不良或误动作。船舶环境条件对电气设备的运行性能和工作寿命有严重影响。由此可见，船用电气设备必须满足“船用条件”的要求。

2. 电气设备的船用条件

根据CCS规范要求，船用电气设备均应在下列环境条件下正常工作：

（1）环境空气温度和初级冷却水温度如表1-2所列，但适用于电子设备的环境空气温度的上限为55℃。

（2）倾斜摇摆如表1-3所列。

环境温度 表1-2

介质	部位	温度（℃）	
		无限航区	除热带海区以外的有限航区
空气	围蔽处所内	0 ~ 45	0 ~ 40
	温度超过45℃（或40℃）或低于0℃的处所内	按这些处所的温度	按这些处所的温度
	开敞甲板	−25 ~ 45	−25 ~ 40
水		32	25

倾斜角 表1-3

设备组件	倾斜角（°）			
	横向		纵向	
	横倾	横摇	纵倾	纵摇
应急电气设备、开关设备、电器及电子设备	22.5	22.5	10	10
上列以外的设备、组件	15	22.5	5	7.5

(3)船舶正常营运中所产生的振动和冲击。

(4)潮湿空气、盐雾、油雾和霉菌。

第二节　电 气 危 害

电气危害是电气安全首先要研究的问题。从产生电气危害的源头来分类,可将电气危害分为自然因素产生的危害和人为因素产生的危害两大类。自然因素产生的危害如雷击、静电等;人为因素产生的危害主要是各种电气系统和设备产生的诸如电击、电弧、电气火灾等灾害。从电气危害发生的特征来分类,可将电气危害划分为电气事故和电磁污染两大类。电气事故具有偶然性与突发性的特征,电磁污染具有必然性和持续性的特征。

电气事故是电气安全工程主要研究和管理的对象。掌握电气事故的特点和事故的分类情况,对做好电气安全工作具有重要的意义。

一、电气事故的类型

根据能量转移论的观点,电气事故是由于电能非正常地作用于人体或系统所造成的。根据电能的不同作用形式,可将电气事故分为触电事故、静电危害事故、雷电灾害事故、电磁场危害和电气系统故障危害事故等。

1. 触电事故

1)电击

“电击”即通常所说的“触电”,是电流通过人体,刺激机体组织,使肌肉非自主地发生痉挛性收缩而造成的伤害,严重时会破坏人的心脏、肺部、神经系统的正常工作,形成危及生命的伤害。

电击对人体的效应是由通过的电流决定的,而电流对人体的伤害程度与通过人体电流的强度、种类、持续时间、通过途径及人体状况等多种因素有关。

(1)按照发生电击时触及带电部位的途径,电击可分为以下两种情况:

①直接接触电击。人体直接触及正常运行的设备或线路的带电体造成的触电事故。如电工在检修配电屏时不小心触及带电的相母线,或住宅居民插拨电源插头时触及尚未脱离电接触的插头金属片等,都属于直接电击。直接电击以承受相电压的情况居多,也有部分是承受线电压的情况。

②间接接触电击。设备或线路发生故障时,人体触及正常情况下不带电而故障时意外带电的导体而造成的触电事故。如设备因绝缘损坏发生漏电、系统接地方式中的 TN-C 系统因 PEN 线(保护性中线)断线使设备外壳带电等造成的电击,均属于间接电击。间接电击发生的情况远较直接电击为多,电击强度差异较大,防护措施更为复杂。

(2)按照人体触及带电体的方式,电击可分为以下三种情况:

①单相触电。人体接触到地面或其他接地导体的同时,人体另一部位触及某一相带电体所引起的电击。发生电击时,所触及的带电体为正常运行的带电体时,则为直接接触电击。而当电气设备发生事故(例如绝缘损坏,造成设备外壳意外带电的情况下),人体触及意外带电

体所发生的电击则为间接接触电击。根据国内外的统计资料,单相触电事故占全部触电事故的70%以上。因此,防止触电事故的技术措施应将单相触电作为重点。

②两相触电。人体的两个部位同时触及两相带电体所引起的电击。在此情况下,人体所承受的电压为三相系统中的线电压,因电压相对较高,其危险性也较大。

③跨步电压触电。站立或行走的人体,受到出现于人体两脚之间的电压,即跨步电压作用所引起的电击。跨步电压是当带电体接地,电流自接地的带电体流入地下时,在接地点周围的土壤中产生的电压降形成的。

2)电伤

是指电流的热效应、化学效应、机械效应等对人体所造成的伤害。此伤害多见于机体的外部,往往在机体表面留下伤痕。电伤属于局部伤害,其危险程度决定于受伤面积、受伤深度、受伤部位等,能够形成电伤的电流通常比较大。

电伤包括电烧伤、电烙印、皮肤金属化、机械损伤、电光眼等多种伤害。

电烧伤是最为常见的电伤,大部分触电事故都含有电烧伤成分。电烧伤可分为电流灼伤和电弧烧伤。

电流灼伤是人体同带电体接触,电流通过人体时,因电能转换成的热能引起的伤害。由于人体与带电体的接触面积一般都不大,且皮肤电阻又比较高,因而产生在皮肤与带电体接触部位的热量就较多,因此,使皮肤受到比体内严重得多的灼伤。电流越大、通电时间越长、电流途径上的电阻越大,则电流灼伤越严重。由于接近高压带电体时会发生击穿放电,因此,电流灼伤一般发生在低压电气设备上。因电压较低,形成电流灼伤的电流不太大。但数百毫安的电流即可造成灼伤,数安的电流则会形成严重的灼伤。在高频电流下,因皮肤电容的旁路作用,也有可能发生皮肤仅有轻度灼伤而内部组织却被严重灼伤的情况。

电弧烧伤是由弧光放电造成的烧伤。电弧发生在带电体与人体之间,有电流通过人体的烧伤称为直接电弧烧伤;电弧发生在人体附近,对人体形成的烧伤以及被熔化金属溅落的烫伤称为间接电弧烧伤。弧光放电时电流很大,能量也很大,电弧温度高达数千摄氏度,可造成大面积的深度烧伤,严重时能将机体组织烘干、烧焦。电弧烧伤既可以发生在高压系统,也可以发生在低压系统。在低压系统,带负荷(尤其是感性负荷)拉开裸露的闸刀开关时,产生的电弧会烧伤操作者的手部和面部;当线路发生短路,开启式熔断器熔断时,炽热的金属微粒飞溅出来会造成灼伤;因误操作引起短路也会导致电弧烧伤等。在高压系统,由于误操作,会产生强烈的电弧,造成严重的烧伤;人体过分接近带电体,其间距小于放电距离时,直接产生强烈的电弧,造成电弧烧伤,严重时会因电弧烧伤而死亡。

在全部电烧伤的事故当中,大部分事故发生在电气维修人员身上。

电烙印是电流通过人体后,在皮肤表面接触部位留下与接触带电体形状相似的斑痕,如同烙印。斑痕处皮肤呈现硬变,表层坏死,失去知觉。

皮肤金属化是由高温电弧使周围金属熔化、蒸发并飞溅渗透到皮肤表层内部所造成的。受伤部位呈现粗糙、张紧。

机械损伤多数是由于电流作用于人体,使肌肉产生非自主的剧烈收缩所造成的。其损伤包括肌腱、皮肤、血管、神经组织断裂以及关节脱位乃至骨折等。

电光眼的表现为角膜和结膜发炎。弧光放电时辐射的红外线、可见光、紫外线都会损伤眼

睛。在短暂照射的情况下，引起电光眼的主要原因是紫外线。

2. 静电危害事故

静电危害事故是由静电电荷或静电场能量引起的。在生产工艺过程中以及操作人员的操作过程中，某些材料的相对运动、接触与分离等原因导致了相对静止的正电荷和负电荷的积累，即产生了静电。由此产生的静电其能量不大，不会直接使人致命。但是，其电压可能高达数十千伏乃至数百千伏，产生火花放电。静电危害事故主要有以下几个方面：

(1)在有爆炸和火灾危险的场所，静电放电火花会成为可燃性物质的点火源，造成爆炸和火灾事故。

(2)人体因受到静电电击的刺激，可能引发二次事故，如坠落、跌伤等。此外，对静电电击的恐惧心理还对工作效率产生不利影响。

(3)某些生产过程中，静电的物理现象会对生产产生妨碍，导致产品质量不良，电子设备损坏，造成生产故障，乃至停工。

3. 雷电灾害事故

雷电是大气中的一种放电现象。雷电放电具有电流大、电压高的特点。其能量释放出来可能形成极大的破坏力。其破坏作用主要有以下几个方面：

(1)直击雷放电、二次放电、雷电流的热量会引起火灾和爆炸。

(2)雷电的直接击中、金属导体的二次放电、跨步电压的作用及火灾与爆炸的间接作用，均会造成人员的伤亡。

(3)强大的雷电流、高电压可导致电气设备击穿或烧毁。发电机、变压器、电力线路等遭受雷击，可导致大规模停电事故。雷击可直接毁坏建筑物、构筑物。

4. 射频电磁场危害

射频指无线电波的频率或者相应的电磁振荡频率，泛指100kHz以上的频率。射频伤害是由电磁场的能量造成的。射频电磁场的危害主要有：

(1)在射频电磁场作用下，人体因吸收辐射能量会受到不同程度的伤害。过量的辐射可引起中枢神经系统的机能障碍，出现神经衰弱症候群等临床症状；可造成植物神经紊乱，出现心率或血压异常，如心动过缓、血压下降或心动过速、高血压等；可引起眼睛损伤，造成晶体浑浊，严重时导致白内障；可使生殖系统发生功能失常，造成暂时或永久的不育症，并可能使后代产生疾患；可造成皮肤表层灼伤或深度灼伤等。

(2)在高强度的射频电磁场作用下，可能产生感应放电，会造成电引爆器件发生意外引爆。感应放电对具有爆炸、火灾危险的场所来说是一个不容忽视的危险因素。此外，当受电磁场作用感应出的感应电压较高时，会给人以明显的电击。

5. 电气系统故障危害

电气系统故障危害是由于电能在输送、分配、转换过程中失去控制而产生的。断线、短路、异常接地、漏电、误合闸、误掉闸、电气设备或电气元件损坏、电子设备受电磁干扰而发生误动作等都属于电路故障。系统中电气线路或电气设备的故障也会导致人员伤亡及重大财产损失。电气系统故障危害主要体现在以下几方面：

(1)引起火灾和爆炸。线路、开关、熔断器、插座、照明器具、电热器具、电动机等均可能引起火灾和爆炸；电力变压器、多油断路器等电气设备不仅有较大的火灾危险，还有爆炸的危险。

在火灾和爆炸事故中,电气火灾和爆炸事故占有很大的比例。就引起火灾的原因而言,电气原因仅次于一般明火而位居第二。

(2)异常带电。电气系统中,原本不带电的部分因电路故障而异常带电,可导致触电事故发生。例如:电气设备因绝缘不良产生漏电,使其金属外壳带电;高压电路故障接地时,在接地处附近呈现出较高的跨步电压,形成触电的危险条件。

(3)异常停电。在某些特定场合,异常停电会造成设备损坏和人身伤亡。如正在浇注钢水的吊车,因骤然停电而失控,导致钢水洒出,引起人身伤亡事故;医院手术室可能因异常停电而被迫停止手术,无法正常施救而危及病人生命;排放有毒气体的风机因异常停电而停转,致使有毒气体超过允许浓度而危及人身安全等;公共场所发生异常停电,会引起妨碍公共安全的事故;异常停电还可能引起电子计算机系统的故障,造成难以挽回的损失。

二、触电的规律

触电事故往往发生得很突然,而且在极短的时间内便造成极为严重的后果。但却不能认为触电事故是不能避免的,为了防止触电事故的发生,我们应该研究触电事故的规律,以便制订出安全有效的防范措施。触电事故规律有:

1.触电事故的季节性比较明显

在每年的二、三季度发生的触电事故,比一、四季度发生的触电事故多。二、三季度中,在4、5月这段时间里,天气暖和,雨量较多,空气潮湿。电气设备的绝缘性能下降,容易发生漏电。在6~9月这段时间里,由于气温高,人的身体出汗多,皮肤电阻下降;再加上个人防护不好,如因天气炎热,穿着背心,短裤,不穿绝缘鞋。所以,6~9月是发生触电事故的高峰期。

2.低压供电系统的触电事故多

由于低压设备的分布比较广,而且数量又多,到处都有。人们接触低压设备的机会,要比接触高压设备的机会多得多。

高压设备在管理上要比低压设备严格得多。低压设备在维修、保养方面也差得多。比如绝缘老化、接地不良,防护盖、罩不全等。

低压设备不像高压设备那样,都有明显的警告标志。人们经常接触的是低压设备,也都能摆弄摆弄,再加上临时线乱接乱拉的现象比较严重。因此,低压供电系统的触电事故,要比高压供电系统触电事故多。

3.青年人以及非电工人员触电事故较多

在触电事故中,20~30岁的青年人最多,因为30岁以下的青年人是主要操作者,一般参加工作的时间不长,实际工作经验也比较少,部分人还缺少必要的安全技术知识,所以,青年人的触电事故较多。

4.单相触电事故多

我们现在所使用的供电系统是变压器中性点直接接地的三相四线制供电系统,而人们在操作设备时,又都是站在地面上,只要人身体的任何部位接触到带电体,电流将通过人体与接地装置构成回路,造成触电事故。

5.便携式和移动式设备触电事故多

由于这些设备经常被人用手紧握着工作,而且这些设备需要经常移动,它的工作条件比较

差。电源电缆的绝缘很容易损坏，另外这些临时设备在接线时，保护零线存在但很可能不接，也可能接错，以及断线等原因，因此，这类设备的触电事故多。

6. 误操作事故多

这主要是由于防止误操作的技术措施和管理措施不完备造成的。

第三节　电流对人体的作用

触电所造成的各种伤害，都是由于电流对人体的作用而引起的。它是指电流通过人体内部时，对人体造成的种种有害作用。大量的事实说明，发生触电事故时，电流比电压对人体的效应更具有直接的关系。

一、电流对人体的作用

电流通过人体时，会引起针刺感、压迫感、打击感、痉挛、疼痛、血压升高、心律不齐、昏迷，甚至心室颤动等症状，严重时导致死亡。

电流对人体的伤害程度，即影响触电后果的因素主要包括：通过人体的电流大小、电流通过人体的持续时间与具体途径、电流的种类与频率高低、人体的健康状况等。其中，以通过人体的电流大小和触电时间的长短最主要。

1. 伤害程度与电流大小的关系

通过人体的电流越大，人体的生理反应越明显，伤害越严重。对于工频交流电，按通过人体的电流强度的不同以及人体呈现的反应不同，将作用于人体的电流划分为三级：

(1)感知电流和感知阈值。感知电流是指电流流过人体时可引起感觉的最小电流。感知电流的最小值称为感知阈值。不同的人，感知电流及感知阈值是不同的。成年男性平均感知电流约为1.1mA(有效值，下同)；成年女性约为0.7mA。对于正常人体，感知阈通用值取为0.5mA，并与时间因素无关。感知电流一般不会对人体造成伤害，但可能因不自主反应而导致由高处跌落等二次事故。感知电流的概率曲线如图1-15所示。

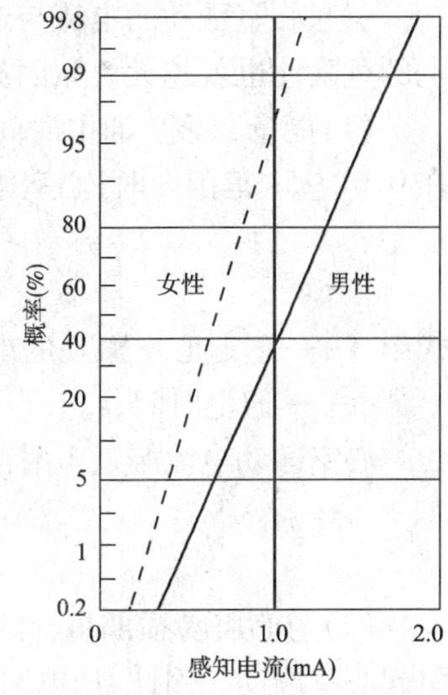

图1-15　感知电流概率曲线

(2)摆脱电流和摆脱阈值。摆脱电流是指人在触电后能够自行摆脱带电体的最大电流。当电流增大到一定程度，触电者将因肌肉收缩、发生痉挛而紧抓带电体，将不能自行摆脱电源。因此认为：当通过人体的电流大于摆脱电流时，触电者自救的可能性便不复存在。摆脱电流的最小值称为摆脱阈值。成年男性平均摆脱电流约为16mA；成年女性平均摆脱电流约为10.5mA；儿童的摆脱电流较成年人小。摆脱电流的概率曲线如图1-16所示。对于正常人体，摆脱阈通用值取为10mA，与时间无关。实例表明，当电流略大于摆脱电流、触电者中枢神经麻痹、呼吸停止时，若立即切断电源则可恢复呼吸。可见，摆脱电流的能力是随着触电时间的延长而减弱的。故一旦触电若不能及时摆脱电源，其后果将十分严重。

(3)室颤电流和室颤阈值。室颤电流是指引起心室颤动的最小电流，其最小电流即室颤

阈值。正常情况下心脏有节奏地收缩与舒张，不断把新鲜血液送到肺部、大脑及全身，及时提供生命所需的氧气。而电流通过心脏时，心脏原有的节律将受到破坏，可能引起每分钟达400~600次以上的纤维性颤动，极易引起心力衰竭、血液循环终止、大脑缺氧而导致死亡。因此，可以认为，室颤电流即致命电流。室颤电流与电流持续时间关系密切。当电流持续时间超过心脏周期时，室颤电流仅为50mA左右；当电流持续时间短于心脏周期时，室颤电流为数百毫安。当电流持续时间小于0.1s时，只有电击发生在心脏易损期，500mA以上乃至数安的电流才能够引起心室颤动。室颤电流与电流持续时间的关系大致如图1-17所示。

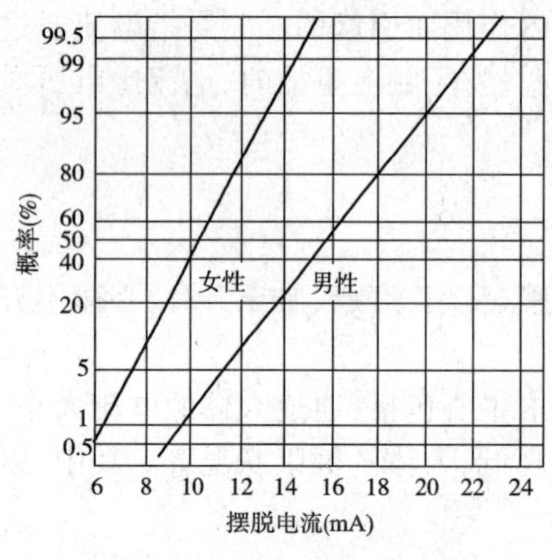

图1-16 摆脱电流概率曲线

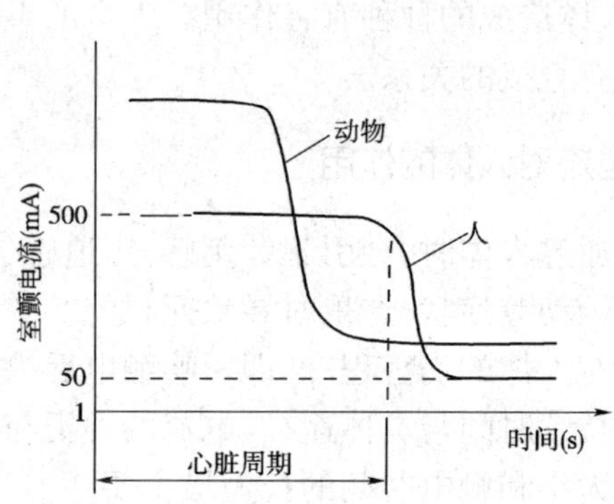

图1-17 室颤电流-时间曲线

2. 触电伤害程度与电流持续时间的关系

引起心室颤动的电流与通电时间的长短有关。通电时间越长，便越容易引起心室颤动，触电的危险性也就越大。原因如下：

(1)能量积累。通电时间越长，能量的积累增加，引起心室颤动的电流减小。当通电时间在0.01~5s范围内时，心室颤动电流和通电时间的关系可用下式表达：

$$I = \frac{116}{\sqrt{t}} \tag{1-1}$$

式中：I——引起心室颤动的电流，mA；

t——通电时间，s。

心室颤动电流与通电时间的关系也可以用下式表达：

$$当\ t \geqslant 1\text{s}\ 时，I = 50(\text{mA})$$

$$当\ t < 1\text{s}\ 时，I = 50/\text{t}(\text{mA})$$

(2)与心脏易损期重合的可能性大。通电时间短促时，只在心脏搏动的特定时刻才可能引起心室颤动。因此，通电时间越长，与该时刻重合的可能性越大，心室颤动的可能性越大，亦即触电的危险性也越大。

(3)人体电阻下降。通电时间越长，人体电阻因出汗、皮肤烧伤等原因而降低，导致通过人体的电流进一步增加，触电危险性亦随之增加。

对于常用的工频交流电，按照通过人体的电流大小和通电时间长短，人体将会有不同的生理反应，具体见表1-4。

电流大小和通电时间对人体生理反应的影响　　表1-4

电流范围(mA)	通电时间	人体生理反应
0～0.5	连续通电	没有感觉
0.5～5	连续通电	开始有感觉,手指、腕等处有痛感,没有痉挛,可以摆脱带电体
5～30	数分钟以内	痉挛不能摆脱带电体呼吸困难。血压升高,是可以忍受的极限
30～50	数秒钟到数分钟	心脏跳动不规则,昏迷,血压升高,强烈痉挛,时间过长可引起心室颤动
50～数百	低于心脏波动周期	受强烈冲击但未发生心室颤动
	超过心脏波动周期	昏迷,心室颤动,接触部位留有电流通过的痕迹
超过数百	低于心脏波动周期	在心脏搏动周期特定相位触电时,发生心室颤动,昏迷,接触部位留有电流通过的痕迹
	超过心脏波动周期	心脏停止跳动,昏迷,造成可能致命的电灼伤

3. 触电伤害程度与电流途径的关系

人体触电时,受伤害程度主要取决于通过心脏、肺及中枢神经的电流大小。

电流通过大脑是最危险的,会立即引起死亡,但这种触电事故极为罕见。绝大多数场合是由于电流刺激人体心脏引起心室纤维性颤动,促使心脏停止跳动,中断血液循环,从而导致死亡。因此大多数情况下,触电的危险程度是取决于通过心脏的电流大小。

电流若通过中枢神经或有关部位,会引起中枢神经系统强烈失调,造成窒息而导致死亡。若电流通过脊髓,则很可能导致人半截肢体瘫痪。

从左手到胸部,电流途径最短,是最危险的电流途径;从手到手,电流途经心脏,也是很危险的电流途径;从脚到脚的电流是危险性较小的电流途径,但人可能因痉挛而摔倒,导致电流通过全身或摔伤、坠落等二次事故。电流纵向通过人体,比横向通过人体时更易发生心室颤动,故危险性更大。

4. 触电伤害程度与电流频率高低的关系

(1)交流电流的效应。触电的伤害程度与电流的频率高低有关。由实验得知,频率为30～300Hz的交流电最易引起人体心室颤动。工频交流电正处于这一频率范围,故触电时也最危险。在此范围之外,频率越高或越低,对人体的危害程度反而会相对小一些,但并不是说就没有危险性。

图1-18可用于比较不同频率电流对人体的作用。图中曲线1表示感知阈值,曲线2是感知概率为50%的感知电流线;曲线3是感知概率为99.5%的感知电流线,曲线4、5、6分别是摆脱概率为99.5%、50%、0.5%的摆脱电流线。

(2)直流电流的效应。直流电流与交流电流相比,容易摆脱,其室颤电流也比较高,因而,直流电击事故很少。当300mA的直流电流通过人体时,人体四肢有暖热感觉。电流途径为从

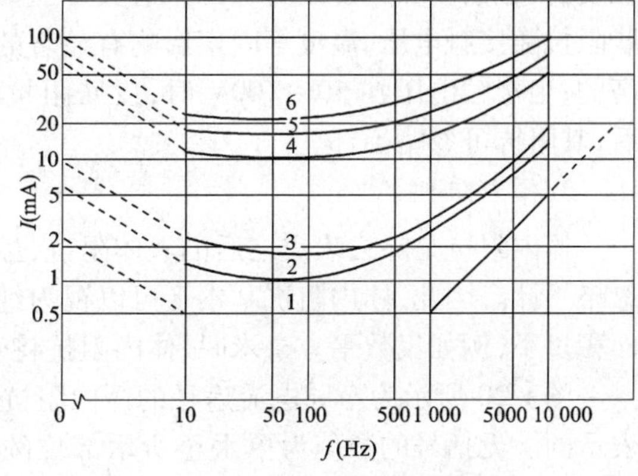

图1-18　摆脱电流-频率曲线

左手到右手的情况下，电流为 300mA 及以下时，随持续时间的延长和电流的增长，可能使人产生可逆性心律不齐、电流伤痕、烧伤、晕眩乃至失去知觉等病理效应；而当电流为 300mA 以上时，经常出现使人失去知觉的情况。

当电流持续时间超过心脏周期时，直流室颤阈值为交流的数倍。电流持续时间小于 200ms 时，直流室颤阈值大致与交流相同。

5. 触电伤害程度与人体状况的关系

随着人体条件的不同，不同的人对电流的敏感程度，以及不同的人在遭受同样电流的电击对其危险程度都不完全相同。当电流作用于人体时，女性触电的危险性较男性大，女性对电流比男性敏感。女性的感知电流和摆脱电流约比男性低 1/3；电流对儿童的危险性比成人大、对体弱有病者的危险性比健壮者大、对体重小的人的危险性一般比体重大的大。

6. 触电伤害程度与人体电阻的关系

当电压一定时，人体电阻越小，通过人体的电流就越大，触电的危险性也就越大。

二、人体阻抗

人体阻抗是定量分析人体电流的重要参数之一，也是处理许多电气安全问题所必须考虑的基本因素。

人体皮肤、血液、肌肉、细胞组织及其结合部等构成了含有电阻和电容的阻抗。其中，皮肤电阻在人体阻抗中占有很大的比例。

人体阻抗包括皮肤阻抗和体内阻抗，其等效电路如图 1-19 所示。

1. 皮肤阻抗 Z_p

皮肤由外层的表皮和表皮下面的真皮组成。表皮最外层的角质层，其电阻很大，在干燥和清洁的状态下，其电阻率可达 $1\times10^5\sim1\times10^6\Omega\cdot m$。

皮肤阻抗是指表皮阻抗，即皮肤上电极与真皮之间的电阻抗，以皮肤电阻和皮肤电容并联来表示。皮肤电容是指皮肤上电极与真皮之间的电容。

皮肤阻抗值与接触电压、电流幅值和持续时间、频率、皮肤潮湿程度、接触面积和施加压力等因素有关。当接触电压小于 50V 时，皮肤阻抗随接触电压、温度等因素影响有显著的变化，但其值还是比较高的；当接触电压在 50～100V 时，皮肤阻抗明显下降；当皮肤击穿后，其阻抗可忽略不计。

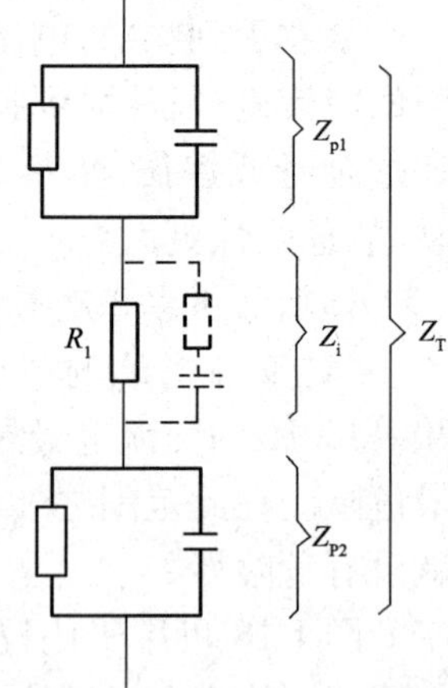

图 1-19 人体阻抗的等效电路
Z_i-体内阻抗；Z_{p1}，Z_{p2}-皮肤阻抗；Z_T-总阻抗

2. 体内阻抗 Z_i

体内阻抗是除去表皮之后的人体阻抗，虽存在少量电容，但可以忽略不计。因此，体内阻抗基本上可以视为纯电阻。体内阻抗主要决定于电流途径。当接触面积过小，例如仅数平方毫米时，体内阻抗将会增大。

图 1-20 所示为不同电流途径的体内阻抗值，图中数值是用与手到手内阻抗比值的百分数表示的。无括号的数值为单手至所示部位的数值；括号内的数值为双手至相应部位的数值。

如电流途径为单手至双脚，数值将降至图上所标明的75%；如电流途径为双手至双脚，数值将降至图上所标明的50%。

3. 人体总阻抗 Z_T

人体总阻抗是包括皮肤阻抗及体内阻抗的全部阻抗。接触电压大致在50V以下时，由于皮肤阻抗的变化，人体阻抗也在很大的范围内变化；而在接触电压较高时，人体阻抗与皮肤阻抗关系不大。在皮肤被击穿后，近似等于体内阻抗。另外，由于存在皮肤电容，人体的直流电阻高于交流阻抗。

通电瞬间的人体电阻叫做人体初始电阻。在这一瞬间，人体各部分电容尚未充电，相当于短路状态。因此，人体初始电阻近似等于体内阻抗，其影响因素也与体内阻抗相同。根据试验，在电流途径从左手到右手或从单手到单脚、大接触面积的条件下，相应测定人数的5%的人体初始电阻为500Ω。

表1-5列出了不同接触电压下的人体阻抗值，表中数据相应于干燥条件、较大的接触面积（50～100cm²）、电流途径为左手到右手的情况。作为参考，该表数据亦可用于儿童。

综上所述，在正常环境下人体总阻抗的典型值可取为1 000Ω，而在人体接触电压出现的瞬间，由于电容尚未充电（相当于短路），皮肤阻抗可忽略不计，这时人体的初始电阻 R_i 约等于人体内阻抗 Z_i，典型取值为500Ω。

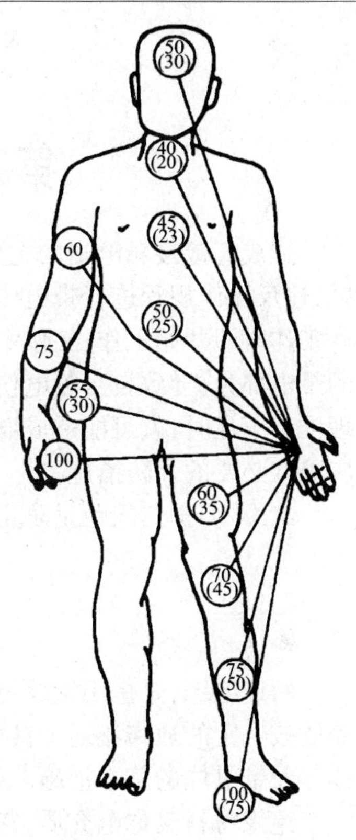

图1-20　不同电流途径的体内阻抗值

人体总阻抗（单位：Ω）　　表1-5

接触电压(V)	按下列分布秩（测定人数的百分比）统计时，Z_T 不超过以下数值		
	5%	50%	95%
25	1 750	3 250	6 100
50	1 450	2 625	4 375
75	1 250	2 200	3 500
100	1 200	1 875	3 200
125	1 125	1 625	2 875
220	1 000	1 350	2 125
700	750	1 100	1 550
1 000	700	1 050	1 500
渐近值	650	750	850

第二章　直接接触电击的防护

造成直接接触电击的主要原因是运行、检修和维护中的失误。如工作人员误入带电隔离区，违反操作规程进行带电作业；违章操作电器开关，接通或断开线路；检修工作中没有获得允许工作时即开始工作；工作中没有监护或监护失误等情况下，可能发生作业人员误触电气设备的带电部分，导致自身触电伤亡。此外，已停电的设备突然来电，尤其在停电检修作业人员心理准备不足时，就可能造成群伤事故。直接接触触电时，通过人体的电流较大，危险性也较大，应采取必要的预防措施。

绝缘、屏护与间距是防止直接接触电击最常用的措施。

第一节　绝　　缘

所谓绝缘，是指用绝缘材料把带电体封闭起来，借以隔离带电体或不同电位的导体，使电流能按一定的通路流通。良好的绝缘既是保证设备和线路正常运行的必要条件，也是防止人体触及带电体的基本措施。

绝缘材料又称电介质，它在直流电压的作用下，只有极小的电流通过，其电阻率一般不低于$10^9\Omega\cdot m$。绝缘材料的品种很多，通常分为气体绝缘材料、液体绝缘材料和固体绝缘材料三大类：

气体绝缘材料常用的有空气、氮气、氢气、二氧化碳等。

液体绝缘材料常用的有矿物油（如变压器油、开关油、电容器油和电缆油等）、硅油和蓖麻油等。

固体绝缘材料常用的有绝缘纤维制品（如纸、纸板）、绝缘浸渍纤维制品（如漆布、漆管和扎带等）、绝缘漆、胶和熔敷粉末、绝缘云母制品、瓷和玻璃制品、电工用薄膜、复合制品和胶带以及电工用塑料和橡胶等。

电气设备的绝缘应符合其相应的电压等级、环境条件和使用条件。电气设备的绝缘应能长时间耐受电气、机械、化学、热力以及生物等有害因素的作用而不失效。应当注意，电气设备的喷漆及其他类似涂层尽管可能具有很高的绝缘电阻，但一律不能单独当作防止电击的技术措施。

电工产品的质量和使用寿命，在很大程度上取决于绝缘材料的电、热、机械和理化性质，绝缘材料在外电场的作用下会发生极化、损耗和击穿等过程，在长期使用条件下还会老化。

一、绝缘破坏

绝缘材料受到电气、机械、化学、生物等因素的作用时，均可能导致破坏。

1. 绝缘击穿

击穿是电气绝缘遭受破坏的一种基本形式，绝缘物在强电场等因素作用下，完全失去绝缘

性能的现象称为绝缘的击穿。电介质发生击穿时的电压称为击穿电压，击穿时的电场强度简称击穿强度。

(1)气体电介质的击穿。气体电介质击穿是由碰撞电离导致的电击穿，是与气体放电过程相联系的。两极间气体放电特性曲线如图2-1所示。

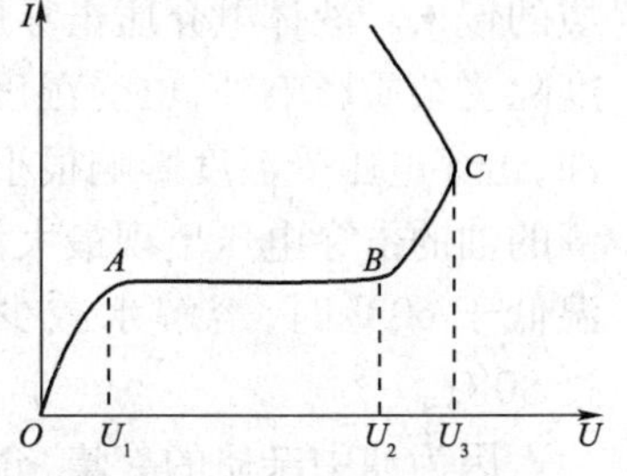

图2-1　气体绝缘放电特性曲线

由于大气中产生和存在着微量的自然离子，在两极间施加电压，即有电流出现。当两极间电压低于 U_1 时，气体中电流随电压增加而增加（图中 *OA* 段）。这是由于电压越高，电场越强，达到极面的电子和离子越多的缘故。当电压升高到 $U_1 \sim U_2$ 之间时，气体中电流基本上保持不变（图中 *AB* 段）。这是由于电极间空气中的电子和离子在极短的时间内全部到达电极。当电压升高超过 U_2 时（图中 *B* 点），由于碰撞电离，即由于空气中的电子在定向运动的过程中获得足够的动能，与气体分子碰撞时使中性分子电离，产生新的电子和离子，使得电流随着电压的增加而迅速增加。当电压继续升高超过 U_3 时（图中 *C* 点），由于出现雪崩式电离，即由于碰撞产生的电子也能积累足够的动能引起碰撞电离，形成所谓电子崩。电子崩出现后，空间电子和离子急剧增加，碰撞电离增强，光电离出现，形成所谓流注。如果电场比较均匀，一旦出现流注，即迅速发展，形成贯穿整个间隙的火花放电，间隙被击穿。如果间隙很大，流注伸展一定距离后不再向前发展，但其后方发生强烈的热电离，形成所谓先导放电，先导放电贯穿整个间隙即构成更为明亮的火花放电；如果电场不均匀，流注在电场强度高的区域形成，并可能只伸展到一定距离就停下来，流注前部呈刷状，但不构成整个间隙的火花放电；如果电场很不均匀，只在很小的范围内发生流注，形成电晕放电。

气体电介质击穿特点如下：

①采用高真空和高气压的方法可提高气体的击穿强度；

②气体中含有杂质（导电性蒸气、导电性杂质），击穿电压降低；

③气体击穿后，当外部施加电压去除，则气体绝缘性能很快恢复。

气体击穿后在间隙中形成电流通路，电流剧增，如日常生活中的电弧、闪电、日光灯、霓虹灯等，形成气体导电。

正常条件下空气的介电强度约为25～30kV/cm。

(2)液体电介质的击穿。一般认为纯净液体的击穿和气体的击穿机理相似，是由电子碰撞电离最后导致击穿。但液体的密度大，电子自由行程短，积聚能量小，因此击穿强度比气体高。

液体电介质的击穿特性与其纯净程度有关，工程上液体绝缘材料不可避免地含有气体、液体和固体杂质。如液体中含乳化状水滴和纤维时，由于水和纤维的极性很强，在强电场作用下使纤维极化而定向排列，并运动到电场强度最高处连成小桥，小桥贯穿两电极间，引起电导剧增，局部温度骤升，最后导致热击穿。变压器油中含有极少量水分就会大大降低油的击穿强度。含有气体杂质的液体电介质的击穿可用气泡击穿机理来解释。气体杂质的存在使液体呈现不均匀性，局部过热，并形成气泡。由于气泡的相对介电常数较低，其内电场场强增高，为油内场强的2.2～2.4倍，发热进一步增加，气泡扩大，也形成连通两电极的导电小桥，导致整个

电介质击穿。

为保证绝缘质量,液体电介质使用前需经过纯化、脱水、脱气处理;使用中也应避免这些杂质的侵入。液体电介质击穿后,绝缘性能在一定程度上可以得到恢复。液体电介质的击穿强度除受杂质影响外,也受湿度、电压作用时间、压力、电场均匀程度等因素的影响。未受潮的油,击穿电压受温度影响很小;受潮的油,击穿电压明显降低。油温在 60 ~ 80℃范围内时,受潮的油的击穿电压出现最大值。当油温超过 80℃时,油内水分汽化增加,击穿电压下降;当油温低于 60℃时,溶解水减少,悬浮水增多,击穿电压也下降。因此,油的工作温度不宜超过 80℃。

因为油中杂质的聚集、介质的发热都需要一定的时间,所以,电压作用时间越长,击穿电压越低。在油内所含杂质不太多的情况下,其 1min 的击穿电压与长时间的击穿电压相差不大。因此,带油设备的耐压试验一般为 1min。

此外,压力越高,气体在油内溶解量越大,击穿电压略有升高;改善油内电场均匀程度也能提高其击穿电压。

液体电介质的击穿特点如下:

①液体电介质的击穿和它的纯净度有关。为保证绝缘质量,液体电介质使用前需经过纯化、脱水、脱气处理。

②击穿后当外加电压去除,液体电介质绝缘性能在一定程度上可以得到恢复。

(3)固体电介质击穿。固体电介质的击穿有电击穿、热击穿及化学击穿等形式。

①电击穿的特点是电压作用时间短,击穿电压高;击穿场强与电场均匀程度有密切关系,但与周围温度及电压作用时间几乎无关。

②热击穿的特点是与电击穿相比电压作用时间长,击穿电压较低,绝缘温升高。热击穿电压随着周围温度的上升而下降,但与电场均匀程度关系不大。

③电化学击穿是由于游离、发热和化学反应等因素的综合作用而导致的击穿。电化学击穿是在电压长期作用下形成的,其击穿电压往往很低。它与绝缘材料本身的耐游离性能、制造工艺、工作条件等有密切关系。

击穿有积累效应,即一次冲击电压作用只产生局部损伤或不完全击穿,多次冲击电压作用则导致完全击穿。固体电介质击穿后不能恢复,将失去其绝缘性能。

2. 绝缘老化

电气设备的绝缘材料在运行过程中,受到热、电、光、氧、机械力、微生物等因素的长期作用,会发生一系列的化学物理变化,从而导致其电气性能和机械性能的逐渐劣化,这一现象称为绝缘老化。

绝缘材料老化过程十分复杂。老化机理也随材料种类和使用条件的不同而不同。最主要的老化有热老化和电老化。

一般在低压电气设备中,绝缘老化主要是热老化。每一种绝缘材料都有一个极限的耐热温度,当设备运行超过这一极限温度,绝缘材料的老化就加剧,即电气设备的使用寿命就缩短。

在保证绝缘材料寿命的前提下,根据它们所允许长期工作的最高温度,将绝缘材料分成若干等级,称为绝缘材料的耐热等级。通常将绝缘材料的耐热等级分为 7 级,即 Y、A、E、B、F、H 和 C 级,如表 2-1 所列。某一等级绝缘材料的使用温度若超过表中规定的温度值,则介质的老

化将加快，寿命缩短。绝缘老化是绝缘破坏的重要内因之一，因此合理地确定绝缘材料的耐热等级，避免因绝缘提前老化造成的绝缘破坏，对预防电击事故的发生具有重要意义。

绝缘材料的耐热等级　　表2-1

耐热等级	Y	A	E	B	F	H	C
长期允许使用的最高温度(℃)	90	105	120	130	155	180	>180

在高压电气设备中，绝缘老化主要是电老化。它是由绝缘材料的局部放电所引起的。

3. 绝缘损坏

损坏是指绝缘材料受到外界腐蚀性液体、气体、蒸汽、潮气、粉尘的污染和侵蚀，以及受到外界热源或机械因素的作用，在较短或很短的时间内失去电气性能或机械性能的现象。动物和植物也可能破坏电气设备和电气线路的绝缘结构。正确选择绝缘材料、正确选用电气线路的安装方式能减少绝缘损坏。不合理使用电气设备、乱拉临时线可能导致绝缘损坏。

二、绝缘性能指标

衡量一种绝缘材料绝缘性能好坏主要有绝缘电阻、吸收比、耐压、泄露电流和介质损耗等几个性能指标。

1. 绝缘电阻和吸收比

(1)绝缘电阻。绝缘材料的绝缘电阻，是加于绝缘结构的直流电压与流经绝缘结构的电流（泄漏电流）之比。绝缘电阻是说明绝缘材料性能的重要标志之一。

任何电介质都不可能是绝对的绝缘体，总存在一些带电质点，主要为本征离子和杂质离子。在电场的作用下，它们可作有方向的运动，形成漏导电流，通常又称为泄漏电流。在外加电压作用下的绝缘材料的等效电路如图2-2所示。图中，电阻支路的电流 $\dot{I}_i$ 即为泄漏电流；流经电容和电阻串联支路的电流 $\dot{I}_a$ 称为吸收电流，是由缓慢极化和离子体积电荷形成的电流；电容支路的电流 $\dot{I}_{C_0}$ 称为充电电流，是由几何电容等效应构成的电流。

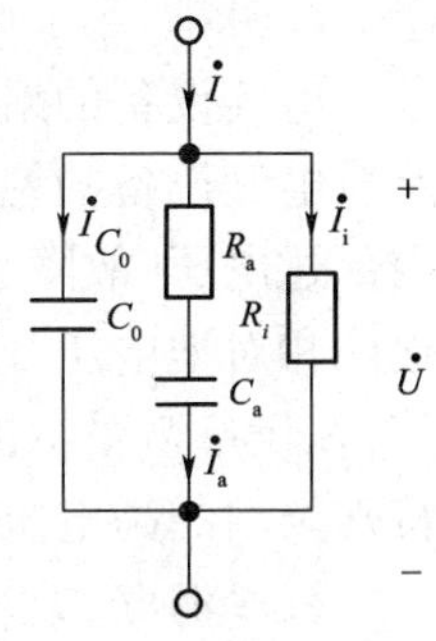

图2-2　绝缘介质等效电路

温度、湿度、杂质含量和电场强度的增加都会降低电介质的电阻率。

温度升高时，分子热运动加剧，使离子容易迁移，电阻率按指数规律下降。

湿度升高，一方面水分的浸入使电介质增加了导电离子，使绝缘电阻下降；另一方面，对亲水物质，表面的水分还会大大降低其表面电阻率。电气设备特别是户外设备，在运行过程中，往往因受潮引起绝缘材料电阻率下降，造成泄漏电流过大而使设备损坏。因此，为了预防事故的发生，应定期检查设备绝缘电阻的变化；较长时间没有运转的设备，使用前应先测量其绝缘电阻值。

杂质的含量增加，增加了内部的导电离子，也使电介质表面污染并吸附水分，从而降低了绝缘材料电阻率。

在较高的电场强度作用下，固体和液体电介质的离子迁移能力随电场强度的增强而增大，使电阻率下降。当电场强度临近电介质的击穿电场强度时，因出现大量电子迁移，使绝缘电阻按指数规律下降。

绝缘电阻通常用兆欧表(摇表)测定,摇表测量实际上是给被测物加上直流电压,测量通过其上的泄漏电流,表盘上的刻度是经过换算得到的绝缘电阻值。

(2)吸收比。吸收比是从开始测量起第60s的绝缘电阻 R_{60} 与第15s的绝缘电阻 R_{15} 的比值。也用兆欧表测定。

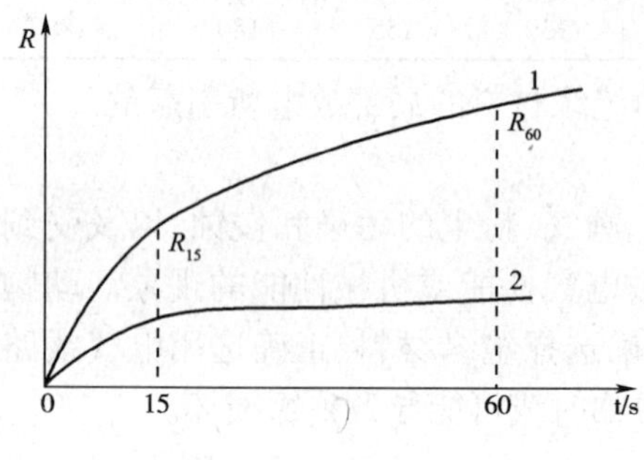

图2-3　绝缘电阻及吸收比测试
1-绝缘良好;2-绝缘劣化

根据绝缘材料的等效电路可知,直流电压作用在电介质上,有三部分电流通过,即介质的泄漏电流、吸收电流和瞬时充电电流。绝缘材料的电流与时间的关系如图2-3所示。吸收电流和充电电流在一定的时间后都趋近于零,而泄漏电流与时间无关。如介质材料干燥,其泄漏电流很小,在电压开始作用的15s内,充电电流和吸收电流较大,此时电压与电流的比值较低,经较长时间(60s)后,充电电流和吸收电流衰减趋向于零,总电流稳定在较小的泄漏电流值上,R_{60} 数值较大,吸收比(R_{60}/R_{15})就较大。如介质材料受潮,泄漏电流较大,相对来讲介质充电电流和吸收电流较小。15s时测出的 R_{15} 与60s时测出的 R_{60} 相差很小,吸收比就小。

吸收比是为了判断绝缘体的受潮情况,受潮以后绝缘电阻降低,测量得到的绝缘电阻上升变快,吸收比接近于1;一般没有受潮的绝缘体,吸收比应大于1.3。

2. 耐压

电气设备的耐压又称设备介电强度,是指电气设备承受过电压的能力。在电力系统中,线路及电气设备的绝缘,除了在额定交流或直流电压下长期运行外,还要短时承受大气过电压、内部过电压、故障过电压等过电压的作用。例如,在不接地的三相系统中,发生一相接地时,其他两相对地电压升高到原来的1.73倍;在特殊情况下,内部过电压可升高到原来的3~3.5倍;在设备遭受雷击时可能出现更高的过电压。另外,其他技术领域的电气设备也会遇到各种特殊类型的高电压。

3. 泄漏电流

泄漏电流是线路或设备在外加高电压作用下经绝缘部分所泄漏的电流。由于外加电压较高,而且电压稳定,所以比较容易发现绝缘硬伤、脆裂等内部缺陷。

泄漏电流试验一般只对某些安全要求较高的设备,才有必要按规定进行。如某些高压设备(阀型避雷器、油浸电力电缆等);某些电工安全用具(绝缘手套、绝缘靴和绝缘垫等);某些日用电器和电动工具等。

4. 介质损耗

在交流电压作用下,绝缘材料中的部分电能将转变成热能,这部分能量就叫做介质损耗。电介质损耗主要由漏电电流和极化所引起,它又是导致电介质发生热击穿的根源。

绝缘介质加交流电压时电流与电压的相位关系如图2-4所示。通常是以 $\tan\delta$ 来衡量电介质的介质损耗性能。对于电气设备中使用的电介质,要求它的 $\tan\delta$ 值越小越好。而当绝缘材料受潮或劣化时,因有功电流明显增加,会使 $\tan\delta$ 值剧烈上升。也就是说,$\tan\delta$ 能更敏感地反映绝缘质量。因此,在要求高的场合,需进行介质损耗试验。

影响绝缘材料介质损耗的因素主要有频率、温度、湿度、电场强度和辐射。影响过程比较复杂,从总的趋势上来说,随着上述因素的增强,介质损耗增加。

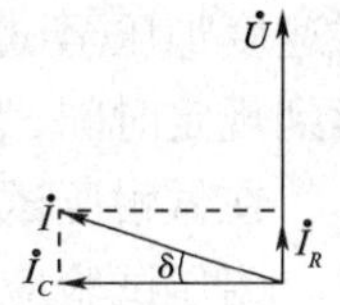

图 2-4　绝缘介质中电流与电压的相位关系

三、绝缘检测与绝缘试验

绝缘检测的目的有两个:一是通过试验发现可能造成绝缘破坏的隐患,二是测试绝缘的极限耐受电压能力。

1. 绝缘电阻测试

测试设备的绝缘电阻是在电气设备的绝缘上加上直流电压,测量绝缘中流过的电流及其变化,并以此为依据判断绝缘的好坏。测量绝缘电阻的专用设备为兆欧表,俗称摇表。兆欧表可测试绝缘介质的绝缘电阻和吸收比。

不同线路或设备对绝缘电阻有不同的要求。一般来说,高压较低压要求高,新设备较老设备要求高,室外的较室内的要求高,移动的比固定的要求高。下面列出几种主要线路和设备应达到的绝缘电阻值。

(1)新装和大修后的低压线路和设备,要求绝缘电阻不低于 0.5MΩ。

(2)运行中的线路和设备,绝缘电阻可降低为每伏工作电压 1 000Ω。

(3)在潮湿环境中绝缘电阻不应低于每伏工作电压 500Ω。

(4)携带式电气设备的基本绝缘的绝缘电阻不应低于 2MΩ,附加绝缘的绝缘电阻不应低于 5MΩ,加强绝缘的绝缘电阻不应低于 7MΩ。

(5)控制线路的绝缘电阻不应低于 1MΩ,但在潮湿环境中可降低为 0.5MΩ。

(6)运行中 6 ~ 10kV 和 35kV 电力电缆的绝缘电阻分别不应低于 400 ~ 1 000MΩ 和 600 ~ 1 500MΩ。干燥季节取较大的数值;潮湿季节取较小的数值。

(7)架空线路每个悬式绝缘子的绝缘电阻应不低于 300MΩ。

(8)电力变压器投入运行前,绝缘电阻应不低于出厂时的 70%,运行中的绝缘电阻可适当降低。

2. 耐压试验

耐压试验又称介电强度试验,是检验电气设备对过电压的承受能力,在试验时对电气设备施加高于运行中可能遇到的过电压。耐压试验是保证电气设备安全运行的有效手段。

耐压试验主要有工频交流耐压试验、直流耐压试验和冲击电压试验等。其中,工频交流耐压试验最为常用,这种方法接近运行实际,所需设备简单。对部分设备,如电力电缆、高压电机等少数电气设备,在因电容很大,无法进行交流耐压试验时,则进行直流耐压试验。耐压试验的试验电压为设备额定电压的一倍至数倍,但最低不得低于 1 000V。

对电力变压器、电动机和低压配电装置等在投入运行前,应做工频耐压试验;低压电力和照明线路,如绝缘电阻不能满足要求时,也需做工频耐压试验;电工安全用具应按规定做工频耐压试验;对整台机床电气系统,在主线路和机座之间也应做工频耐压试验,对阀型避雷器必要时做冲击电压试验;电气设备的绝缘油需在油杯中用标准电极做工频耐压试验等。

耐压试验的加压时间一般为 1min,但对于以有机固体作为主要绝缘材料的设备为 5min;对电压互感器为 3min;对油浸电力电缆为 10min。升压速度和减压速度应符合规定。先以任

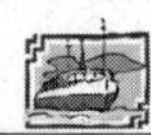

意速度加压至试验电压的40%左右,再以每秒增加3%试验电压的速度升高到试验电压,并持续到规定时间,然后在5s内把电压降低到试验电压的25%以下,再切断电源。

在做耐压试验时应注意下列事项:

耐压试验应在测量绝缘电阻合格后进行;试验电压按规定选取,不得任意超过规定值;试验电流不应超过试验设备的允许电流;为了人身安全,试验场地应设立防护围栅,以防止工作人员偶然接近带电的高压装置。试验设备应有完善的保护接零(或保护接地),试验前后要注意放电;每次试验之后,应使调压器迅速返回零位,最好能有自动回零装置。

四、电气设备的绝缘形式

1. 绝缘形式

电气设备的绝缘结构按保护功能,可分为基本绝缘、附加绝缘、双重绝缘和加强绝缘,现将各绝缘的意义介绍如下:

(1)基本绝缘。带电部件上对触电起基本保护作用的绝缘称为基本绝缘。基本绝缘位于带电体与不可触及的金属件之间。若这种绝缘的主要功能不是防触电而是防止带电部件间的短路,则又称为工作绝缘,如电动机、变压器绕组的绝缘漆等。

(2)附加绝缘。附加绝缘又叫辅助绝缘或保护绝缘,它是为了在基本绝缘一旦损坏的情况下防止触电而在基本绝缘之外附加的一种独立绝缘。附加绝缘位于不可触及的金属件与可触及的金属件之间。

(3)双重绝缘。双重绝缘是一种绝缘的组合形式,即由基本绝缘和附加绝缘两者组成的绝缘。

(4)加强绝缘。加强绝缘是基本绝缘经改进后,在绝缘强度和机械性能上具备了与双重绝缘同等防触电能力的单独绝缘结构。"单独绝缘结构"不一定是一个单一体,它可以由几层组成,但层间必须结合紧密,形成一个整体,各层无法分作基本绝缘和附加绝缘来各自进行单独的试验。

典型双重绝缘和加强绝缘的结构示意图如图2-5所示,图中a)、b)、c)、d)为双重绝缘,e)、f)为加强绝缘。

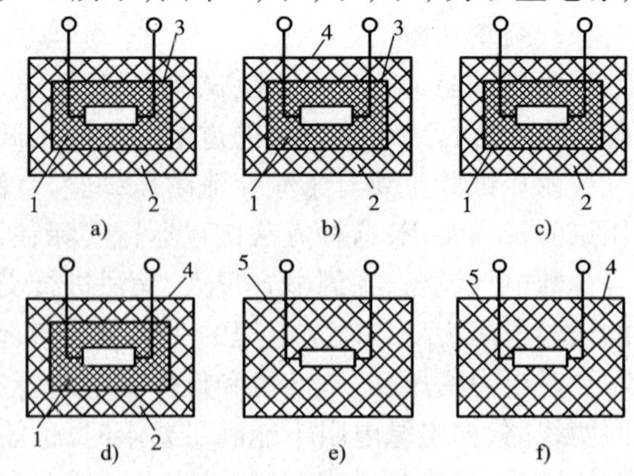

图2-5 双重绝缘和加强绝缘

a)~d)双重绝缘;e、f)加强绝缘

1-基本绝缘;2-附加绝缘;3-不可触及的金属件;4-可触及的金属件;5-加强绝缘

2. 电气设备按电击防护形式分类

低压电气设备按电击防护方式可分为四类,分别称为0、I、II、III类设备,其电击防护原理有所不同,下面分述之。

(1)0类设备。仅依靠基本绝缘作电击防护的设备称为0类设备。0类设备基本绝缘一旦失效,是否发生电击危险完全取决于设备所处的环境,故0类设备一般只能在非导电场所中使用。由于该类设备的电击防护条件较差,在一些发达国家已明令禁止生产。

(2)Ⅰ类设备。I类设备的电击防护不仅依靠基本绝缘,还包括一项附加安全措施,即设备能

被人触及的可导电部分连有保护线,可用来与工作场所固定布线中的保护线相连接。也就是说,该类设备一旦基本绝缘失效,还可通过由这根保护线所建立的防护措施来防止电击。这根保护线所能建立的防护措施有很多,如在TN系统中通过造成短路切断电源,在TT系统中通过构造剩余电流通路使剩余电流保护器动作以切断电源,或通过等电位联结降低接触电压等。在我国日常使用的电器中,I类设备占了绝大多数,因此如何利用好这根保护线来提高I类设备电击防护水平,是一个十分重要的课题。

(3)Ⅱ类设备。Ⅱ类设备的电击防护不仅依靠基本绝缘,而且还增加了附加绝缘作为辅助安全措施,或者使设备的绝缘能达到加强绝缘的水平。II类设备不采用安全接地措施,不设置保护线,在其明显位置(如额定指标牌上)标有"回"形标志。

按其外壳特征又可分为以下三类。

①全部绝缘外壳的电气设备。这类外壳上除了铭牌等小金属物外,其他金属件都在无间断的封闭绝缘外壳内,外壳成为附加或加强绝缘的补充,或者本身就是附加或加强绝缘的一部分。

②全部金属外壳的电气设备。此类设备有一个由金属材料制成的无间断封闭外壳。

③部分绝缘外壳和部分金属外壳的电气设备。由于Ⅱ类设备的电击防护仅取决于设备本身的技术措施,既不依赖于系统(电网)又不依赖于所处的场所,因而是一种值得大力发展的设备类型,但在使用时也应遵守一定的条件,才能确保安全。这些条件主要有以下两条:

①具有全部或部分金属外壳的②、③类设备,其金属外壳不得与系统(电网)发生电气联系,以免从系统引入高电位,也不得接地。只有当设备所在场所采用"不接地的局部等电位连接"时,才可考虑将金属外壳或外壳的金属部分与等电位体电气联结。

②Ⅱ类设备的电源连接线也应符合加强绝缘或双重绝缘的要求,电源插头上不得有起导电作用以外的金属件,电源连接线与外壳之间至少应有两层单独的绝缘层。

(4)Ⅲ类设备。Ⅲ类设备的电击防护措施是采用SELV(安全特低电压)供电。这类设备要求在任何情况下,设备内部都不会出现高于安全电压值的电压。该类设备的外露可导电部分不得与保护线或其他装置外可导电部分(如大地,水管等)电气联接,以避免意外引入高电位。

五、不导电环境

利用不导电的材料制成地板、墙壁等,使人员所处的场所成为一个对地绝缘水平较高的环境,这种场所称为不导电环境或非导电场所。不导电环境应符合如下的安全要求:

(1)地板和墙壁每一点对地的电阻:500V及以下者不应小于50kΩ;500V以上者不应小于100kΩ。

(2)保持间距或设置屏障,使得在电气设备工作绝缘失效的情况下,人体也不可能同时触及到不同电位的导体。

(3)为了维持不导电的特征,场所内不得设置保护零线或保护地线,并应有防止场所内高电位引出场所外和场所外低电位引入场所内的措施。

(4)场所的不导电性能应具有永久性特征,不应因受潮或设备的变动等原因使安全水平降低。

第二节　电气装置的屏护与间距

屏护和间距是最为常用的电气安全措施之一。从防止电击的角度而言,屏护和间距属于防止直接接触电击的安全措施。此外,屏护和间距还是防止短路、故障接地等电气事故的安全措施之一。

一、屏护

屏护是一种对电击危险因素进行隔离的手段,即采用遮栏、护罩、护盖、箱（匣）等把带电体同外界隔离开来,以防止人体触及或接近带电体所引起的触电事故。屏护还起到防止电弧伤人,防止弧光短路或便利检修工作的作用。配电线路和电气设备的带电部分如果不便于包以绝缘或者单靠绝缘不足以保证安全的场合,可采用屏护保护。此外,对于高压电气设备,无论是否有绝缘,均应采取屏护或其他防止接近的措施。

屏护可分为屏蔽和障碍(或称阻挡物),两者的区别在于:后者只能防止人体无意识地触及或接近带电体,而不能防止有意识移开、绕过或翻越该障碍而触及或接近带电体。从这点来说,前者属于一种完全的防护,而后者是一种不完全的防护。

屏护装置既有永久性装置,如配电装置的遮拦、电气开关的罩盖等;也有临时性屏护装置,如检修工作中使用的临时性屏护装置。既有固定屏护装置,如母线的护网;也有移动屏护装置,如跟随天车移动的天车滑线屏护装置。

在带电体附近作业时,可采用能移动的遮拦作为防止触电的重要措施。检修遮拦可用干燥的木材或其他绝缘材料制成,使用时置于过道、入口或工作人员与带电体之间,可保证检修工作的安全。

对于一般固定安装的屏护装置,因其不直接与带电体接触,因此对制作屏护装置所用材料的导电性能没有严格的规定。但是,各种屏护装置都必须有足够的机械强度和良好的耐火性能。此外,还应满足以下要求。

(1)用金属材料制成的屏护装置,为了防止屏护装置意外带电造成触电事故,必须将屏护装置接地或接零。

(2)屏护装置一般不宜随便打开、拆卸或挪移,有时其上还应装有联锁装置（只有断开电源才能打开)。

(3)屏护装置应有足够的尺寸。遮拦高度不应低于1.7m,下部边缘离地面不应超过0.1m;户内栅栏高度不应低于1.2m,户外不应低于1.5m;户外变电装置围墙高度一般不应低于2.5m。

(4)屏护装置应与带电体之间保持必要的距离。对于低压设备,网眼遮拦与裸导体距离不宜小于0.15m,10kV设备不宜小于0.35m,20~30kV设备不宜小于0.6m;栅栏与裸导体距离不宜小于0.8m,栏条间距离不应超过0.2m。

(5)被屏护的带电部分应有明显的标志,标明规定的符号或涂上规定的颜色,遮拦、栅栏等屏护装置上应根据被屏护对象挂上“止步!”、“禁止攀登,高压危险！”、“当心触电！”等警告牌。

(6)必要时应配合采用声光报警信号装置和联锁装置。前者一般是用灯光或仪表显示有

电;后者是采用专门装置,当人体越过屏护装置可能接近带电体时,被屏护的装置自动断电。

(7)电压超过1kV的高压电气设备和低压电气设备不应组合在同一外壳内,除非采取隔离或其他合适的措施,以确保人员能够无危险地接近低压电气设备。

二、间距

间距是将可能触及的带电体置于可能触及的范围之外。可以防止人体及其他物品触及或过分接近带电体,防止车辆和其他物体碰撞带电体,以及避免发生各种短路、火灾和爆炸事故。在人体与带电体之间、带电体与地面之间、带电体与带电体之间、带电体与其他物体和设施之间,都必须保持一定的距离,这种距离称为电气安全距离,简称间距。如架空线路与地面、水面的距离,架空线路与有火灾爆炸危险厂房的距离等。安全距离的大小决定于电压的高低、设备的类型、安装的方式等因素。

为了防止人体接近带电体,必须保持足够的检修间距。在低压操作中,人体或其所携带工具等与带电体的距离不应小于0.1m;在高压无遮拦操作中,人体或其所携带工具与带电体之间的最小距离为:10kV及以下的最小距离不应小于0.7m;20~35kV的最小距离不应小于1.0m。当不足上述距离时,应装设临时遮拦,并应符合相关要求。

用绝缘杆操作时,上述距离可减为:10kV及以下的最小距离不应小于0.4m;35kV的最小距离不应小于0.6m。

在线路上工作时,人体或其携带工具等与临近带电线路的最小距离为:10kV及以下的最小距离不应小于1.0m;35kV的最小距离不应小于2.5m。不足上述距离时,临近的线路应当停电。

工作中使用喷灯或气焊时,火焰不得喷向带电体。火焰与带电体的最小距离为:10kV及以下的最小距离不应小于1.5m;35kV的最小距离不应小于3m。

在架空线路附近进行起重工作时,起重机具(包括被吊物)与线路导线之间的最小距离为:1kV以下的最小距离不应小于1.5m;10kV的最小距离不应小于2m;35kV的最小距离不应小于4m。

第三节　电气设备外壳的防护等级

一、外壳与外壳防护的概念

电气设备的“外壳”是指与电气设备直接相关联的界定设备空间范围的壳体,那些设置在设备以外的为保证人身安全或防止人员进入的设施,如栅栏、围护等,不能被算作是“外壳”。

外壳防护是电气安全的一项重要措施,它既是保护人身安全的措施,又是保护设备自身安全的措施。包括两种防护形式。

第一种防护形式:防止人体触及或接近壳内带电部分和触及壳内的运动部件(光滑的转轴和类似部件除外),防止固体异物进入外壳内部。

第二种防护形式:防止水进入外壳内部而引起有害的影响。

二、外壳防护等级的代号及划分

根据 GB 4208—84 标准,外壳防护等级的代号由表征字母“IP”和附加在后面的两个表征数字组成,写作 IP××,其中第一位数字表示第一种防护形式的各个等级,第二位数字则表示第二种防护形式的各个等级,表征数字的含义分别见表 2-2 和表 2-3。

第一位数字所代表的防护等级 表 2-2

第 1 位数字	防护等级	
	简要说明	意义
0	无防护	无专门的防护
1	防护大于 50mm 的固体	人体大面积部分如手(但对有意识的接触并无防护)。直径超过 50mm 的固体
2	防护大于 12mm 的固体	手指或类似物,长度不超过 80mm,直径超过 12mm 的固体
3	防护大于 2.5mm 的固体	直径或厚度大于 2.5mm 的工具,电线等,直径超过 2.5mm 的固体
4	防护大于 1.0mm 的固体	厚度大于 1mm 线或片状物,直径超过 1mm 的固体
5	防尘	并不防止全部尘土进入,但进入量不能达到妨碍设备正常运转的程度
6	尘密	无尘土进入

第二位数字所代表的防护等级 表 2-3

第 2 位数字	防护等级	
	简要说明	意义
0	无防护	无专门的防护
1	防滴	垂直滴水应无有害的影响
2	15°防滴	设备与垂直线成 15°角时,滴水应无有害影响
3	防淋水	与垂直线成 60°范围的淋水应无有害影响
4	防溅	任何方向溅水应无有害影响
5	防冲水	任何方向冲水应无有害影响
6	防猛烈海浪	猛烈海浪或强烈冲水时进入机壳水量应无有害影响
7	防浸水	浸沉在规定压力的水中经规定的时间后,进入水量应无有害影响
8	防潜水	能长期潜水,其技术条件由制造厂规定 注:通常设备应完全密封,但对某些类型设备,在不产生有害影响的前提下,水可进入设备

例如,某设备的外壳防护等级为 IP30,就是指该外壳能防止大于 2.5mm 的固体异物进入,但不防水。当只需用一个表征数字表示某一防护等级时,被省略的数字应以字母×代替,如 IP×3、1P2×等。

当电器各部分具有不同的防护等级时，应首先标明最低的防护等级，若再需标明其他部分，则按该部分的防护等级分别标志。

三、船舶电气设备外壳防护等级

CCS《钢质海船入级规范》（以下简称《规范》）对船舶电气设备外壳防护等级的要求如下：

（1）电气设备的外壳防护形式的选择，应与安装的场所相适应。其最低防护等级应符合表2-4的要求。

外壳防护等级的最低要求　　表2-4

（1）	（2）	（3）	（4）设备							
处所	环境条件	防护等级	配电板，控制设备，电动机起动器	发电机	电动机	变压器，半导体变换器	照明设备	电热器具	电炊设备	附具（例如开关，接线盒）
干燥的居住处所	只有触及带电部分的危险	IP20	×	—	×	×	×	×	×	×
干燥的控制室			×	—	×	×	×	×	×	×
控制室	滴水和（或）中等机械损伤危险	IP22	×	—	×	×	×	×	×	×
机炉舱（花钢板以上）			×	×	×	×	×	×	×	IP44
舵机舱			×	×	×	×	×	×	—	IP44
冷藏机室（氨装置室除外）			×	—	×	×	×	×	—	IP44
应急机械室			×	×	×	×	×	×	—	IP44
一般贮藏室			×	—	×	×	×	×	—	×
配膳室			×	—	×	×	×	×	×	IP44
粮食库			×	—	×	×	×	×	—	×
浴室	较大的水和（或）机械损伤危险	IP34	—	—	—	—	×	IP44	—	IP55
机炉舱（花钢板以下）			—	—	IP44	—	×	IP44	—	IP55
围蔽的燃油分离室			IP44	—	IP44	—	×	IP44	—	IP55
围蔽的滑油分离室			IP44	—	IP44	—	×	IP44	—	IP55
压载泵舱	较大的水和（或）机械损伤危险	IP44	×	—	×	×	IP34	×	—	IP55
冷藏舱			—	—	×	—	IP34	×	—	IP55
厨房和洗衣间			×	—	×	×	IP34	×	×	×

续上表

(1)	(2)	(3)	(4)							
			设　备							
双层底中的轴隧或管道	喷水危险、货物粉尘存在、严重机械损伤、腐蚀性气体	IP55	×	—	×	×	×	×	—	IP56
干货舱			—	—	—	—	×	—	—	×
露天甲板	大量浸水的危险	IP56	×	—	×	—	IP55	×	—	×

注：①表中"×"表示按(3)栏要求，如不能满足(3)栏要求时，则按注②要求；表中"—"表示一般不应安装此种设备。

②设备本身不能达到防护要求时，应采用其他措施，或改善安装场所条件来确保本表要求。

(2)在机舱中，位于固定式局部水基灭火系统所保护的区域及其喷雾直接到达的邻近区域中的电气和电子设备，应有不低于IP44的防护等级。

(3)在机舱中，位于上述(2)规定区域之外水可能扩延到的邻近区域中的电气和电子设备，如提供适合在这些区域中使用的证据，考虑到其设计和配置：例如进风口的位置、滤器和挡板等能防止或限制水雾/喷雾进入设备，则可以使用较低的防护等级。

(4)主配电板和应急配电板的结构应满足下列要求：

配电板的顶部应达到防护等级IP22的要求，但如安装在符合规范要求的控制室中，则其顶部的防护等级可为IP21。配电板的两侧应有不低于防护等级IP2×的防护措施。额定电压大于500V者，其背面还应有不低于防护等级IP2×的防护措施。

(5)高压电气设备的外壳防护等级均应与其安装场所相适应，除至少应符合表2-4的规定外，还应满足下列要求：

①旋转电机的外壳防护等级至少应为IP23，其接线盒的防护等级至少应为IP44。安装在非专职人员可以到达处所的电动机，其外壳防护等级至少为IP4×，以防止人员接近或触及电机的带电或转动部分。

②变压器的外壳防护等级至少应为IP23，如安装在非专职人员可以到达的处所时，则其外壳防护等级至少为IP4×。

③具有金属外壳的控制设备、配电设备组件和静止变换器的外壳防护等级至少应为IP32，如安装在非专职人员可以到达的处所时，则其外壳防护等级至少为IP4×。

第四节　船舶电气设备的绝缘要求

一、船舶电气设备的绝缘要求

1. 船用电机

所有船用发电机与电动机均应在制造厂依照IEC 60092—301出版物的规定进行耐压试验，重要设备用电机应具备制造厂的试验合格证。耐压试验之后应立即用直流绝缘试验法(直流高阻计)测量以下(1)和(2)所列项目的绝缘电阻，其最低试验电压值和相应绝缘电阻

值应符合表2-5的规定。

绝缘测量最低试验电压和最低绝缘电阻值 表2-5

额定电压 U_n(V)	最低试验电压(V)	最低绝缘电阻(MΩ)
$U_n \leq 250$	$2 \times U_n$	1
$250 < U_n \leq 1\,000$	500	1
$1\,000 < U_n \leq 7\,200$	1 000	$(U_n/1\,000)+1$
$7\,200 < U_n \leq 15\,000$	5 000	$(U_n/1\,000)+1$

(1)连接在一起的所有载流部件和地之间。

(2)所有载流部件的不同极或相之间(当每极或每相的两端均可分别接近时)。

绝缘电阻应在接近工作温度时测量,或者用适当的方法将其折算至工作温度。

进行耐压试验时,先将试验电压的50%施加于试验部位,然后平稳地升压到规定的全电压值,并在该电压下历时1min,应无击穿或闪络现象。表2-6为中远船务在电机大修后的耐压试验电压等级。

电动机大修后耐压试验的试验电压 表2-6

序号	电机或部件	试验电压(有效值)
1	1kW以下的电机或额定电压不超过36V的各种电机	500V+2倍额定电压
2	1kW以上的电机或额定电压超过36V的电机	1 000V+2倍额定电压,但最低为1 500V
3	直流电机的他励磁场绕组	1 000V+2倍额定励磁电压,但最低为1 500V
4	同步发电机、同步电动机及同步补偿机的磁场绕组: (1)同步发电机的磁场绕组; (2)当电机启动时,磁场绕组短路或并联一个小于绕组电阻10倍的电阻; (3)当电机启动时,磁场绕组并联一个等于或大于绕组电阻10倍的电阻或启动时采用带(或不带)磁场分段开关而磁场绕组开路	10倍额定励磁电压,且最低为1 500V,最高为3 500V; 1 000V+2倍最高电压的有效值(此电压在规定的条件下存在于磁场绕组的线端间,如为分段磁场绕组则存在于任一段的线端间),但最低为1 500V
5	非永久短路(如用电阻启动)的异步电动机或异步结构的同步电动机的转子绕组: (1)不可逆转或仅在停止后才可逆转的电动机; (2)在运转时将电源反接而使逆转或制动的电动机	1 000V+2倍转子电压; 1 000V+2倍转子电压
6	励磁机。下列情况除外: (1)同步电动机(包括异步结构的电动机)接地的或启动时不与磁场绕组连接的励磁机; (2)励磁机的他励磁场绕组	与所连接的绕组同为1 000V+2倍励磁机额定电压,最低为1 500V; 1 000V+2倍最高额定励磁电压,但最低为1 500V

2.配电板

(1)配电板应按表2-7的规定进行耐压试验:

试验低压　　表 2-7

额定电压 U_n(V)	试验电压(V)	额定电压 U_n(V)	试验电压(V)
$U_n \leqslant 60$	1 000	$690 < U_n \leqslant 800$	3 000
$60 < U_n \leqslant 300$	2 000	$800 < U_n \leqslant 1\,000$	3 500
$300 < U_n \leqslant 690$	2 500	$1\,000 < U_n \leqslant 1\,500$①	3 500

注:①仅指直流。

②在进行耐压试验时,半导体器件应拆除,同时可不接测量仪表、电容器、指示灯等附属设备。

③耐压试验应在所有带电部分与机壳间和各极(相)相互之间进行。

(2)在耐压试验之后,应立即用至少500V 的直流高阻计测量其所有载流部分对地以及载流部分的极间或相间的绝缘电阻,其值应不低于1MΩ。

3. 电动机的控制设备

(1)耐压试验:按表2-7 的规定进行。试验电压频率可以是25~100Hz 之间的任一频率,该项试验应持续1min 而无击穿现象。试验时可以分断仪表和辅助器具。

(2)绝缘电阻测量:紧接着在耐压试验后,应用至少500V 的直流高阻计进行绝缘电阻测量,绝缘电阻值应不低于1MΩ。

4. 电力与照明变压器

(1)耐压试验: 变压器初、次级绕组和绕组对地之间,均应承受频率为25~100Hz 之间的任一频率和电压为1 000V+2 倍线间最高电压(但最低为2 000V)的交流电的耐压试验,并应能维持1min 而无击穿或闪络现象。

(2)感应耐压试验:变压器应能承受2 倍额定电压的感应耐压试验,试验时电源的频率应大于或等于2 倍额定频率,试验持续时间 t 可按下式计算,但应不小于15s:

$$t = (60 \times 2 \times \text{额定频率}) / \text{试验频率}\ (\text{s})$$

进行温升试验的变压器,该项试验应在温升试验结束后立即进行。

(3)绝缘电阻试验:应依次测量变压器每绕组对地的绝缘电阻。测量时,所有其余绕组、铁芯、框架、箱或外壳一起接地,并连同试验时变压器的温度一起记录下来。

5. 其他

经修理后的电缆,用500V 的兆欧表测量芯线与芯线、芯线与地(屏蔽层)之间的绝缘电阻,其值不应小于10MΩ。

电热器具的热态绝缘电阻应不低于0.5MΩ。

二、船舶电气设备电气间隙与爬电距离

电气间隙是指两相邻导体或一个导体与相邻电机壳表面的最短空间距离。

爬电距离是指两相邻导体或一个导体与相邻电机壳表面沿绝缘表面测量的最短距离。

在GB 4943—2001 2.10 条款中指出电气间隙的尺寸应使得进入设备的瞬态过电压和设备内部产生的峰值电压不能使其击穿。爬电距离的尺寸应使得绝缘在给定的工作电压和污染等级下不会产生闪络或击穿(起痕)。由此可以看出,电气间隙和爬电距离的防范对象和考核目的不同。电气间隙防范的是瞬态过电压或峰值电压;而爬电距离是考核绝缘在给定的工作电压和污染等级下的耐受能力。

CCS《规范》规定，电气设备不同电位的带电部件之间和带电部件与接地金属之间，按其绝缘材料的性质和工作条件，应具有适应其工作电压的足够的电气间隙和爬电距离。

主配电板和应急配电板中的裸主汇流排（但不包括主汇流排至引出线之间的导体），应具有表 2-8 所列的最小电气间隙和最小爬电距离。

最小电气间隙和最小爬电距离　　表 2-8

额定电压(V)	最小电气间隙(mm)	最小爬电距离(mm)
$U_n \leqslant 250$	15	20
$250 < U_n \leqslant 690$	20	25
$U_n > 690$	25	35

注：表中所列数值适用于带电部件之间以及带电部分与裸露的导电部件之间的电气间隙和爬电距离。

高压电气设备的电气间隙和爬电距离应符合下列要求：

（1）通常对未经形式试验的设备，其非绝缘部件间的相对相和相对地之间的电气间隙应不小于表 2-9 的规定值。如电压为所列额定电压的中间值，则应取电压高的这一档次值。如电气间隙低于表 2-9 所列值，则应进行相应的冲击电压试验。

最小电气间隙　　表 2-9

额定电压(kV)	最小电气间隙(mm)	额定电压(kV)	最小电气间隙(mm)
3(3.3)	55	10(11)	120
6(6.6)	90	15	160

（2）带电部件之间及带电部件与接地金属部件之间的爬电距离，应符合相关 IEC 出版物关于系统的额定电压、绝缘材料特性和开关及故障时产生瞬间过电压的规定。有开关设备的汇流排分段上的非标准部件，最小爬电距离应至少为 25mm/kV，在限流设备后为 16mm/kV。

第三章　间接接触电击的防护

间接接触电击防护是指人体与故障情况下带电的设备外露导电部分的接触造成触电的防护。正常情况下电气设备不带电的外露金属部分,如金属外壳、金属护罩和金属构架等,在发生漏电、碰壳等金属性短路故障时就会出现危险电压,此时人体触及这些外露的金属部分就会造成间接接触触电。

间接接触电击的防护措施主要有如下几种:

(1)自动切断电源保护。通过设备的接地保护,配合过电流保护装置和安装漏电保护器,防止电气设备发生接地故障时,设备外露导电部分持续带有危险电压而产生电击的危险。

(2)接地保护。设备的外露导电部分必须用保护线与电力系统的接地点连接(TN 系统),或与大地直接连接(TT 系统)。

(3)增强绝缘保护。即采用Ⅱ类电气设备。在狭窄场所或潮湿环境使用的手持式电动工具或部分在使用中直接接触人体的生活电器,应使用Ⅱ类电器,即双重绝缘的电器。

(4)采用等电位连接。

(5)改变低压供电系统方式。

其中,保护接地和保护接零是防止间接接触电击的基本技术措施。这两种措施还与低压系统的防火性能有关。本章重点介绍接地和保护接零的技术问题。

第一节　接地的基本概念

一、电气接地的含义及其分类

凡是电气设备或设施的任何部位(不论带电与不带电),人为地或自然地与具有零电位的大地接通的方式,都称为电气接地(常简称接地)。

按照接地性质,接地可分为正常接地和非人为的故障接地两类。正常接地主要有保护接地、工作接地和屏蔽接地等。

1. 正常接地

(1)保护接地。为防止电力设施或电气设备因绝缘损坏而使人遭受触电危险而设置的接地称为保护接地。保护接地是把电气设备的金属外壳与大地作良好的电气连接。如船舶三相三线绝缘系统中电动机等用电设备金属外壳的接地。

(2)工作接地。为保证电气设备在正常工作情况下可靠运行所进行的接地称为工作接地。如电力系统中性点接地的三相四线制系统、以船体作为导电回路的三相三线制系统发电机中性点的接地、电焊机的接地线等,都是通过接地线构成回路而工作的。

(3)屏蔽接地。屏蔽接地是为了防止电磁干扰,在屏蔽体与地或干扰源的金属机壳之间所做的良好电气连接,如图 3-1 所示。

无线电通信设备一般都装在封闭的金属机壳内，以防止外来的干扰。屏蔽是抑制无线电干扰的有效措施。任何外来干扰所产生的电场，其电力线将垂直终止于封闭机壳的外表面上，而不能穿进机壳内部。这种屏蔽将使屏蔽体内的无线电通信设备或导体不受干扰源的影响。另外，同样也可以防止无线电干扰源影响屏蔽体外的无线电通信设备或带电体。此时，屏蔽体需要与地或干扰源的机壳之间有良好的电气连接。

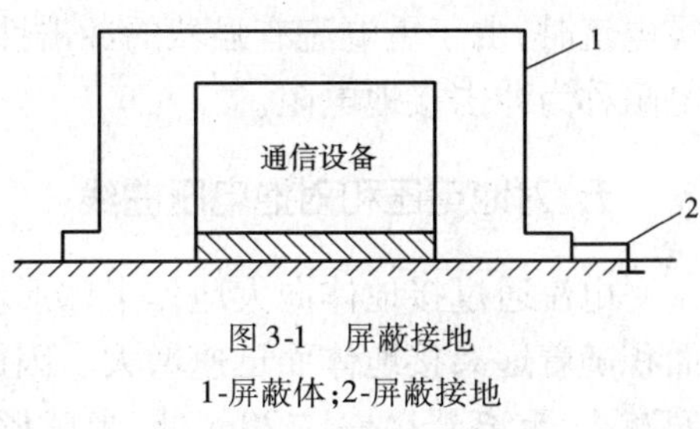

图 3-1 屏蔽接地
1-屏蔽体；2-屏蔽接地

2. 故障接地

是指带电体与大地之间发生意外的连接，如电气设备的碰壳接地、电力线路的接地短路、船舶三相绝缘系统的单相接地等。

二、接地装置

所谓接地装置，是指人为设置的接地体与接地线的总称（见图 3-2）。

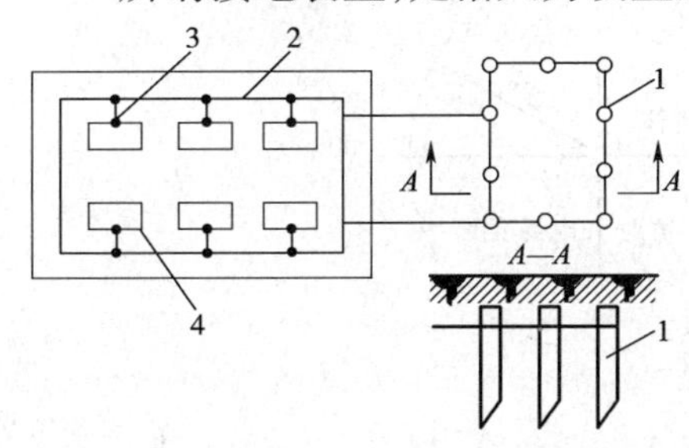

图 3-2 接地装置
1-接地体；2-接地干线；3-接地支线；4-设备

埋入土壤内并与大地直接接触的金属导体或导体组，叫做接地体，也叫接地极。它按设置结构可分为人工接地体与自然接地体两类。按具体形状可分为管形与带形等多种。连接接地体与电气设备应接地部分的金属导体，叫做接地线。它同样有自然接地线与人工接地线之分，且通常又可分为接地干线和接地支线。

三、接地电流和接地短路电流

凡从带电体流入地下的电流即属于接地电流。

接地电流有正常接地电流和故障接地电流之分。正常接地电流系指正常工作时通过接地装置流入地下，借大地形成工作回路的电流；故障接地电流系指系统发生故障时出现的接地电流。

系统一相接地可能导致系统发生短路，这时的接地电流叫做接地短路电流，如接地的380V/220V 系统的单相接地短路电流。在高压系统中，接地短路电流可能很大，接地短路电流 500A 及以下的，称为小接地短路电流系统；接地短路电流大于 500A 的，称为大接地短路电流系统。

四、流散电阻和接地电阻

如图 3-3 所示，接地电流流入地下以后，是自接地体向四周流散的。这个自接地体向四周流散的电流就叫做流散电流。流散电流在土壤中遇到的全部电阻叫做流散电阻。接地电阻是接地体的流散电阻与接地线的电阻之和。接地线的电阻一般很小，可以忽略不计。因此，可以认为流散电阻就是接地电阻。

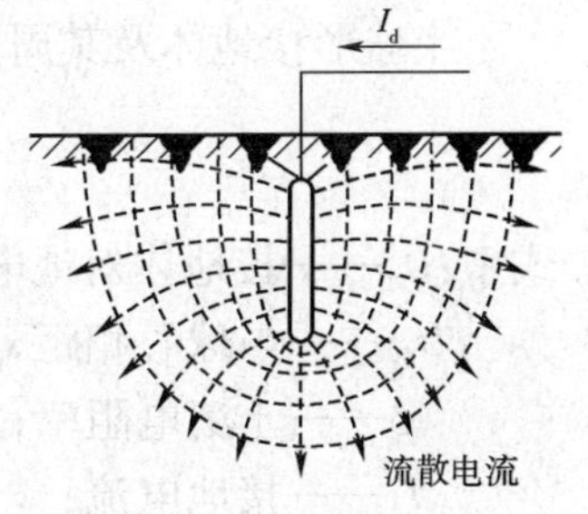

图 3-3 流散电流

通常说的接地电阻都是对于工频电流而言的，当接地装置通过

雷电流时，由于雷电流有强烈的冲击性，接地电阻发生很大的变化，为了区别起见，这时的接地电阻称为冲击接地电阻。

五、对地电压和对地电压曲线

电流通过接地体向大地作半球形流散。因为球面积与半径的平方成正比，所以半球形的面积随着远离接地体而迅速增大。因此，与半球形面积对应的土壤电阻随着远离接地体而迅速减小，至离开接地体20m处，半球形面积已达2 500m²，土壤电阻已小到可以忽略不计。这就是说，可以认为在远离接地体20m以外，电流便不再产生电压降了(见图3-4)。或者说，至远离接地体20m处，电压已降为零。电工上通常所说的“地”就是指离接地体20m以外的大地而言的。通常说的对地电压，即带电体同大地之间的电位差，也就是指离接地体20m以外的大地而言的。简单地说，对地电压就是带电体与电位为零的大地之间的电位差。显然，对地电压等于接地电流与接地电阻的乘积。

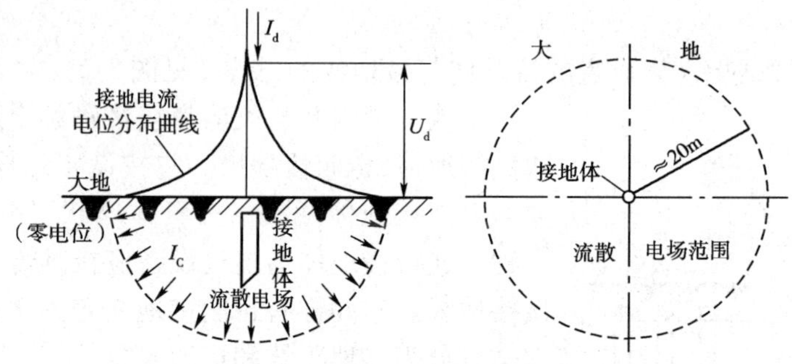

图3-4 接地流散电阻分布

如果接地体由多根钢管组成，则当电流自接地体流散时，至电位为零处的距离可能超过20m。

从以上讨论可以知道，当电流通过接地体流入大地时，接地体具有最高的电压。离开接地体，电压逐渐下降，对于简单接地体，至离开接地体20m处，电压降至零。从最高电压降至零，中间究竟是按什么规律进行的呢？离接地体越远半球面积越大。因此，同样厚度(即沿电流流散方向的长度)的半球壳体离接地体越远，其电阻越小，其上电压降也越小。这就是说，离开接地体后，电压降落的速度逐渐降低。

如果用曲线来表示接地体及其周围各点的对地电压，这种曲线就叫对地电压曲线。显然，随着离开接地体，土壤电阻逐渐减小，电压降落逐渐减缓，曲线逐渐变平，或者说曲线的陡度逐渐减小。

半球形接地体及其周围各点对地电压分别为

$$U_d = \frac{\rho I_d}{2\pi s_0} \quad 和 \quad U_{ds} = \frac{\rho I_d}{2\pi s} \tag{3-1}$$

式中：U_d——接地体对地电压；

U_{ds}——与球心相距 s 处的对地电压；

ρ——土壤电阻率；

I_d——接地电流；

s_0——接地体半径；

s——所考虑点至球心的距离，$s_0 \leqslant s \leqslant \infty$。

显然，各点对地电压与该点到接地体中心的距离保持反比关系。按该式绘制的 U_{ds}—s 曲线称为对地电压曲线。其相对值曲线，即对地电压相对值 U_{ds}/U_d 与距离倍数 s/s_0 的关系曲线如图 3-5 所示。

六、接触电势和接触电压

接触电势是指接地电流自接地体流散，在大地表面形成不同电位时，设备外壳、构架或墙壁与水平距离 0.8m 处之间的电位差。

接触电压是指加于人体某两点之间的电压。如图 3-6 所示，当设备漏电，电流 I_d 自接地体入地时，漏电设备对地电压为 U_d，对地电压曲线呈双曲线形状，至离开接地体 20m 处，对地电压接近于零。若人体 a 触及漏电设备外壳，其接触电压即其手和脚之间的电位差。如果忽略人的双脚下面土壤的流散电阻，接触电压与接触电势相等。图中，a 的接触电压即 U_c。接触电压通常按人体离开设备 0.8m 考虑。实际上，人脚下面土壤的流散电阻总是存在的，以致接触电压总是比接触电势，亦即比直接从对地电压曲线上取的电位差要低一些。

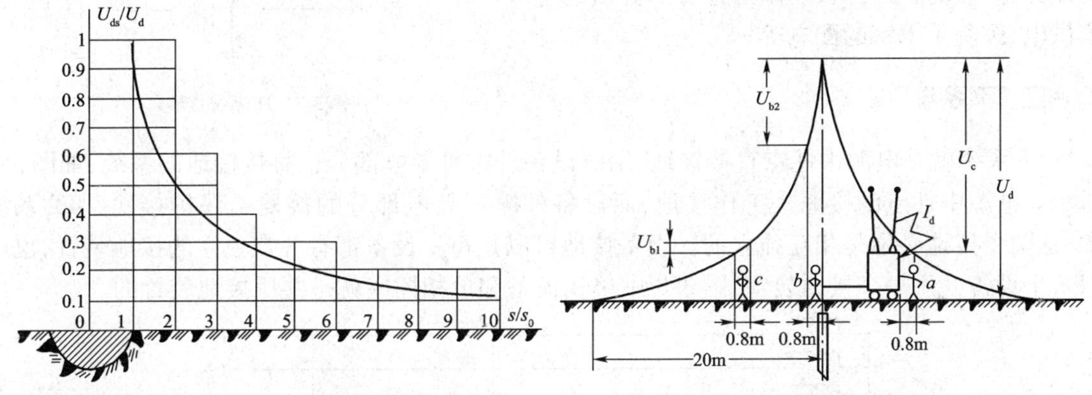

图 3-5 对地电压相对值与距离倍数的关系曲线

图 3-6 接触电压和跨步电压示意

七、跨步电势和跨步电压

跨步电势是指地面上水平距离为 0.8m(人的跨距)的两点之间的电位差。

跨步电压是指人站立在流过电流的大地上，加于人的两脚之间的电压，如图 3-6 中的 U_{b1} 和 U_{b2}。人的跨步一般按 0.8m 考虑，大牲畜的跨步通常按 1.0～1.4m 考虑。图中 b 紧靠接地体位置，承受的跨步电压最大；c 离开了接地体，承受的跨步电压要小一些。对于垂直埋设的单一接地体，离开接地体 20m 以外，跨步电压接近于零。

如果考虑人脚底下的流散电阻，实际的跨步电压也应该降低一些。

第二节 系统接地的形式

配电系统的接地形式用两个字母来表示：1 2接地系统。1位置可以是 T 或 I，表示系统电源侧的中性点接地状态。T 表示中性点直接接地，I 表示所有带电部分与地绝缘，或中性点

经阻抗接地。2位置可以是T或N,表示系统负荷侧的接地状态。T表示用电设备的外露可导电部分对地直接电气连接,与电力系统的任何接地点无关,N表示用电设备的外露可导电部分与电力系统的中性点直接电气连接。低压接地配电系统按接地形式可分成三类:IT系统、TT系统、TN系统。

一、IT系统

IT系统就是电源中性点不接地、用电设备外露可导电部分直接接地的系统,如图3-7所示。IT系统中,连接设备外露可导电部分和接地体的导线,就是PE线。这种系统发生单相接地故障时仍可继续运行,供电连续性较好。另外,IT系统对降低电击危险性效果显著。因此,IT系统常用于对供电连续性要求较高的配电系统或对电击防护要求较高的场所。如目前船舶上应用最广泛的三相三线制对地绝缘的电力系统即为IT系统。另外,IT系统也用于矿山的巷道供电、医院手术室的配电等。

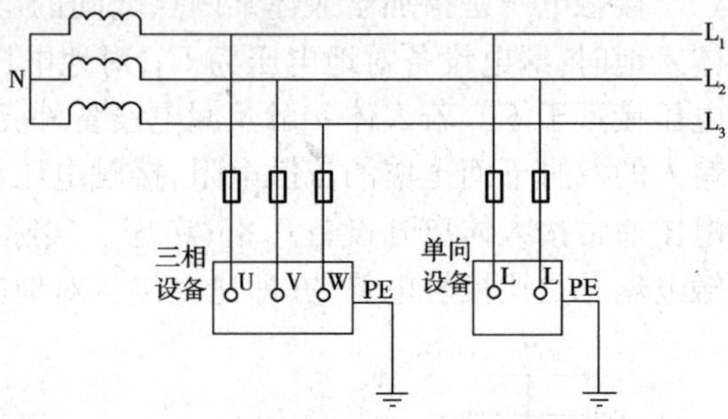

图3-7　IT系统接线

二、TT系统

TT系统就是电源中性点直接接地、用电设备外露可导电部分也直接接地的系统,如图3-8所示。电源中性点的接地是工作接地,而设备外露可导电部分的接地是保护接地。TT系统中,这两个接地必须是相互独立的。设备接地可以是每一设备都有各自独立的接地装置,也可以若干设备共用一个接地装置,图3-8中单相设备和单相插座就是共用接地装置的。

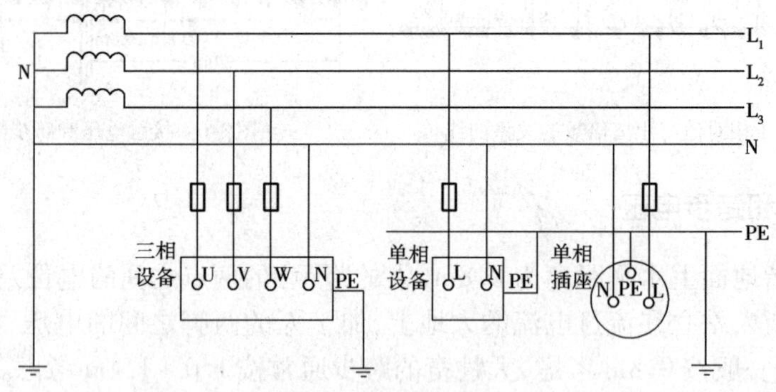

图3-8　TT系统接线

三、TN系统

TN系统即电源中性点直接接地、设备外露可导电部分与电源中性点直接电气连接的系统,它有三种形式,分述如下。

1. TN-S系统

TN-S系统如图3-9所示,图中相线L_1 ~ L_3、中性线N与TT系统相同,与TT系统不同的是,用电设备外露可导电部分通过PE线连接到电源中性点,与系统中性点共用接地体,而不

是连接到自己专用的接地体。在这种系统中,中性线(N线)和保护线(PE线)是分开的,这就是TN-S中"-S"的含义。TN-S系统的最大特征是N线与PE线在系统中性点分开后,不能再有任何电气连接,这一条件一旦破坏,TN-S系统便不再成立。TN-S系统是我国陆上现在应用最为广泛的一种系统。由于传统习惯的影响,现在还经常将TN-S系统称为三相五线制系统,严格地讲,这一称呼是不正确的。实际上,按IEC标准,所谓"X相X线"系统的提法,是另外一种含义,它是指低压配电系统按导体分类的形式。所谓的"X相"是指电源的相数,而"X线"是指正常工作时通过电流的导体根数,包括相线和中性线,但不包括PE线。按照这一定义,我们所说的TN-S系统,实际上是"三相四线制"系统或"单相二线制"系统。因此,按系统带电导体形式分类,与按系统接地形式分类,是两种不同性质的分类方法。

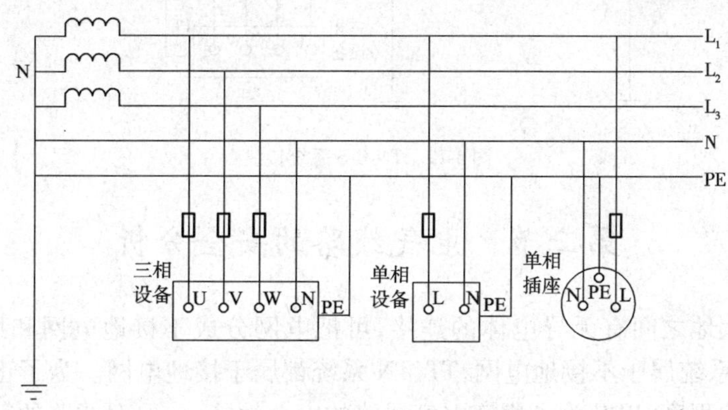

图3-9 TN-S系统接线

2. TN-C 系统

TN-C系统如图3-10所示,它将PE线和N线的功能综合起来,由一根称为PEN线(保护中性线)的导体来同时承担两者的功能。在用电设备处,PEN线既连接到负荷中性点上,又连接到设备外露的可导电部分。TN-C系统曾在我国广泛应用,但由于它所固有的技术上的种种弊端,现在已很少采用,尤其是在民用配电中已基本上不允许采用TN-C系统。

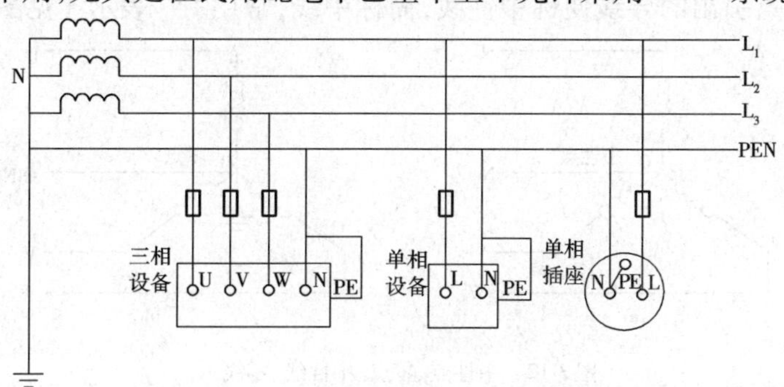

图3-10 TN-C系统接线

3. TN-C-S 系统

TN-C-S系统是TN-C系统和TN-S系统的结合形式,如图3-11所示。TN-C-S系统中,从电源出来的那一段采用TN-C系统,因为在这一段中无用电设备,只起电能的传输作用,到用电负荷附近某一点处,将PEN线分开成单独的N线和PE线,从这一点开始,系统相当于TN-S系

统。TN-C-S 系统也是现在陆上应用比较广泛的一种系统。工厂的低压配电系统、城市公共低压电网、小区的低压配电系统等采用 TN-C-S 系统的较多。一般在采用 TN-C-S 系统时，都要同时采用重复接地这一技术措施，即在系统由 TN-C 变成了 TN-S 处，将 PEN 线再次接地，以提高系统的安全性能。

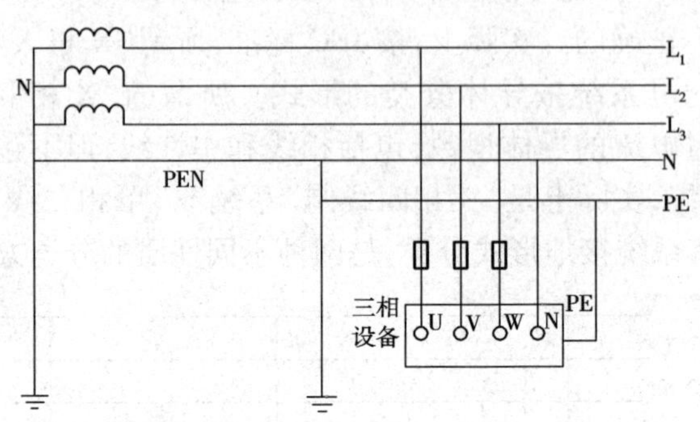

图 3-11　TN-C-S 系统接线

第三节　电气线路的安全分析

根据线路与大地之间有无导电体的连接，可把电网分成不接地电网和接地电网两大类。上节中讲到的 IT 系统属于不接地电网，TT、TN 系统都属于接地电网。为了正确判断人们意外触及带电体的危险程度，以及为了判定电气线路的安全性能，先要对线路的特征和参数做必要的分析。

一、中性点（线）与零点（线）的区别

中性点有电源中性点与负载中性点之分。它只在三相电源或负载按 Y 形连接时才出现。对电源而言，凡三相线圈的首端（或尾端）连接在一起的共同连接点，称电源中性点，简称中点；而由电源中性点引出的导线便称中性线，简称中线，常用“N”表示（见图 3-12）。

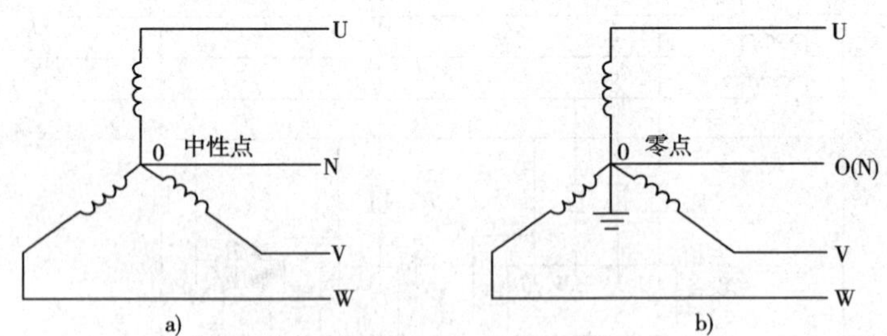

图 3-12　中性点、零点、中性线、零线示意

a）三相四线制中性点不接地系统；b）三相四线制中性点接地系统

当电源中性点与接地装置有着良好连接时，因已取得了大地的零电位，该中性点便称零点；由零点 N 引出的导线称零线，常用“0”表示（有时也用“N ”表示）。

通常对 220V 单相回路的两根线，也将其中一根称为“相线”或“火线”（用 L 表示；三根相线时则分别用 U、V、W 或 L_1、L_2、L_3 或 R、S、T 表示），而将另一根称“零线”或“地线”。“火线”

与“地线”的称法,只是实用中的一种俗称。其实特别是“地线”的称法,严格地讲应是:如该线的电源侧(三相配电变压器中性点)接地时,则称“零线”;若不接地时,则应称“中线”,用以避免与接地装置中的“地线”相混淆。

为何低压配电网的中性点大都实行工作接地,低压配电网中性点接地有哪些优越性呢,在一般220V/380V三相四线制低压配电网络中,配电变压器的中性点大都实行工作接地,主要是由于以下原因:

(1)正常供电情况下能维持相线的对地电压不变,可向外(对负载)提供220V/380V两种不同的电压,以满足单相220V(如电灯、电热炉等)及三相380V(如电动机等)不同的用电需要。

(2)若中性点不接地,则当发生单相接地情况时,另外两相的对地电压便升高为相电压的近2倍。而中性点接地后,另两相的对地电压便仍为相电压。这样,既能减小人体的接触电压,同时还可适当降低对电气设备的绝缘要求,利于制造及降低造价。

(3)可以避免高压电窜到低压侧的危险。实行上述接地后,万一高低压线圈间绝缘损坏而引起严重漏电甚至短路时,高压电便可经该接地装置构成闭合回路,使上一级保护动作跳闸切断电源,从而避免低压侧工作人员遭受高压电的伤害及造成设备损坏。

所以在使用中,低压配电网的电源中性点一般都要实行接地。

二、不接地电网

1.不接地电网的安全性分析

1)正常运行情况

图3-13所示为三相三线制不接地电网。系统正常运行时,各相存在对地分布电容和相间分布电容以及各相对地绝缘电阻,图中Z_1、Z_2、Z_3分别表示各相对地绝缘阻抗。绝缘电阻一般是兆欧级的,在特殊情况下(如绝缘受潮),可能下降为2~5kΩ。电缆的分布电容约为0.05μF/km;架空线的分布电容约为0.005μF/km。由于各相对地绝缘阻抗的存在,系统运行时,各相对地均有一个泄漏电流。由于绝缘电阻值远大于对地电容容抗值,因此忽略对地电阻电流,只考虑对地电容电流的影响,并将相与地之间存在的分布电容用一个集中电容C来表示。此时三相电容电流对称,各相电容电流互为回路,无电容电流流入大地。系统中性点尽管不接地,但假设将系统中性点N通过一个电阻R_N接地,R_N上也不会有电流流过。因此系统中性点与地等电位,即系统中性点电位为地电位,各相线路对地电压等于各相线路对中性点电压,均为相电压。

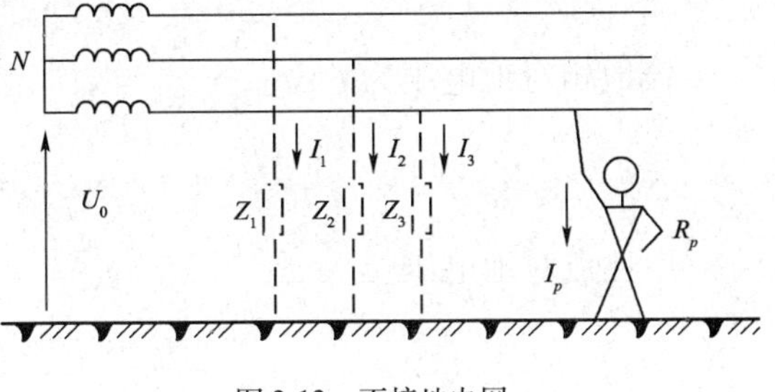

图3-13 不接地电网

2)单相触电危险性分析

在低压中性点不接地系统中,如果某一相线发生碰壳,人体接触到设备外壳,或者人体直接接触到某一相线,将有泄漏电流流过人体。此时流过人体的电流只能通过电网各相对地绝缘阻抗形成回路,如图3-13所示。绝缘阻抗是各相与大地之间的等效阻抗,可视为绝缘电阻与分布电容的并联。如果各相对地绝缘阻抗对称,可计算出人体承受的电压和流过人体的电

流，根据对称性可知 $U_0=0$。根据戴维宁定理，可得到图 3-14 所示的等效电路。等效电路中的电势应为网络两端开路，即没有人触电时该相对地电压。因为对称，该电压即相电压。等效电路中的内阻抗应为网络内电压源全部短路后的等效阻抗即三相阻抗的并联，即 $Z/3$。根据等效电路，不难按下式求得人体承受的电压和流过人体的电流。

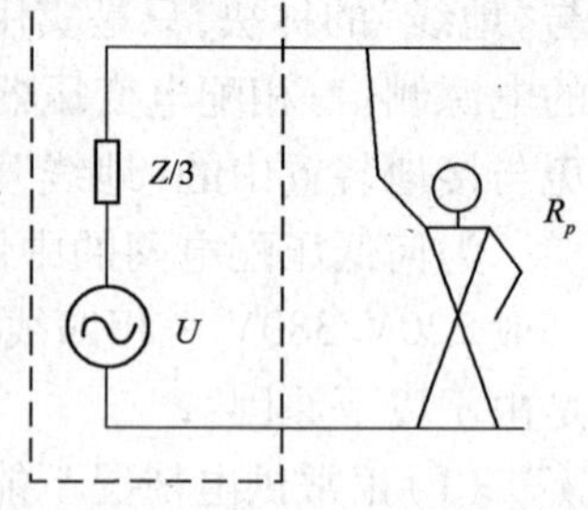

图 3-14　等效电路

$$\dot{U}_{\mathrm{p}}=\frac{R_{\mathrm{p}}}{R_{\mathrm{p}}+Z/3}\dot{U}=\frac{3R_{\mathrm{p}}}{3R_{\mathrm{p}}+Z}\dot{U} \tag{3-2}$$

$$\dot{I}_{\mathrm{p}}=\frac{\dot{U}}{R_{\mathrm{p}}+Z/3}=\frac{3}{3R_{\mathrm{p}}+Z}\dot{U} \tag{3-3}$$

式中：U——相电压；

U_{p} 和 I_{p}——人体电压和人体电流；

R_{p}——人体电阻；

Z——各相对地的复阻抗。

由于绝缘电阻 Z 较大，一般为兆欧级，I_{p} 一般很小，不超过数十毫安。因此，中性点不接地系统正常运行时，人体单相触电危险性很小。但在电网的绝缘电阻下降（例如船舶电网电缆受潮）或电网分布范围很广的不接地系统，人体单相触电可能会有致命危险。

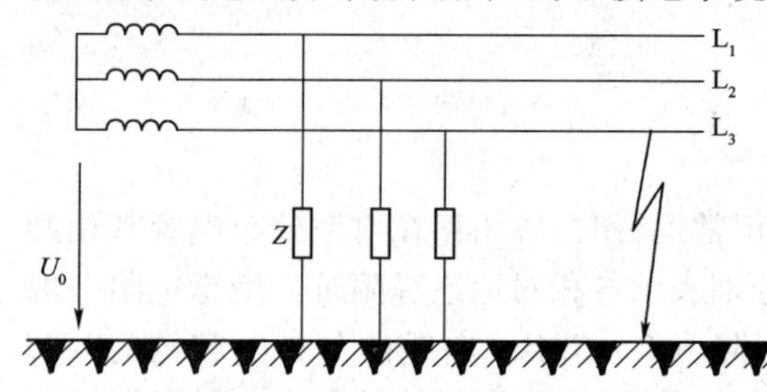

图 3-15　不接地电网的一相故障接地

3）电网故障运行时的触电危险性分析

如前所述，不接地电网在正常运行的情况下，中性点的对地电压近似为零。然而，当电网有一相接地时，中性点的对地电压将发生变化。如图 3-15 所示，设电网的相电压为 U、各相对地绝缘阻抗为 Z、电网 L_3 相接地、接地电阻为 R_{d}，根据图 3-14 的等效电路可求得：

接地电流为

$$\dot{I}_{\mathrm{d}}=\frac{3\dot{U}}{3R_{\mathrm{d}}+Z} \tag{3-4}$$

接地相对地电压为

$$\dot{U}_3=\frac{3\dot{U}R_{\mathrm{d}}}{3R_{\mathrm{d}}+Z} \tag{3-5}$$

中性点对地电压

$$\dot{U}_0=\dot{U}-\dot{U}_3=\frac{Z}{3R_{\mathrm{d}}+Z}\dot{U} \tag{3-6}$$

一般，接地电阻 R_{d} 为几十至几百欧姆，远小于电网对地绝缘阻抗 Z，这样，当不接地电网发生一相接地故障时，接地相的对地电压很小；而中性点的对地电压将接近电源的相电压，同时，由于 U_0 很小，故未接地的两相的对地电压将上升至接近线电压。

因此，当不接地电网发生一相故障接地时，人体如果在接地相触电（人体电阻为 R_{p}），忽略人与地面的接触电阻，则通过人体的电流为

$$\dot{I}_p = \frac{3\dot{U} \times \frac{R_d R_p}{R_d + R_p}}{3 \times \frac{R_d R_p}{R_d + R_p} + Z} \times \frac{1}{R_p}$$

设电源电压 $U = 220V$，接地电阻 $R_d = 200\Omega$，人体电阻 $R_p = 1\ 500\Omega$，电网各相对地绝缘阻抗 $Z = 0.5M\Omega$，可求得通过人体的电流近似为

$$I_p = \frac{3 \times 220 \times \frac{200 \times 1500}{200 + 1500}}{3 \times \frac{200 \times 1500}{200 + 1500} + 0.5 \times 10^6} \times \frac{1}{1500} = 0.155mA$$

而当人体在未接地的另两相触电时，通过人体的电流近似为

$$I_p = \frac{U_{12}}{R_p + R_d} = \frac{380}{1500 + 200} = 223.5mA$$

因此，当不接地电网发生一相故障接地时，人体触电的危险性是比较大的。

对于钢质海船的不接地系统，故障接地即某一相线碰到船体，接地电阻很小。人体如果在接地相触电，若人体电阻比接地电阻大得多，则通过人体的电流接近零；但如果人体在未接地的另两相触电时，相当于线电压直接加到人体上，通过人体的电流可能大大超过致命电流，这是很危险的。

另外，不接地电网一相接地时，接地电流很小，达不到保护装置的动作值，加之线电压保持不变，电网中的设备还能继续工作。于是，这种接地故障不容易被发现而长时间潜伏下来，而且这样的故障点有时很难寻找。

必须指出：这种单相接地状态不允许长时间运行，因为如果另一相又发生接地故障，就会形成两相接地短路，产生很大的短路电流，从而损坏线路及其用电设备；此外，较大的单相接地电容电流会在接地点引起电弧，形成间歇电弧过电压，威胁电力系统的安全运行，长时间产生电弧，也可能导致火灾和爆炸事故的发生。因此，我国电力规程规定，中性点不接地的电力系统发生单相接地故障时，单相接地运行时间不应超过2小时。

2. 不接地电网的绝缘监视

在不接地电网中，为了减轻一相故障接地的危险性，应对电网对地绝缘状态进行监视；并尽早找出故障点，排除故障。

1）电网的绝缘监视原理

低压电网的绝缘监视，是用3只规格相同的电压表来实现的，其接线如图3-16所示。电网对地绝缘正常时，三相平衡，3只电压表读数均为相电压；当发生一相接地时，该相电压表读数急剧降低，另两相则显著升高。即使系统没有接地，而是某相对地绝缘显著恶化时，3只电压表也会给出不同的读数，引起工作人员的注意。

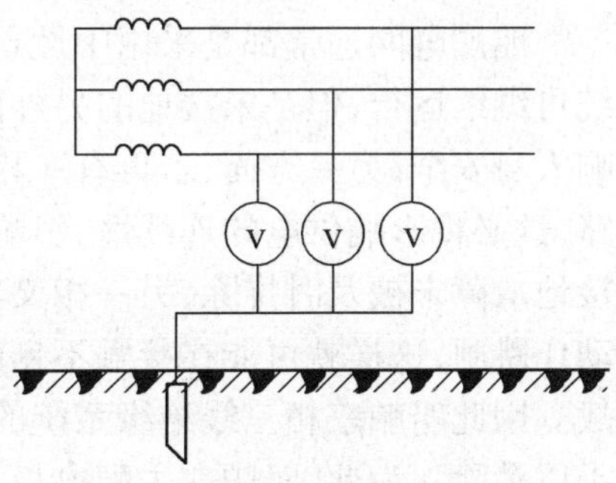

图3-16　低压电网的绝缘监视

高压电网也可以用类似的方法进行绝缘监视，其接线如图3-17所示。监视仪表通过电压互感器同相线连接。互感器有两组低压线圈，一相接成星形，供绝缘监视的电

压表用;一相接成开口三角形,开口处接信号继电器。正常时,三相平衡,3 只电压表读数相同,三角形开口处电压为零,信号继电器不动作;当一根接地或一两根绝缘明显恶化时,3 只电压表出现不同读数,同时开三角形开口处出现电压,信号继电器动作,发出信号。

此外,在不接地电网中,还要考虑对高压窜入低压的防护。当高压电因导线折断或绝缘损坏而窜入低压系统时,整个低压系统的对地电压升高到高压系统的对地电压,而且这种故障可能在较长时间内存在。为了减轻高压窜入低压的危险,在不接地低压电网中,应当把低压电网的中性点经击穿保险器接地,并接上两只电压表对击穿保险器进行监视,如图 3-18 所示。正常情况下,击穿保险器处在绝缘状态,系统不接地时,两个电压表读数各为相电压的一半。当高压窜入低压时,击穿保险器中的空气隙被击穿,故障电流经接地装置流入大地,这个电流即高压系统的接地短路电流,它可能引起高压系统过电流保护装置动作,切断故障。也可以选定适当的接地电阻值,以限制低压系统的电压升高不超过 120V。同时,电压表 V_1 读数降至零,电压表 V_2 读数上升至相电压,使系统的运行状况得到监视。为了不降低系统运行的可靠性,应当采用高内阻的电压表作为监视仪表。

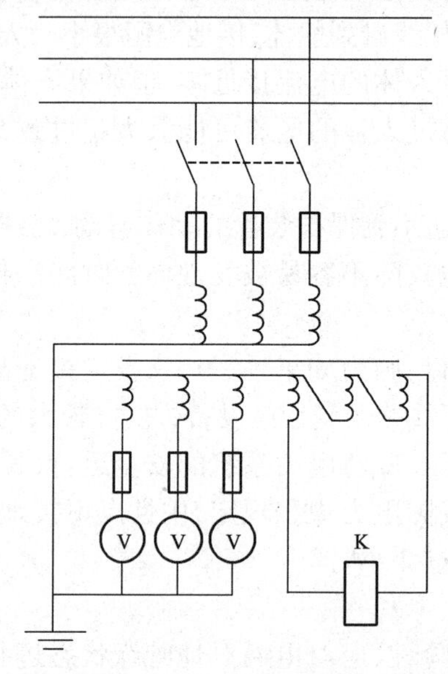

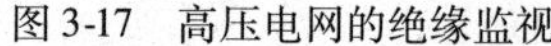

图 3-17 高压电网的绝缘监视

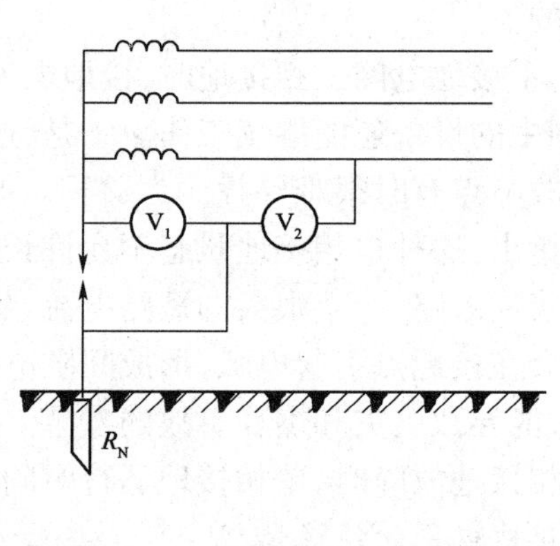

图 3-18 高压窜低压低压防护及监视图

2)船舶不接地电网对地绝缘电阻的监视

船舶电网通常都是采用中性点对地绝缘的三相三线制形式。这种电网出现单相接地时系统可继续运行,但是未接地的另外两相对地已是线电压,此时,一方面触电的危险性增加,会影响人身安全;另一方面,若再有一相接地,则形成相线间短路,使短路保护装置动作切除故障电路,这必将影响供电的连续性,影响船舶航行安全。另外一种可能的情况就是:电网出现单相接地故障未被及时排除,另一相又出现接地,但接地不良,形成的短路电流不足以使保护装置动作跳闸,这样就可能在接触不良的接地点处产生火花,若周围有易燃物品,则会引起火灾事故。因此船舶三相三线绝缘系统的单相接地故障是一种潜伏性的事故状态,必须及时发现并予以消除。为此,船舶在主配电板上装设有电网绝缘检测装置。

(1)常见的船舶电网绝缘检测装置。常见的绝缘检测装置有“接地灯”(也称为“地气

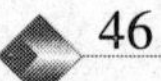

灯")、配电板式兆欧表、电网绝缘监测仪等几种类型。

①接地灯。

a)平时不亮的接地灯。平时不亮的接地灯接线原理如图3-19a)所示。检测电网绝缘时按下按钮,若三个灯一样亮,说明电网三相线路对地绝缘是相同的;若其中一个灯不亮,另两个灯比原来亮,说明不亮的一相已发生接地故障,这是由于接地故障发生时,接地相上指示灯电压等于零,另两相指示灯上电压已由原来的相电压转变成线电压,所以指示灯的亮度比原来亮;若其中一个灯不亮,另两个灯不比原来亮,说明不亮的指示灯灯泡坏了或者按钮接触不良,这是由于当指示灯泡坏了或该相按钮触点接触不良时,另两相指示灯相当于串接在线电压上,这时指示灯上的电压已由原来的相电压转变成线电压的一半;若其中一个指示灯的亮度比其他两个灯的亮度暗,说明较暗的指示灯那一相对地绝缘比其他两相对地绝缘要低,这是由于三相电路不对称(对地绝缘电阻不一致)导致中性点偏移引起的。

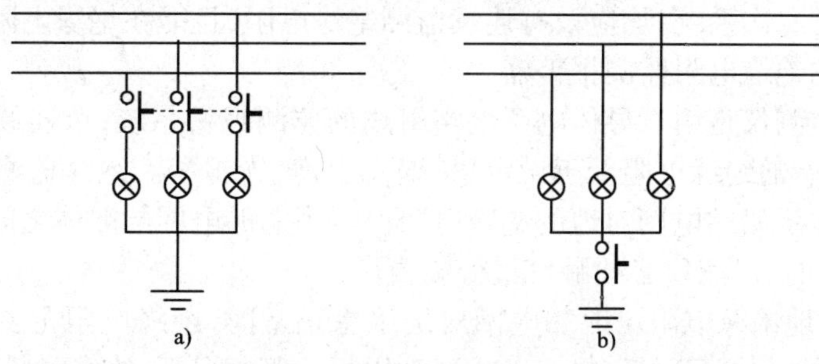

图3-19　接地灯

b)平时常亮的接地灯。平时常亮的接地灯接线原理如图3-19b)所示。检测电网绝缘时按下按钮,若三个灯一样亮,说明电网三相线路对地绝缘是相同的;若其中一个灯不亮,另两个灯比原来亮,说明不亮的一相已发生接地故障;若其中一个指示灯的亮度比其他两个灯的亮度暗,说明较暗的指示灯那一相对地绝缘比其他两相对地绝缘要低;若按钮未按,已有一个灯不亮,说明该指示灯灯泡已坏。

②配电板式兆欧表。鉴于测量船舶电网绝缘是在电网有电的情况下进行的,故不能使用便携式兆欧表。配电板式兆欧表的原理线路如图3-20所示。

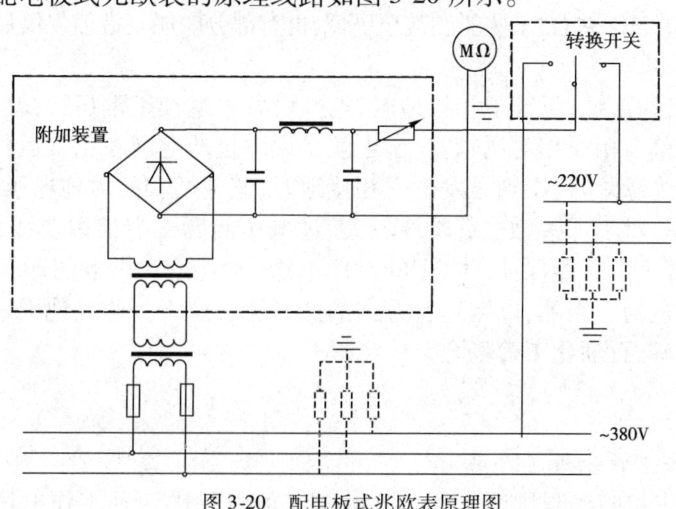

图3-20　配电板式兆欧表原理图

这种兆欧表是由直流表头（MΩ 或 KΩ）与附加装置（整流电源）组成。通过转换开关可分别测量 380V（440V）动力电网和 220V（110V）照明电网的绝缘阻抗。

当测量照明电网对地绝缘时，将转换开关从 0 位打到 220V 位，从附加装置正端流出的直流电流经转换开关到 220V 照明电网，再经照明电网对地的绝缘电阻流到测量表头的正端，最后流回附加装置的负端。动力电网对地绝缘的测量同照明网络。电网对地绝缘电阻越低，表头指针偏转就越大，当一相接地时，表头指针偏转最大，指示绝缘电阻值为 0。

虽然兆欧表的一端接电网的任一相，但所测的绝缘电阻却是三相电网总的绝缘电阻，这是因为：对动力电网而言，发电机内部三相绕组是按星形连接，对照明电网而言，照明变压器二次侧绕组也是连在一起的（通常按三角形连接），故对直流测量电流而言，只要接一相即可测三相对地的绝缘阻抗。

③船舶电网绝缘监测仪。根据 CCS《规范》要求，用于电力、电热和照明的绝缘配电系统，不论是一次系统还是二次系统，均应设有连续监测绝缘电阻，且能在绝缘电阻异常低时发出听觉或视觉报警信号的绝缘电阻监测报警器。

船舶电网绝缘监测仪是由半导体电子电路组成的监测报警系统，可连续监测船舶电网对地的绝缘状况，当电网的绝缘电阻低于设定值，即发出声、光报警。绝缘监测仪大多连接有兆欧表，可连续测量、显示船舶电网对地的绝缘电阻值。当船舶电网与船体之间的绝缘电阻低于每伏电源电压 100Ω 时，监测仪必须触发报警装置。

（2）船舶电网对地绝缘电阻。船舶电网对地绝缘正常时，绝缘电阻主要是电缆绝缘材料电阻，其绝缘电阻很大。在下雨天、风浪天或冲洗甲板后等情况下，绝缘材料就会吸水受潮，船舶电网对地绝缘电阻就会大大下降。

由于电网电缆与船体是平行敷设的，因此电缆芯线与船体之间构成了电容，电容的大小是与构成电容的极板面积成正比、与两个极板间的距离成反比的，所以这一分布电容的大小取决于电缆的长度及电缆敷设时电缆与船体间的距离，即船舶电网电缆越长或电缆与船体越紧凑，其对地所构成的电容就越大，漏电阻就越小。由于船舶照明网络与动力电网相比分布范围要广得多，因此其对地绝缘阻抗一般远低于动力电网对地绝缘。

现代海上运输船舶的动力电网对地绝缘电阻正常值大多在 1MΩ 上下，照明电网对地绝缘电阻正常值大多在 0.4 ~ 0.8MΩ 左右，某些船舶甚至更低，也有部分船舶正常值仅仅只有0.1MΩ左右。

3. 不接地电网的应用

对于中性点不接地系统，系统单相接地时，电气设备可继续正常运行；就单相触电而言，绝缘良好时，人体接触单根相线相对比较安全，也就是说不接地电网在正常运行时触电的危险性是比较小的；当系统绝缘差时，特别是发生一相接地时，其他两相的对地电压可达线电压。

从这个角度考虑，对于那些触电危险性较大、过电压问题不突出以及线路简明的场合，如果电网对地分布电容不大且能保证高水平的对地绝缘，尤其是对供电的连续性要求较高的场合，则宜采用不接地电网。当然，电网运行方式的选择还决定于一些其他因素。低压不接地电网一般用于船舶、采矿、石油化工等场合。

三、接地电网

1. 接地电网的安全性分析

图 3-21 所示为三相四线制接地电网。这种电网可以提供两种工作电压——线电压和相

电压,不仅能给三相动力负载供电,还能给照明负载供电。因此得到了广泛的应用。R_N 为变压器中性点工作接地电阻。正是由于变压器中性点通过工作接地电阻与大地连接而减轻了电网一相接地和高压窜入低压的危险。一般要求工作接地电阻 $R_N \leqslant 4\Omega$。

(1)单相触电危险性分析。在接地电网中,如有人单相触电(见图 3-22),通过人体的电流 I_p 决定于人体电阻 R_p、地面电阻 R_d 和工作接地电阻 R_N,即

$$I_p = \frac{U}{R_p + R_d + R_N} \tag{3-7}$$

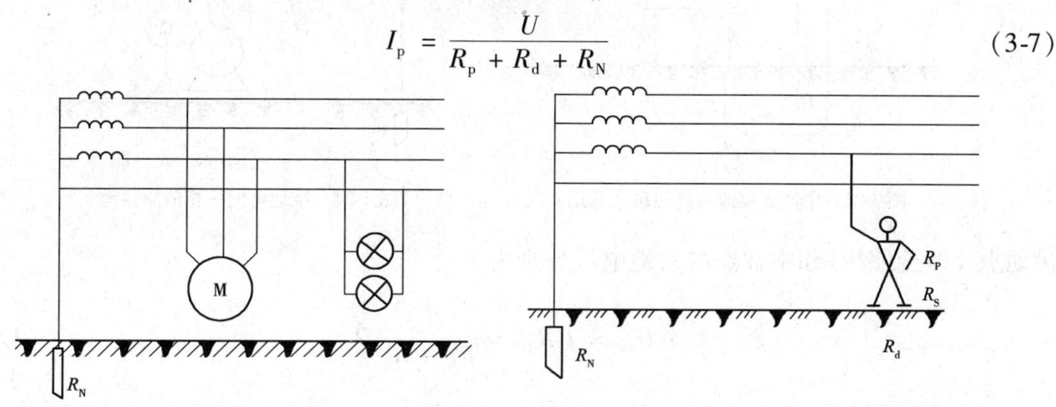

图 3-21　接地电网　　　　图 3-22　接地电网中的单相触电

如果人站立在潮湿的或者导电性的地面(例如船体)上,即 $R_d = 0$(忽略人与地面的接触电阻 R_S),且 R_N 比 R_p 小得多,则

$$I_p \approx \frac{U}{R_p} \tag{3-8}$$

这时,人体实际处于全部相电压之下,是非常危险的。

然而,当有高压窜入低压,或有感应过电压、谐振过电压发生时,电网的工作接地能稳定系统的电位,限制系统对地电压不超过某一范围,减轻过电压的危险。如图 3-23 所示,当高压窜入低压时,低压零线对地电压为

$$U_N = I_{gd} R_N \tag{3-9}$$

式中:I_{gd}——高压系统单相接地电流。

在这种情况下,规定 $U_0 \leqslant 120V$,要求工作接地电阻为

$$R_N \leqslant \frac{120}{I_{gd}} \tag{3-10}$$

对于不接地的高压电网,单相接地电流通常不超过 30A,$R_N \leqslant 4\Omega$ 是能满足要求的。

同时,由于有工作接地电阻的存在,接地电网容易受到外系统的干扰和影响。当不同电网的工作接地电阻相会或接地体相距很近时,某一电网中性点电位的漂移将会对周围接地体产生影响,因而引起与这些接地体相连的其他电网中性点电位的漂移。另外,地下的杂散电流也会对接地电网产生干扰或影响。

(2)电网故障接地运行触电危险性分析。如图 3-24 所示,当接地电网一相故障接地时,另两相对地电压不会升高至线电压。这时,接地电流 I_d 取决于相线接地处电阻 R_{dx} 和电网工作接地电阻 R_N,即

$$I_d = \frac{U}{R_N + R_{dx}} \tag{3-11}$$

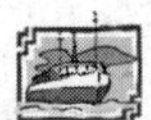

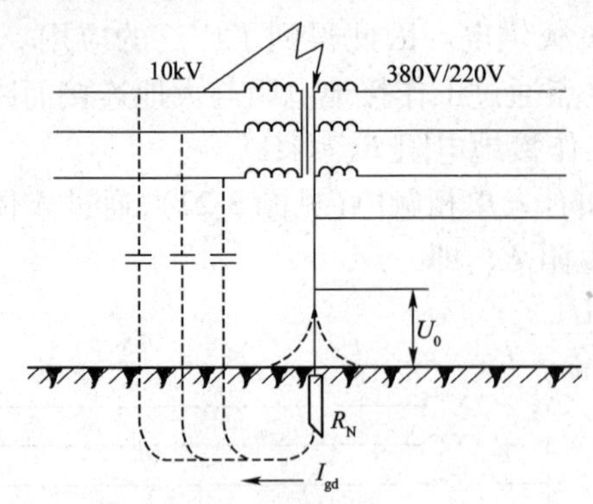

图 3-23　中性点接地时高压窜入低压

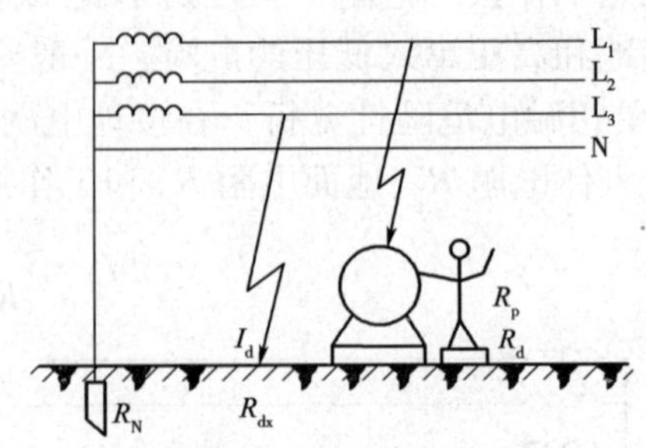

图 3-24　接地电网一相故障接地

接地点（即接地相）和中性点的对地电压分别为

$$U_{dx} = I_d R_{dx} = \frac{R_{dx}}{R_N + R_{dx}} U \tag{3-12}$$

$$U_N = I_d R_N = \frac{R_N}{R_N + R_{dx}} U \tag{3-13}$$

减小 R_N，可以限制 U_N 在某一安全范围之内。这时，未接地的另两相对地电压为

$$U_S = \sqrt{U_N^2 + U^2 - 2U_N U\cos 120^\circ} = \sqrt{U_N^2 + U^2 + U_N U} \tag{3-14}$$

这个电压介于相电压和线电压之间。所以，与不接地电网相比，接地电网在发生一相接地故障时，工作接地电阻能够抑制对地电压的升高。通常规定 $R_N \leqslant 4\Omega$，则当 $R_{dx} \geqslant 15\Omega$ 时，可保证 $U_s \leqslant 250V$，$U_N < 50V$。在高土质电阻率地区，降低中性点工作接地电阻比较困难，但相线故障接地处的电阻往往也较大，因此，允许把 R_N 提高到不超过 10Ω。

380V/220V 三相四线制接地电网发生一相接地故障时，接地相和零线的对地电压均小于相电压，未接地相的对地电压可控制在 250V 以下。因此，接地电网在一相接地时触电的危险性较不接地电网小。

2. 接地电网的应用

接地电网在正常时不如不接地电网安全。绝缘损坏时，触电电压略高于 220V，而且熔断器可能不起作用。

就技术要求而言，由于接地电网可提供两种工作电压——线电压和相电压，因而得到了广泛的应用。这时，由于所采用的变压器数量少、导线截面积小等原因，使电气设备的总造价大大降低。就单相触电而言，正常运行时，是中性点不接地电网较安全；而一相故障接地时，则是中性点接地电网较安全。因此，从安全角度考虑，对于那些难以保证线路对地绝缘强度（如环境相对湿度大、周围有腐蚀性介质、线路过长或分支线过多等）的场合，以及对于那些不能及时发现和排除绝缘故障状态的场合和对地电容较大，电容电流足以危及人身安全的场合，均应采用中性点接地电网。例如，大型企业的电网、城市和农村的电网、电站用电电网等都应采用接地电网。另外，在电网分支线较多的场合，如机械加工车间，也应采用接地电网。

四、接地电网和不接地电网的比较

1. 正常时单相触电的危险性

正常时中性点接地的电网,单相触电的危险性大;没有中性点接地的电网单相触电危险性小。

2. 一相接地时触电的危险性

对中性点不接地的电网,接地电流小,故障难找;接地电阻小时,另外两相的对地电压可能升高为线电压,增加了触电的危险性。对中性点接地电网,由于接地电流大,故障易发现,而且通过控制接地电阻就可以控制其他两相对地电压的升高,触电危险性小一些。

3. 稳定电网对地电压

接地电网由于有接地装置而能抑制对地电压的升高;不接地电网由于与大地之间没有直接的电气连接,如无其他措施,可能因高压窜入低压、雷击、拉合闸操作和感应等原因,在低压侧产生很高的对地电压,带来火灾或触电危险。另外,不接地电网与大地之间只有分布电容存在,不论是感应也好,谐振也好,也都可能产生不能允许的对地电压。可以说,不接地电网抑制过电压的性能是不好的。因此,不接地电网中应当有合格的过电压保护措施。

4. 接地装置的影响

当两接地装置互相接近时,一个装置上的接地电流将造成地表电位升高,使另一个接地装置的电位也有某种程度的升高,从而造成触电危险或其他伤害。

不接地电网一般不会影响其他电网,也不容易受到这方面的影响;而接地电网与接地电网之间或与其他接地装置之间,则较容易相互影响。

5. 系统间的影响

不接地电网不会在地下产生有害的杂散电流。外系统的接地故障也不会导致不接地电网的工作导体意外带电。但是,由于地面上其他电气系统的静电感应或电磁感应,均可能在不接地电网上产生较高的感应过电压。例如,如果高压线路敷设在低压线路的上方,由于静电感应,低压线产生过电压。

综上所述,接地电网和不接地电网各有优缺点,应根据生产环境的特点,选择合适的电网运行方式。比如在环境正常、线路较短、绝缘水平经常能保持良好状态的条件下,宜采用不接地电网;对于安全要求较高的企业,如采煤可采用不接地电网;对于大型企业电网,城市、农村电网,电站用电网、电网分支较多的场合,应采用接地电网;油田基本上均采用接地电网。

第四节　IT 系统间接电击防护原理

根据前面的分析可知,在不接地系统中,当不接地电网发生单相接地故障时,人体触电的危险性是比较大的,并且接地故障不容易被发现而使触电的危险性可能长时间存在。即使正常的电网,如果电网的绝缘电阻较低或电网的分布电容较大,人体单相触电电流也可能达到致命电流值。

不接地电网间接电击的防护是采用保护接地。所谓保护接地,就是将电气设备在故障情况下可能出现危险电压的金属部分（如外壳等)用导线与大地做电气连接,把故障电压限制在

安全范围以内。在不接地电网中采用保护接地即形成 IT 系统。

一、IT 系统的电击防护原理

IT 系统的电击防护原理如图 3-25 所示。当电网对地绝缘正常时,人体接触漏电设备,接触电压很低;但当电网绝缘性能显著下降,或电网分布很广时,人体接触电压可能上升到危险程度。对电气设备实行图 3-25 中所示保护接地后,接地短路电流将同时沿接地体和人体两条通路流通,接地体的接地电阻一般为 4Ω 以下,而人体电阻约为 1 000Ω,因此通过接地体的分流作用,流经人体的电流几乎为零,这样就避免了人体触电的危险。

有了保护接地以后,漏电设备对地电压主要决定于保护接地电阻 R_E 的大小。由于 R_E 和 R_p 并联,且 R_E 远小于 R_p,可以近似地认为触电时设备对地电压为

$$U_E = \frac{3UR_E}{|3R_E + Z|} \tag{3-15}$$

又因为 $R_E \ll |Z|$,所示设备对地电压大大降低。只要适当控制 R_E 的大小,即可以限制漏电设备对地电压在安全范围以内。

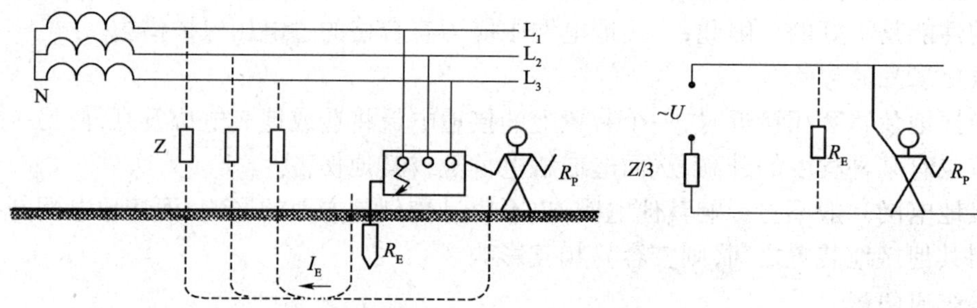

图 3-25　IT 系统人体单相触电示意图及等效电路

例如,对于长度数千米的 380V 电缆电网,如果人体电阻为 1 500Ω。当发生漏电且人体触及设备时,人体承受的电压约为 98V,通过人体的电流约为 65mA,这对人是很危险的。在这种情况下,如果加上保护接地,且接地电阻 $R_E = 4\Omega$,则人体承受的电压降低为 0.3V,通过人体的电流约为 0.2mA,这对人体是没有危险的。

在不接地(对地绝缘)电网中,单相接地电流的大小主要取决于电网的特征。如电压的高低、范围的大小、敷设的方式等。一般情况下,由线路对地分布电容决定的电抗都比较大,而绝缘电阻还要大得多,数以兆欧计,计算时可看作是无限大。因此,单相接地电流一般都很小,这就有可能采用保护接地把漏电设备对地电压限制在安全电压以下。

对于 IT 系统,系统单相碰壳而导致设备漏电时,如果能够满足 $U_E \leqslant 50V$ 的要求,则认为系统满足安全条件,可不中断系统运行,此时应由绝缘监视装置发出声响或灯光信号。

二、保护接地应用范围

保护接地适用于各种不接地电网,包括交流不接地电网和直流不接地电网,也包括低压不接地电网和高压不接地电网等。在这类电网中,凡由于绝缘破坏或其他原因而可能呈现危险对地电压的金属部分,除另有规定外,均应接地,把设备上的故障电压限制在安全范围内。不接地电网中需保护接地的电气设备主要包括:

(1)电机、变压器及其他电器的金属底座和外壳。

(2)电气设备的传动装置。

(3)屋内外配电装置的金属或钢筋混凝土构架以及靠近带电部分的金属遮拦和金属门。

(4)配电、控制、保护用的盘(台、箱)的框架。

(5)交、直流电力电缆的接线盒、终端盒的金属外壳和电缆的金属护层、穿线的钢管。

(6)电缆支架。

(7)装有避雷线的电力线路杆塔。

(8)装在配电线路杆上的电力设备。

(9)在非沥青地面的居民区内,无避雷线的小接地电流架空电力线路的金属杆塔和钢筋混凝土杆塔。

电气设备的下列金属部分,除另有规定外,可不接地:

(1)在木质、沥青等不良导电地面的干燥房间内,交流额定电压为380V及以下,直流额定电压为440V及以下的电气设备的外壳。但当有可能同时触及上述电气设备外壳和已接地的其他物体时,则仍应接地。

(2)在干燥场所,交流额定电压为127V及以下,直流额定电压为110V及以下的电气设备的外壳。

(3)安装在配电箱、控制盘和配电装置上的电气测量仪表、继电器和其他低压电器等的外壳以及当发生绝缘损坏时在支持物上不会引起危险电压的绝缘子的金属底座等。

(4)安装在已接地金属框架上的设备,如穿墙套管等(但应保证设备底座与金属构架接触良好)。

(5)额定电压为220V及以下的蓄电池室内的金属支架。

(6)由发电厂、变电所和工业、企业区域内引出的铁路轨道。

(7)与已接地的机床、机座之间有可靠电气接触的电动机和电器的外壳。

(8)高于3.5m的起重运输机械的滑触线支架。

(9)木杆塔和木构架上悬式、针式绝缘子的金具。

如果电气设备在高处,工作人员必须登上木梯才能接近和进行工作时,由于人体触及意外带电体的危险性较小,而人体同时触及带电部分和设备外壳的可能性和危险性较大,一般不应采取保护接地措施。

三、接地电阻的确定

从保护接地的原理可以知道,保护接地的基本原理是限制漏电设备外壳对地电压在安全限值 U_L 以内,即漏电设备对地电压 $U_E = I_E R_E \leqslant U_L$。各种保护接地的接地电阻就是根据这个原则来确定的。

1. 低压设备接地电阻

在380V不接地低压系统中,单相接地电流很小,为限制设备漏电时外壳对地电压不超过安全范围,一般要求保护接地电阻 $R_E \leqslant 4\Omega$。

当配电变压器或发电机的容量不超过100kVA时,由于配电网分布范围很小,单相故障接地电流更小,可以放宽对接地电阻的要求,取 $R_E \leqslant 10\Omega$。

2. 高压设备接地电阻

(1)小接地短路电流系统。如果高压设备与低压设备共用接地装置,要求设备对地电压不超过120V,其接地电阻为

$$R_E \leqslant 120/I_E$$

式中:R_E——接地电阻,Ω;

I_E——接地电流,A。

如果高压设备单独装设接地装置,设备对地电压可放宽至250V,其接地电阻为

$$R_E \leqslant 250/I_E$$

小接地短路电流系统高压设备的保护接地电阻除应满足上述两式的要求外,还不应超过10Ω。以上两个式子中的I_E为配电网的单相接地电流,应根据配电网的特征计算和确定。

(2)大接地短路电流系统。在大接地短路电流系统中,由于接地短路电流很大,很难限制设备对地电压不超过某一范围,而是靠线路上的速断保护装置切除接地故障。要求其接地电阻为

$$R_E \leqslant 2\,000/I_E$$

但当接地短路电流I_E大于4 000A时,可采用$R_E \leqslant 0.5\Omega$。

第五节　TT系统间接接触电击防护原理

我国绝大部分地面企业的低压配电网都采用星形接法的低压中性点直接接地的三相四线配电网,这不仅是因为这种配电网能提供一组线电压和一组相电压,便于动力和照明由同一台变压器供电,而且还在于这种配电网具有较好的过电压防护性能,且一相故障接地时单相电击的危险性较小,故障接地点比较容易检测等优点。

在接地的配电网中,如果电气设备没有采取任何防止间接接触电击的措施,则设备漏电时触及该设备的人体所承受的接触电压可能接近相电压,其危险性大于不接地的配电网中单相电击的危险性。

TT系统中设备外壳采取接地措施的做法类似不接地配电网中的保护接地,但由于电源中性点是直接接地的,因此与IT系统有本质区别。

一、TT系统的间接电击防护原理

TT系统即系统中性点直接接地、设备外露可导电部分也直接接地的配电系统。TT系统由于接地装置就在设备附近,因此PE线断线的几率小,且易被发现,另外TT系统有正常运行时设备外壳不带电、故障时故障设备外壳高电位不会沿PE线传递至全系统等优点,使TT系统在爆炸与火灾危险性场所、低压公共电网和向户外电气装置配电的系统等处有技术优势。

1. 降低接触电压的作用

TT系统单相接地故障如图3-26a)所示,这时的等值电路如图3-26b)所示,图中Z_T、Z_L为变压器和线路(包括相线和PE线)的计算阻抗,因为R_E、R_N远大于Z_T和Z_L,故忽略Z_T、Z_L,这样就相当于系统接地电阻R_N和设备接地电阻R_E对故障相相电压U_φ分压。此时人体预期接触电压U_t为R_E上分得的电压。

$$U_t \approx \frac{R_E}{R_E + R_N} U_\varphi \tag{3-16}$$

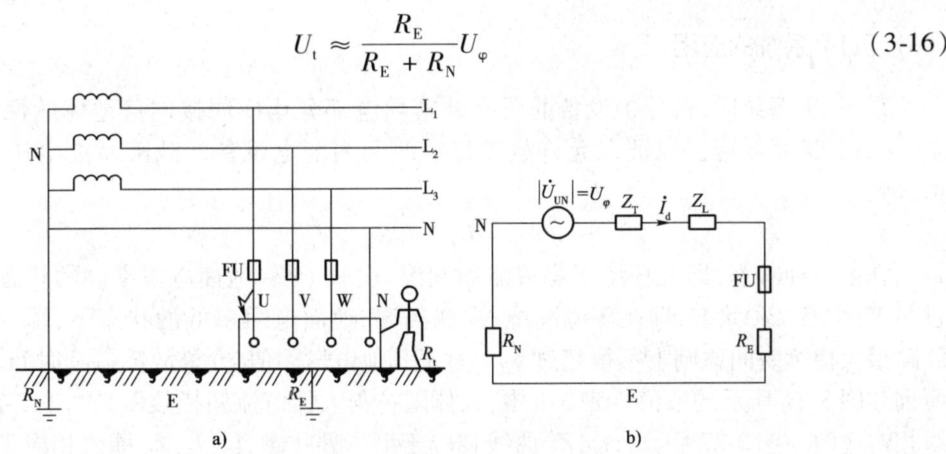

图 3-26　TT 系统单相接地故障分析

当人体接触到设备外露可导电部分时，相当于人体接触电阻 R_t 与设备接地电阻 R_E 并联，此时 U_t 肯定有变化，但人体接触电阻 R_t 在 1 000Ω 以上，远大于 R_E，故 $R_E/R_t \approx R_E$。

从式(3-16)来看，TT 系统可明显降低预期接触电压 U_t，降低了触电的危险性。若要求满足 U_t 不大于 50V 的安全条件，则要求

$$U_t = \frac{R_E}{R_E + R_N} U_\varphi \leqslant 50\text{V} \tag{3-17}$$

一般 $R_N = 4\Omega$，要满足上式，则需要 $R_E \leqslant 1.18\Omega$。这么小的接地电阻值是很不容易实现的，即使能实现也是不经济的。因此在多数情况下，设备接地虽然能够有效降低接触电压，但要降低到安全限值以下还是有困难的。

2. 过电流保护电器动作分析

若 $R_N = R_E = 4\Omega$，则单相碰壳时，接地电流 I_d 为（忽略变压器和线路阻抗）

$$I_d \approx \frac{220}{(4+4)} = 27.5\text{A}$$

对于固定式设备，要求过电流保护电器在 5s 内动作切断电源，若过电流保护电器为熔断器，则要求熔体额定电流 $I_{r(FU)}$ 小于 $I_d/5$，才能保证熔体在 5s 内可靠熔断，即 $I_d/I_{r(FU)} \geqslant 5$，于是 $I_{r(FU)} \leqslant 5.5\text{A}$。一般在整定熔断器熔体额定电流时，为防止误动作，要求熔体额定电流为计算电流的 1.5～2 倍，即 $I_{r(FU)} \geqslant (1.5\sim2)I_c$（$I_c$ 为计算电流），故应有 $I_c \leqslant 2.8\sim3.7\text{A}$，即只有计算电流 3.7A 以下的设备，单相碰壳时才能使保护电器在 5s 内可靠动作。若是手握式设备，要求 0.4s 内动作，则允许的计算电流更小。

由此可见，除非是功率极小的设备，一般情况下单相碰壳时系统的过电流保护电器很难及时动作，甚至根本不动作。

由以上分析可知，TT 系统靠降低接触电压和靠过电流保护电器切断故障在绝大多数时候都不能满足电击防护要求，那么还有没有其他系统措施可以采用呢？回答是肯定的。那就是剩余电流保护装置（也称漏电保护装置）。剩余电流保护是 TT 系统的一项重要安全措施，没有这项措施，绝大多数 TT 系统的电击防护安全性是不合格的。

二、TT 系统的应用

采用 TT 系统时，被保护设备的所有外露导电部分均应同接向接地体的保护导体连接起来。采用 TT 系统应当保证在允许故障持续时间内漏电设备的故障对地电压不超过某一限值，即

$$U_E = I_E R_E \leqslant U_L \tag{3-18}$$

在第一种状态，即在环境干燥或略微潮湿、皮肤干燥、地面电阻率高的状态下，U_L 不得超过 50V；在第二种状态，即在环境潮湿、皮肤潮湿、地面电阻率低的状态下，U_L 不得超过 25V。故障最大持续时间原则上不得超过 5s。对于其他电压限值，允许故障持续时间不应超过表3-1 所列和图 3-27 所示的数值。表 3-1 中，人体阻抗与人体电流两栏数值是与图 3-27 中的两组曲线相对应的。图 3-27 中，L_1，I_1，Z_1 曲线相应于第一种状态，L_2，I_2，Z_2 曲线相应于第二种状态。

允许故障持续时间　　表 3-1

预期的接触电压(V)	第一种状态			第二种状态		
	人体阻抗(Ω)	人体电流(mA)	持续时间(s)	人体阻抗(Ω)	人体电流(mA)	持续时间(s)
25	—	—	—	1 075	23	>5
50	1 725	29	>5	925	54	0.47
75	1 625	46	0.60	825	91	0.30
90	1 600	56	0.45	780	115	0.25
110	1 535	72	0.36	730	151	0.18
150	1 475	102	0.27	660	227	0.10
220	1 375	160	0.17	575	383	0.035
280	1 370	204	0.12	570	491	0.020
350	1 365	256	0.08	565	620	—
500	1 360	368	0.04	560	893	—

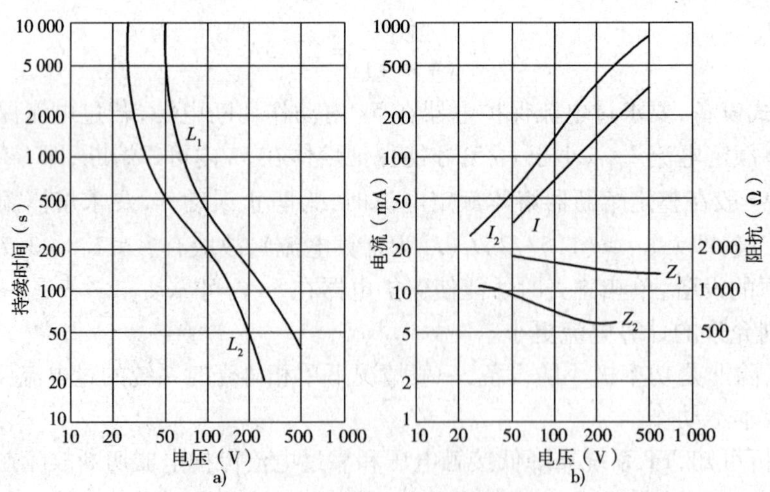

图 3-27　允许故障持续时间

a）持续时间；b）人体电流和人体阻抗

为实现上述要求，可在 TT 系统中装设剩余电流保护装置（漏电保护装置）或过电流保护装置，并优先采用前者。

TT 系统主要用于低压共用用户，即用于未装备配电变压器，从外面引进低压电源的小型用户。

第六节　TN 系统的间接接触电击防护原理

TN 系统即保护接零系统，是防止间接接触电击的基本安全措施之一。TN 系统中的字母 N 表示电气设备在正常情况下不带电的金属部分与配电网中性点之间金属性的连接，亦即与配电网保护零线（保护导体）的紧密连接。这种做法就是保护接零。或者说，TN 系统就是配电网低压中性点直接接地，电气设备接零的保护接零系统。

“保护接零”一词在我国已经得到普及。这一名词有利于明确区分不接地配电网中的保护接地，还有利于区分中性线和零线，有利于区分工作零线和保护零线，有其独特的科学性。在三相四线配电网中，应当区别工作零线和保护零线。前者即中性线，用 N 表示；后者即保护导体，用 PE 表示。如果一根线既是工作零线又是保护零线，则用 PEN 表示。

保护接零的作用是：当某相带电部分碰连设备外壳（即外露导电部分）时，通过设备外壳形成该相对零线的单相短路，短路电流能促使线路上的短路保护元件迅速动作，从而把故障部分设备断开电源，消除电击危险。

一、TN 系统间接电击防护原理分析

以 TN-S 系统为例，分析 TN 系统的间接电击防护原理。

1. 降低接触电压

TN 系统发生单相碰壳故障如图 3-28 所示，这时故障回路的电流即单相接地电流为

$$I_{\mathrm{d}} = \frac{U_{\varphi}}{|Z_1 + Z_{\mathrm{PE}} + Z_{\mathrm{T}}|} \tag{3-19}$$

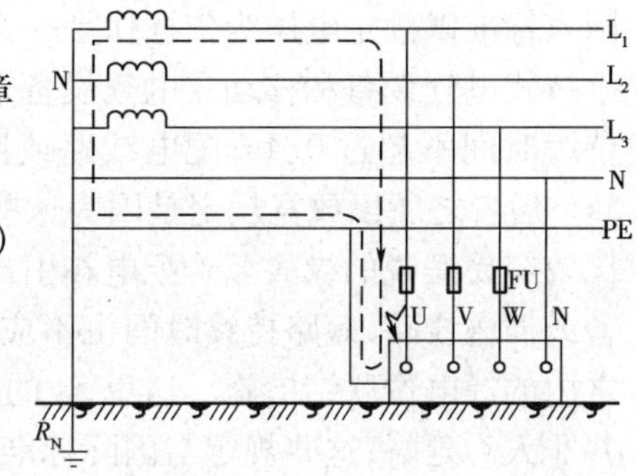

图 3-28　TN-S 系统碰壳故障分析

式中：Z_1——相线计算阻抗，MΩ；

Z_{PE}——PE 线计算阻抗，MΩ；

Z_{T}——变压器计算阻抗，MΩ；

U_{φ}——平均相电压，V；

I_{d}——单相短路电流，kA。

此时系统中性点（N 点）仍为地电位，故设备外壳对地电压等于设备外壳对系统中性点电压，预期接触电压为

$$U_{\mathrm{t}} = I_{\mathrm{d}}|Z_{\mathrm{PE}}| = \left|\frac{Z_{\mathrm{PE}}}{Z_{\mathrm{PE}} + Z_1 + Z_{\mathrm{T}}}\right| U_{\varphi} = \left|\frac{1}{1 + (Z_1 + Z_{\mathrm{T}})/Z_{\mathrm{PE}}}\right| U_{\varphi} \tag{3-20}$$

可见预期接触电压大小取决于 $(Z_1 + Z_{\mathrm{T}})/Z_{\mathrm{PE}}$，在 TN 系统中，PE 线截面一般不会大于相线截面，$|Z_{\mathrm{PE}}| \geqslant |Z_1|$ 通常是成立的，当线路很长或导线截面较小时，Z_{T} 远小于 Z_1，此时 $(Z_1 + Z_{\mathrm{T}})/Z_{\mathrm{PE}} < 1$，若 U_{φ} 为 220V，则人体预期接触电压通常会大于 110V。

由此可见，尽管 TN 系统在碰壳故障发生后有降低接触电压的作用，但一般不能将接触电压降低至安全电压范围内。

2. 通过过电流保护电器切断电源

尽管 TN 系统在单相碰壳故障发生时有降低接触电压的作用，但 TN 系统的电击防护原理更多地立足于通过过电流保护电器切断电源来实施。简单地说，TN 系统主要是靠将单相碰壳故障变成单相短路故障，并通过短路保护切断电源来实施电击防护的。切断电源包含两层意思：一是要能够可靠地切断（即保护电器应动作）；二是应在规定时间内切断。从电击防护的角度来说，单相短路电流大，或过电流保护电器动作电流值小，对电击防护都是有利的，下面讨论几种情况。

（1）故障设备距电源越远，I_d 因故障回路阻抗增大就会越小，但从式（3-20）分析可知，人体预期接触电压基本不变，即要求电源被切断的时间依旧不变。因此可知，故障设备距电源的距离越远，对电击防护越不利。

（2）降低线路（包括相线和 PE 线）阻抗，对电击防护是有利的。因为这时的 I_d 会增大，从而有利于过流保护电器动作。降低 PE 线阻抗还有一个好处，就是可降低预期接触电压 U_t。因此加大导线截面，不仅能降低电能损耗和电压损失，有利于提高线路的过载保护灵敏度，还可以提高电击防护水平。

（3）变压器计算阻抗 Z_T 的大小也对 I_d 有影响，尤其是发生在靠近变压器处的故障更是如此，而 Z_T 与变压器的零序阻抗密切相关。选择恰当的联结组别可大幅降低 Z_T 的大小，对电击防护是有利的。

由于地面对地电压曲线分布规律随接地体特征及其施工方式而异，发生触电的位置又受工艺过程等因素的影响，最大接触电压可能难以确定，表 3-1 和图 3-27 也就无法利用。为此，国家标准以额定电压为依据作了一个比较简明的规定：对于相线对地电压 220V 的 TN 系统，手持式电气设备和移动式电气设备末端线路或插座回路的短路保护元件应保证相、零线短路持续时间不超过 0.4s；配电线路或固定式电气设备的末端线路应保证短路持续时间不超过 5s。后者之所以放宽规定是因为这些线路不常发生故障，而且接触的可能性较小，即使触电也比较容易摆脱的缘故。若配电箱引出的线路中，除固定设备的线路外，还有手持式、移动式设备或插座线路，短路持续时间也不应超过 0.4s。否则，应采取能将故障电压限制在许可范围之内的等电位联结措施。这里 5s 的时限主要是从热稳定的要求考虑的，只是个时间限值，而并非人为延时，这些规定与国际标准基本符合。

为了实现保护接零要求，可以采用一般过电流保护装置或剩余电流保护装置。

二、保护接零的应用范围

保护接零用于中性点直接接地的 220/380V 三相四线配电网。在这种配电网中，接地保护方式（TT 系统）难以保证安全，不能轻易采用。在这种系统中，凡因绝缘损坏而可能呈现危险对地电压的金属部分均应接零。要求接零和不要求接零的设备和部位与保护接地的要求大致相同。

TN-S 系统可用于有爆炸危险、火灾危险性较大或安全要求较高的场所，宜用于独立附设变电站的车间。TN-C-S 系统宜用于厂内设有总变电站，厂内低压配电的场所及民用楼房。

TN-C 系统可用于无爆炸危险、火灾危险性不大、用电设备较少、用电线路简单且安全条件较好的场所。

在接地的三相四线配电网中，应当采取接零保护。但在现实中，往往会发现如图 3-29 所示的接零系统中个别设备只接地、不接零的情况，即在 TN 系统中个别设备构成 TT 系统的情况。由于 TT 系统发生单相接地故障时系统中性点电位升高，导致中性线电位也升高，此时若系统中有按 TN 方式接线的设备，则设备外露可导电部分的电位也会升高到中性点电位。也就是说，在图 3-29 所示系统中，如接地的那台设备发生碰壳时，系统中所有其他设备外壳上都会带中性点电位，这是相当危险的。因此，在未采取其他措施的情况下，严禁 TT 与 TN 系统混用。

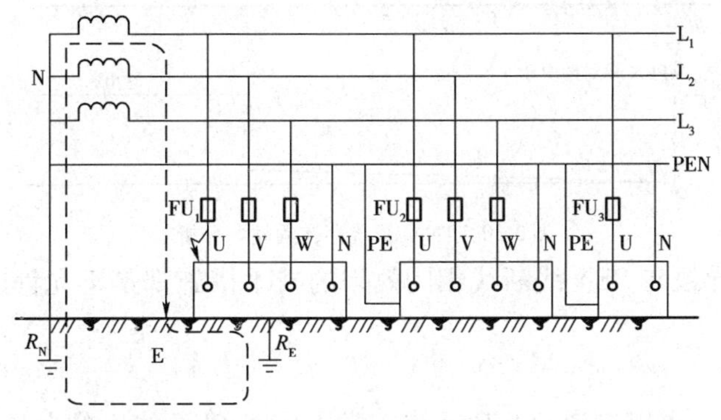

图 3-29　TT 系统与 TN 系统混用的危险

三、重复接地

1. TN-C 系统存在的问题

在我国的低压配电系统中，开始是 TN-C 系统占了绝大多数，但之后逐步被 TN-S、TN-C-S、TT 等系统所取代。这主要是因为 TN-C 系统在安全性上存在一些明显的缺陷。下面对 TN-C 系统的主要缺陷进行分析。

(1)正常运行时设备外露可导电部分带电。如图 3-30 所示，三相 TN-C 系统正常运行时，若三相负载不平衡，就会有电流流过中性线。另外，现在用电设备中产生谐波的设备大量增加，如电子整流气体放电灯、各种开关电源等，中性线上还有 3n 次谐波电流流过，这些电流会在 PEN 线上产生压降。因系统中性点对地电位仍为零，故 PEN 线对地电压沿 PEN 线逐渐增大，有报道称已测得高达近 120V 的电压。在这种情况下如仍采用 TN-C 系统，则正常工作时 PEN 线上电压就会传导至设备外壳，从而发生电击危险。另外，对于单相 TN-C 系统，PEN 线上电流就等于相线电流，该电流产生的电压也会传导至设备外壳上。因此，不论是单相还是三相的 TN-C 系统，正常运行时设备外壳带电都是不可避免的。

(2)PEN 线断线会使设备外壳带上危险电压。单相 TN-C 系统一旦发生中性线断线，相线电压会通过负载阻抗传导至 PEN 线断点以后的部分。这时由于负载阻抗上无电流通过，其压降为零，因此在断点后相电压完全传导至 PEN 线。这个相电压会通过 PEN 线传导到断点后的每一台设备外壳上，十分危险。另外，对于三相系统，当三相负荷不平衡时，PEN 线断线会使负荷中性点对地电位发生偏移，这个电压也会通过断点后的 PEN 线传导至各设备外壳，其

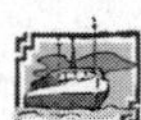

大小与负荷不平衡的程度有关,最严重时也能达到相电压。因此,不论对于单相还是三相系统,TN-C 系统发生中性线断线都是非常危险的。

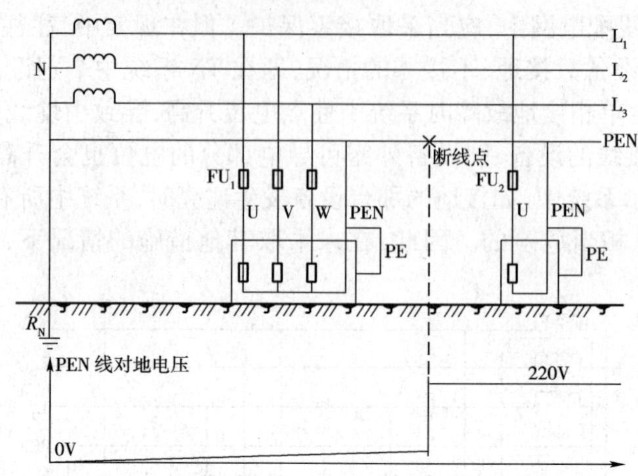

图 3-30　TN-C 系统存在的问题分析

因此,一些可能导致与 PEN 线断线相同效果的技术措施都是不允许的,如在 PEN 线上装设熔断器。

2. 解决方案

通过以上分析我们可以知道,TN-C 系统正常工作时 PEN 线上的电压会传导至设备外壳,PEN 线断线会使断点后的设备外壳带上相电压。通过重复接地,这两个问题都能得到一定的改善。

重复接地是为了使保护导体在故障时尽量接近大地电位而在工作接地点以外的其他点的接地。重复接地能显著提高 TN 系统的电击防护性能。

(1)降低正常工作时 PEN 线的电压。如图 3-31 所示,图 a)为无重复接地的情形,图 b)为有重复接地的情形。无重复接地时,PEN 线上电流全部沿 PEN 线流回系统中性点,产生沿线分布的电压;有重复接地时,PEN 线上电流有一部分被重复接地电阻分流,使得从 PEN 线流回

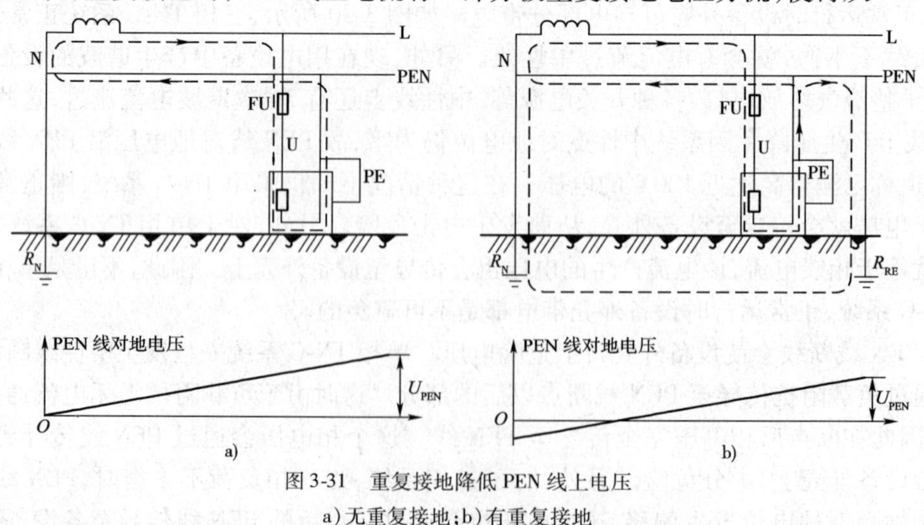

图 3-31　重复接地降低 PEN 线上电压

a)无重复接地;b)有重复接地

系统中性点的电流减小，从而降低了 PEN 线上电压。

(2)降低 PEN 线断线时的电击危险性。对三相系统，只有在三相负荷完全平衡时，PEN 线断线才不致使断点后的 PEN 线上产生电压；若三相负荷不平衡，则断点后负荷中性点会发生位移，PEN 线上对地电压就是这个位移电压。最严重的情况是单相回路中 PEN 线断线，这时断点后 PEN 线上电压为相电压，该电压会传导至与 PEN 线相连的所有设备外壳上。如图3-32所示，重复接地对单相 TN-C 系统 PEN 线断线产生的电击危险性具有降低作用。

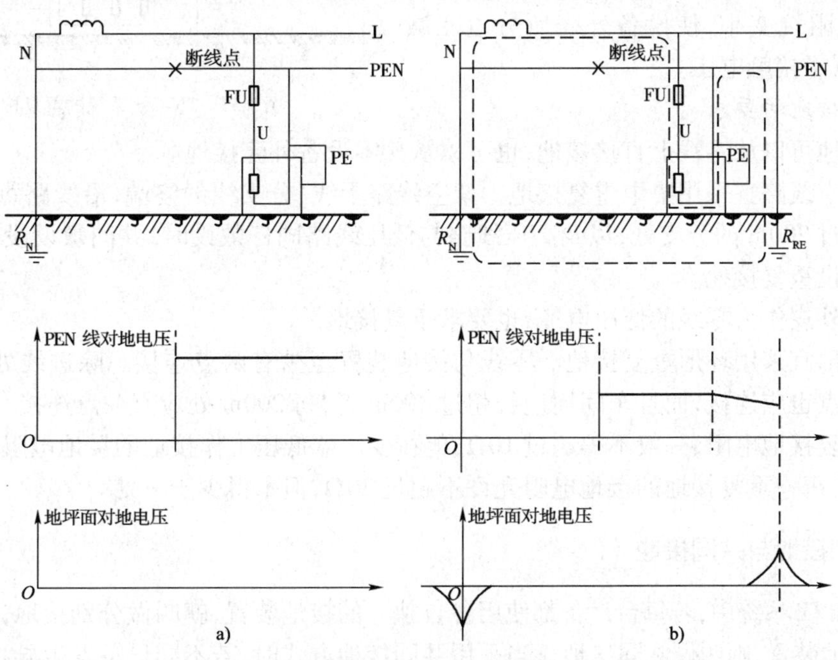

图 3-32　重复接地降低 PEN 线断线的电击危险性

a)无重复接地；b)有重复接地

从图 3-32b)可看出，当 PEN 线有重复接地电阻 R_{RE} 时，相电压 U_φ 通过负载阻抗、R_{RE} 和 R_N 形成回路，这时 PEN 线对地电压即为电阻 R_{RE} 上压降。若负载阻抗较大，则相电压 U_φ 被负载断线点阻抗分压的比重就较大，R_{RE} 分得的电压较小，设备外壳上预期接触电压就较小，反之，则预期接触电压较大，但不管怎样，都会比相电压 U_φ 小。因此，重复接地能减轻 PEN 线断线时的电击危险性，但不能消除这种危险性。

(3)缩短故障持续时间。因为重复接地和工作接地构成零线的并联分支，所以当发生短路时，能增加短路电流，而且线路越长，效果越显著，这就加速了线路保护装置的动作，缩短了事故持续时间。

(4)改善防雷性能。架空线路零线上的重复接地，对雷电流有分流作用，能降低雷电过电压。

3. TN-C-S 系统中重复接地

在 TN-C-S 系统中，在由 TN-C 转为 TN-S 处一般都要做重复接地，其作用分析如图 3-33 所示。

首先，重复接地对 TN-C 部分的作用仍然有效。其次，当设备发生碰壳故障时，重复接地

有降低接触电压和增大短路电流的作用，因为此时从TN-C与TN-S转换处到电源中性点的阻抗由无重复接地时的单纯PEN线阻抗，变成了有重复接地后的PEN线阻抗与(R_N+R_{RE})的并联。使这一段的阻抗变小，从而使得故障回路的总阻抗变小，短路电流增大。同时因为从故障设备到电源中性点阻抗变小，使设备外壳所分电压减小，从而降低了接触电压。

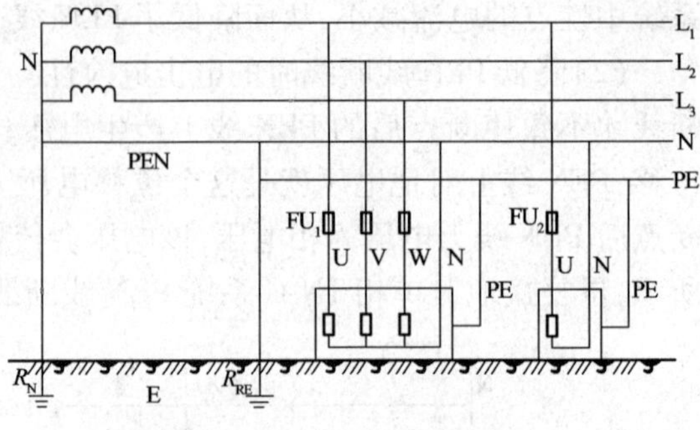

图3-33　TN-C-S系统的重复接地

4. 重复接地的要求

重复接地可以从零线上直接接地，也可以从接零设备外壳接地。

户外架空线路宜采用集中重复接地。架空线路干线、分支线的终端、沿线路每1km处、分支线长度超过200m的分支处，以及高压线路与低压线路同杆敷设时，共同敷设段的两端均应在零线上装设重复接地。

以金属外皮作为零线的低压电缆，也要求重复接地。

车间内部宜采用环形重复接地。零线与接地装置至少有两点连接。除进线处一点外，其对角处最远点也应连接，而且车间周边长超过400m者，每200m处应有一点连接。

每一重复接地电阻，一般不得超过10Ω，但在变压器低压工作接地的接地电阻允许不超过10Ω的场合，每一重复接地的接地电阻允许不超过30Ω，但不得少于三处。

四、分别接地与共同接地

在TT和IT系统中，若每台设备都使用各自独立的接地装置，就叫做分别接地；若干台设备共用一个接地装置，则叫做共同接地。当采用共同接地方式时，若不同设备发生异相碰壳故障，则实现共同接地的PE线会使其成为相间短路，通过过电流保护电器动作可以切除故障，如图3-34a)所示。IT系统发生一台设备单相碰壳时仍可继续运行，这时外壳电压一般低于安全电压限值，所以尽管这个电压会沿共同接地的PE线传导至所有设备外壳，也不会有电击危险。但在运行过程中另一台设备又发生异相碰壳故障，此时若采用分别接地，则两台设备的接地电阻对线电压分压，对380V/220V系统来说，不管设备接地电阻多大，总有一台设备所分电压不小于190V，而大多数情况下设备接地电阻大小基本相等，即各分得约190V电压，这个电压是十分危险的；而采用共同接地后，相间短路电流会使过电流保护电器动作，从而消除电击危险。因此共同

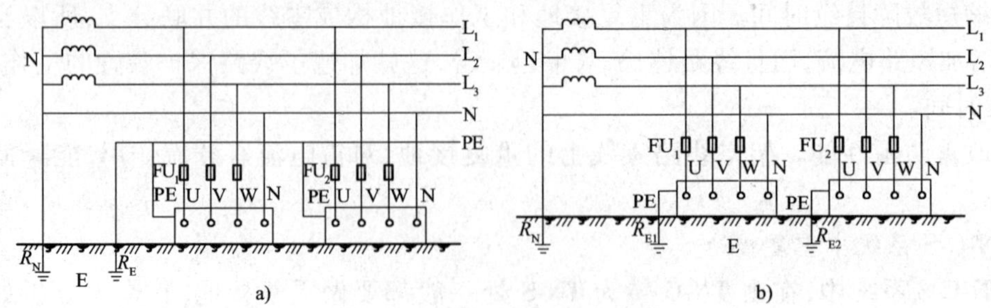

图3-34　共同接地与分别接地

a)共同接地；b)分别接地

接地对IT系统来说是一种比较好的方式。采用共同接地的缺点是一台设备外壳上的故障电压会传导至参与共同接地的每一台设备外壳上，若保护电器不能迅速动作，则十分危险。故在TT系统中，若没有设置能瞬间切除故障回路的剩余电流保护，则不宜采用共同接地。

对于目前钢质海船应用最广泛的三相三线绝缘系统，用电设备的保护接地就是设备外壳接钢质船体，实质上是构成了共同接地。当系统出现异相碰壳故障时，通过船体形成相间短路，通过过电流保护装置切除故障回路，起到保护作用。

五、保护接零的要求

保护接零的原理在于当设备发生漏电时，能迅速切断电源。

(1)线路的阻抗不宜过大，以保证发生漏电时有足够大的短路电流，迫使线路上的保护装置迅速动作。

(2)在起保护作用的零线上，绝不允许装设熔断器和开关。

(3)在同一供电系统中，不允许个别设备接地不接零。

六、保护接地与保护接零的区别

(1)保护原理不同。保护接地是限制设备漏电后的对地电压，使之不超过安全范围；保护接零是借助接零线路使设备形成短路，促使线路上的保护装置动作，以切断故障设备的电源。

(2)适用范围不同。保护接地既适用于一般不接地的高低压电网，也适用于采取了其他安全措施（如装设漏电保护器）的低压电网；保护接零只适用于中性点直接接地的低压电网。

(3)线路结构不同。如果采取保护接地措施，电网中可以无工作零线，只设保护接地线；如果采取保护接零措施，则必须设工作零线，利用工作零线作接零保护。保护零线不应接开关、熔断器，当在工作零线上装设熔断器等时，还必须另装保护接地线或接零线。

第七节　有关船舶接地的主要规定

本节介绍的是CCS《规范》对船舶电力系统和船舶其他设备接地及屏蔽接地的主要要求。

一、电气设备的接地要求

1. 接地范围

船舶电力系统的带电部件以外的所有可接近的金属部分均应接地。但下列情况除外：

(1)灯头。

(2)安装在非导电材料制成或覆盖的灯座或照明设备上的灯罩、反光镜和防护件。

(3)设在非导电材料上的金属部件和拧入或贯穿非导电材料的螺钉，这些金属部件和螺钉并以非导电材料与带电部件和接地的非带电部件相隔离，因此在正常使用中它们不可能带电和接触接地部件。

(4)具有双重绝缘和/或加强绝缘的可携式设备，但应满足公认的安全要求。

(5)为防止轴电流的绝缘轴承座。

(6)荧光灯管的紧固件。

(7)工作电压不超过50V的设备。对交流,此项电压为方均根值,且不应使用自耦变压器取得此项电压。

(8)电缆紧固件。

2. 接地要求

(1)当电气设备直接紧固在船体的金属结构上或紧固在与船体金属结构有可靠电气连接的底座或支架上时,可不另设专用导体接地。

(2)不论是专用导体接地或靠设备底座或支架接地,其接触面均应光洁平贴,保证有良好的接触,并应有防止松动和生锈的措施。

(3)如采用专用导体接地,则其导体应用铜或导电良好的耐蚀材料制成,必要时应有防止机械损伤及防蚀措施。不同形式的铜接地导体的截面积应不小于表3-2的规定。

(4)可移动和可携电气设备的不带电裸露金属部分,应以附设在软电缆或软电线中的连续接地导体,并通过插头和插座接地,其接地导体的截面积应不小于表3-2的规定。

接地导体的截面积 表3-2

接地导体的形式	相关的载流导体截面积,S (mm^2)	铜接地导体的最小截面积,Q (mm^2)
软电缆或软电线中的连续接地导体	$S\leqslant16$	$Q=S$
	$S>16$	$Q=S/2$,但不小于16
固定敷设电缆中的连续接地导体	$S\leqslant16$	$Q=S$,但不小于1.5
	$S>16$	$Q=S/2$,但不小于16
单独固定的接地导体	$S\leqslant2.5$	$Q=S/2$,但不小于1.5
	$2.5<S\leqslant120$	$Q=S/2$,但不小于4
	$S>120$	$Q=70$

(5)电缆的金属护套或金属外护层应于两端作有效接地,但最后分路可只在电源端接地。对于控制和仪表设备的电缆,由于技术上的原因,如一端接地较为有利时,则不必两端接地。

(6)电缆的金属护套或金属外护层可采用下列方式之一进行接地:

①用金属夹箍夹住,并以专用铜接地导体连接至船体的金属结构上。该接地导体的截面积Q与电缆导体截面积S间的关系应符合下列规定:

当$S\leqslant25mm^2$时,$Q\geqslant1.5mm^2$;

当$S>25mm^2$时,$Q\geqslant4mm^2$。

②用专用接地填料函接地,这种填料函能保证有效的接地连接。

③用电缆紧固件接地,这种电缆紧固件应以耐腐蚀的金属材料制成,并应能使电缆金属护套或金属外护层与接地金属之间有良好的接触。

(7)对于接地和以船体作为导电回路的船舶配电系统应满足以下要求:

①在利用船体作回路的配电系统中,与船体相连接地线的截面积应与绝缘敷设极或相的导线相同,并不应用裸线。

②设备的外壳及其安装螺栓均不应作为回路导体,或者作连接该回路导体用。

③用于平时不载流的工作接地线,其截面积应为载流导线的截面积的一半,但应不小于$1.5mm^2$。

④接地配电系统的系统接地应与电气设备的平时不带电部分的接地分开。

⑤三相四线制中性线截面积至少应为相线截面积的50%，当相线截面积小于或等于$16mm^2$时，中性线截面积应与相线截面积相同。

(8)应保证电缆的金属护套或金属外护层在其全长上，特别是在连接处和分支处保证电气上的连续性。

(9)不能只用电缆的铅护套作为接地的唯一措施。

(10)连续接地导体或单独接地导体与船体结构的各连接点，应位于船上易于到达之处，并应以直径不小于4mm的黄铜或其他耐腐蚀材料制成的螺钉紧固，该螺钉应仅作接地之用。

二、屏蔽接地的要求

CCS《规范》对屏蔽接地的主要要求是：

(1)露天甲板和非金属上层建筑内的电缆，应敷设在金属管内或采用屏蔽电缆。

(2)凡航行设备的电缆和进入无线电室的所有电缆均应连续屏蔽。与无线电室无关的电缆不应经过无线电室。若必须经过时，应将电缆敷设在金属管道内，该管道进、出无线电室均应可靠接地。

(3)无线电室内的电气设备应有屏蔽措施。无线电分电箱的电源电缆，应在进入无线电室处，设置防干扰的滤波器。无线电分电箱、无线电助航仪器以及分电箱的汇流排上，应设置抑制无线电干扰的电容器。

(4)内燃机(包括安装在救生艇上的内燃机)的点火系统和起动装置应连续屏蔽。点火系统电缆可采用高阻尼点火线。

(5)所有电气设备、滤波器的金属外壳、电缆的金属屏蔽护套及敷设电缆的金属管道，均应可靠接地。

三、其他设备接地的要求

(1)如铝上层建筑用加绝缘方式紧固在钢质船体上，以达到防止电解腐蚀目的，则在上层建筑与船体之间应设置单独的跨接线，且其连接方式应能防止电解腐蚀，其连接点设在便于检查之处。

(2)为防止液体/气体/蒸汽流动而产生的静电放电危害，凡用作易燃液体和能挥发出可燃气体和/或产生易燃粉尘固体的货舱(柜)、处理装置和管系应满足下列要求：

①上述货舱(柜)、处理装置和管系与船体间的电阻应不超过1MΩ。

②直接或通过支承件焊接或用螺栓固定安装在船体上的货舱(柜)、处理装置和管系不需要接地搭接片。

③与船体非固定连接的货舱(柜)、处理装置和管系(例如：独立液货舱、与船体电气隔离的货舱(柜)、管系、作为可拆短管的管路连接件等)应加专门的接地搭接片。

④接地搭接片应符合下列规定：

a)清晰可见以便于清楚的发现任何缺陷；

b)设计和安装地点应使其免受机械损伤，同时应不受锈蚀物或油漆等高电阻率介质的影响；

c)易于安装和更换。

⑤接地搭接片应用铜或导电良好的耐腐蚀材料制成，其截面积应不小于$10mm^2$。

第四章　其他电击防护措施

上一章介绍的间接电击防护措施主要是针对Ⅰ类电气设备,通过降低预期接触电压和通过使过电流保护电器动作切除故障来进行间接电击防护。这些措施是有效的,但还不够完善,适用范围也还不够广泛。如TT系统设备接地电阻值一般达不到使预期接触电压降低到安全电压以下的要求,TN系统过电流保护动作时间有时达不到规定限值等。另外,上一章介绍的间接电击防护措施均不能对直接电击产生任何作用。针对上述情况,还必须采用其他电击防护措施。

第一节　漏电保护装置

漏电保护是利用漏电保护装置来防止电气事故的一种安全技术措施。漏电保护装置又称为剩余电流保护装置(Residual Current Operated Protective Device,缩写RCD)。漏电保护装置是一种低压安全保护电器,主要用于单相电击保护,也用于防止由漏电引起的火灾,还可用于检测和切断各种一相接地故障。漏电保护装置的功能是提供间接接触电击保护,而额定漏电动作电流不大于30mA的漏电保护装置,在其他保护措施失效时,也可作为直接接触电击的补充保护,但不能作为基本的保护措施。

实践证明,漏电保护装置和其他电气安全技术措施配合使用,在防止电气事故方面有显著的作用。本节就漏电保护装置的原理及应用进行介绍。

一、漏电保护装置的原理

电气设备漏电时,将呈现出异常的电流和电压信号。漏电保护装置通过检测此异常电流或异常电压信号,经信号处理,促使执行机构动作,借助开关设备迅速切断电源。根据故障电流动作的漏电保护装置是电流型漏电保护装置,根据故障电压动作的是电压型漏电保护装置。早期的漏电保护装置为电压型漏电保护装置,因其存在结构复杂、受外界干扰动作特性稳定性差、制造成本高等缺点,已逐步被淘汰,取而代之的是电流型漏电保护装置。电流型漏电保护装置得到了迅速的发展,并逐渐占据了主导地位。目前,国内外漏电保护装置的研制生产及有关技术标准均以电流型漏电保护装置为对象。下面主要对电流型漏电保护装置(即RCD)进行介绍。

1. 漏电保护装置的组成

图4-1是漏电保护装置的组成方框图。其构成主要有三个基本环节,即检测元件、中间环节(包括放大元件和比较元件)和执行机构。其次,还具有辅助电源和试验装置。

(1)检测元件。它是一个零序电流互感器,如图4-2所示。图中,被保护主电路的相线和中性线穿过环行铁芯构成了互感器的一次线圈N_1,均匀缠绕在环行铁芯上的绕组构成了互感器的二次线圈N_2。检测元件的作用是将漏电电流信号转换为电压或功率信号输出给中间环节。

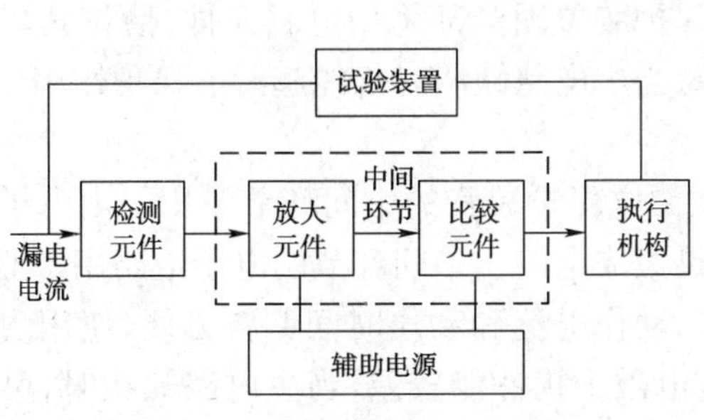

图 4-1　漏电保护装置组成框图

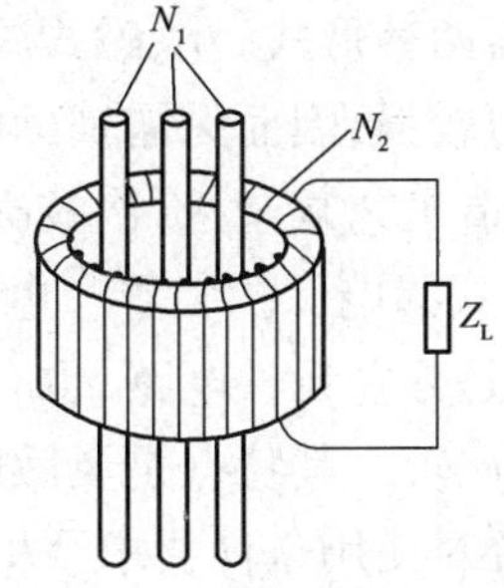

图 4-2　漏电电流互感器

(2)中间环节。该环节对来自零序电流互感器的漏电信号进行处理。中间环节通常包括放大器、比较器、脱扣器(或继电器)等,不同形式的漏电保护装置在中间环节的具体构成上形式各异。

(3)执行机构。该机构用于接收中间环节的指令信号,实施动作,自动切断故障处的电源。执行机构多为带有分励脱扣器的自动开关或交流接触器。

(4)辅助电源。当中间环节为电子式时,辅助电源的作用是提供电子电路工作所需的低压电源。

(5)试验装置。这是对运行中的漏电保护装置进行定期检查时所使用的装置。通常是用一只限流电阻和检查按钮相串联的支路来模拟漏电的路径,以检验装置能否正常动作。

2. 漏电保护装置的工作原理

图 4-3 是某三相四线制供电系统的漏电保护电气原理图。现通过此图,对漏电保护装置的原理进行说明。图中 TA 为零序电流互感器,GF 为主开关,TL 为主开关 GF 的分励脱扣器线圈。

在被保护电路工作正常、没有发生漏电或触电的情况下,由基尔霍夫定律可知,通过 TA 一次侧电流的相量和等于零。这使得 TA 铁芯中磁通的相量和也为零。TA 二次侧不产生感应电动势。漏电保护装置不动作,系统保持正常供电。

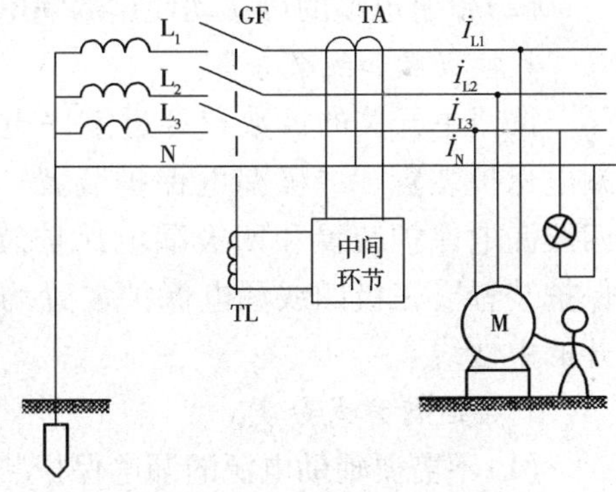

图 4-3　漏电保护装置工作原理

当被保护电路发生漏电或有人触电时,由于漏电电流的存在,通过 TA 一次侧各相负荷电流的相量和不再等于零,即产生了剩余电流。这就导致了 TA 铁芯中磁通的相量和也不再为零,即在铁芯中出现了交变磁通。在此交变磁通作用下,TA 二次侧线圈就有感应电动势产生。此漏电信号经中间环节进行处理和比较,当达到预定值时,使主开关分励脱扣器线圈 TL 通电,驱动主开关 GF 自动跳闸,迅速切断被保护电路的供电电源,从而实现保护。

二、漏电保护装置的分类

1. 按漏电保护装置中间环节的结构特点分类

(1)电磁式漏电保护装置。电磁式漏电保护装置的中间环节为电磁元件,有电磁脱扣器

和灵敏继电器两种形式。电磁式漏电保护装置因全部采用电磁元件,使得其耐过电流和过电压冲击的能力较强,因而无需辅助电源,当主电路缺相时仍能起漏电保护作用。但其灵敏度不易提高,且制造工艺复杂,价格较高。

(2)电子式漏电保护装置。电子式漏电保护装置的中间环节使用了由电子元件构成的电子电路,有的是分立元件电路,也有的是集成电路。中间环节的电子电路用来对漏电信号进行放大、处理和比较。其特点是灵敏度高、动作电流和动作时间调整方便、使用耐久。但电子式漏电保护装置对使用条件要求严格,抗电磁干扰性能较差,当主电路缺相时,可能会因失去辅助电源而丧失保护功能。

2. 按结构特征分类

(1)开关型漏电保护装置。开关型漏电保护装置是一种将零序电流互感器、中间环节和主开关组合安装在同一机壳内的开关电器,通常称为漏电开关或漏电断路器。其特点是:当检测到触电、漏电后,保护器本身即可直接切断被保护主电路的供电电源。这种保护器有的还兼有短路保护及过载保护功能。

(2)组合型漏电保护装置。组合型漏电保护装置是一种由漏电继电器和主开关通过电气连接组合而成的漏电保护装置。当发生触电、漏电故障时,由漏电继电器进行信号检测、处理和比较,通过其脱扣器或继电器动作,发出报警信号;也可通过控制触点去操作主开关切断供电电源。漏电继电器本身不具备直接断开主电路的功能。

3. 按安装方式分类

(1)固定位置安装、固定接线方式的漏电保护装置。

(2)带有电缆的可移动使用的漏电保护装置。

4. 按极数和线数分类

按照主开关的极数和穿过零序电流互感器的线数可将漏电保护装置分为:单极二线漏电保护装置、二极漏电保护装置、二极三线漏电保护装置、三极漏电保护装置、三极四线漏电保护装置和四极漏电保护装置。其中,单极二线漏电保护装置、二极三线漏电保护装置、三极四线漏电保护装置均有一根直接穿过零序电流互感器而不能被主开关断开的中性线。

5. 按运行方式分类

(1)不需要辅助电源的漏电保护装置。

(2)需要辅助电源的漏电保护装置。

此类中又分为辅助电源中断时可自动切断的漏电保护装置和辅助电源中断时不可自动切断的漏电保护装置。

6. 按动作时间分类

按动作时间可将漏电保护装置分为:快速动作型漏电保护装置、延时型漏电保护装置和反时限型漏电保护装置。

7. 按动作灵敏度分类

按动作灵敏度可将漏电保护装置分为:高灵敏度型漏电保护装置、中灵敏度型漏电保护装置和低灵敏度型漏电保护装置。

三、漏电保护装置的主要技术参数

1. 关于漏电动作性能的技术参数

关于漏电动作性能的技术参数是漏电保护装置最基本的技术参数，包括漏电动作电流和漏电动作时间。

(1)额定漏电动作电流($I_{\Delta n}$)。它是指在规定的条件下，漏电保护装置必须动作的漏电动作电流值。该值反映了漏电保护装置的灵敏度。

我国标准规定的额定漏电动作电流值为:6mA,10mA,(15mA),30mA,(50mA),(75mA),100mA,(200mA),300mA,500mA,1 000mA,3 000mA,5 000mA,10 000mA,20 000mA 共 15 个等级(带括号的值不推荐优先采用)。其中,30mA 及其以下者属高灵敏度，主要用于防止各种人身触电事故;30mA 以上至 1 000mA 者属中灵敏度，用于防止触电事故和漏电火灾;1 000mA 以上者属低灵敏度，用于防止漏电火灾和监视一相接地事故。

(2)额定漏电不动作电流($I_{\Delta no}$)。它是指在规定的条件下，漏电保护装置必须不动作的漏电不动作电流值。为了防止误动作，漏电保护装置的额定不动作电流不得低于额定动作电流的 1/2。

(3)漏电动作分断时间。它是指从突然施加漏电动作电流开始到被保护电路完全被切断为止的全部时间。为适应人身触电保护和分级保护的需要，漏电保护装置有快速型、延时型和反时限型三种。快速型适用于单级保护，用于直接接触电击防护时必须选用快速型的漏电保护装置。延时型漏电保护装置人为地设置了延时，主要用于分级保护的首端。反时限型漏电保护装置是配合人体安全电流—时间曲线而设计的，其特点是漏电电流愈大，则对应的动作时间愈小，呈现反时限动作特性。

快速型漏电保护装置动作时间与动作电流的乘积不应超过 30mA · s。

我国标准规定漏电保护装置的动作时间见表 4-1,表中额定电流≥40A 的一栏适用于组合型漏电保护装置。

漏电保护装置的动作时间　　表 4-1

额定动作电流 $I_{\Delta n}$(mA)	额定电流(A)	动作时间(s)			
		$I_{\Delta n}$	$2I_{\Delta n}$	0.5A	$5I_{\Delta n}$
≤30	任意值	0.2	0.1	0.04	—
>30	任意值	0.2	0.1	—	0.04
	≥40	0.2	—	—	0.15

延时型漏电保护装置延时时间的优选值为:0.2s,0.4s,0.8s,1s,1.5s,2s。

2. 其他技术参数

漏电保护装置的其他技术参数的额定值主要有:

(1)额定频率为 50Hz。

(2)额定电压为 220V 或 380V。

(3)额定电流(I_n)为 6A,10A,16A,20A,25A,32A,40A,50A,(60A),63A,(80A),100A,(125A),160A,200A,250A(带括号值不推荐优先采用)。

3. 接通分断能力

漏电保护装置的接通分断能力应符合表4-2的规定。

漏电保护装置的接通分断能力　　表4-2

额定动作电流 $I_{\Delta n}$(mA)	接通分断电流(A)	额定动作电流 $I_{\Delta n}$(mA)	接通分断电流(A)
$I_{\Delta n} \leqslant 10$	≥300	$100 < I_{\Delta n} \leqslant 150$	≤1 500
$10 < I_{\Delta n} \leqslant 50$	≥500	$150 < I_{\Delta n} \leqslant 200$	≥2 000
$50 < I_{\Delta n} \leqslant 100$	≥1 000	$200 < I_{\Delta n} \leqslant 250$	≥3 000

四、漏电保护装置的应用

1. 漏电保护装置的选用

选用漏电保护装置应首先根据保护对象的不同要求进行选型,既要保证在技术上有效,还应考虑经济上的合理性。不合理的选型不仅达不到保护目的,还会造成漏电保护装置的拒动作或误动作。正确合理地选用漏电保护装置,是实施漏电保护措施的关键。

1)动作性能参数的选择

(1)用于防止人身触电事故。用于直接接触电击防护的漏电保护装置应选用额定动作电流为30mA及其以下的高灵敏度、快速型漏电保护装置。

在浴室、游泳池、隧道等场所,漏电保护装置的额定动作电流不宜超过10mA。

在触电后,可能导致二次事故的场合,应选用额定动作电流为6mA的快速型漏电保护装置。

漏电保护装置用于间接接触电击防护时,着眼点在于通过自动切断电源,消除电气设备在发生绝缘损坏时因其外露可导电部分持续带有危险电压而产生触电的危险。例如,对于固定式的电机设备、室外架空线路等,应选用额定动作电流为30mA及其以上的漏电保护装置。

(2)用于防止火灾。对木质灰浆结构的一般住宅和规模小的建筑物,考虑其供电量小、泄漏电流小的特点,并兼顾到电击防护,可选用额定动作电流为30mA及其以下的漏电保护装置。

对除住宅以外的中等规模的建筑物,分支回路可选用额定动作电流为30mA及其以下的漏电保护装置:主干线可选用额定动作电流为200mA以下的漏电保护装置。

对钢筋混凝土类建筑,内装材料为木质时,可选用200mA以下的漏电保护装置:内装材料为不燃物时,应区别情况,可选用200mA到数安的漏电保护装置。

(3)用于防止电气设备烧毁。由于作为额定动作电流选择的上限,选择数安的电流一般不会造成电气设备的烧毁,因此,防止电气设备烧毁所考虑的主要是与防止触电事故的配合和满足电网供电可靠性问题。通常选用100mA到数安的漏电保护装置。

2)其他性能的选择

对于连接户外架空线路的电气设备,应选用冲击电压不动作型漏电保护装置。对于不允许停转的电动机,应选用漏电报警方式,而不是漏电切断方式的漏电保护装置。对于照明线路,宜根据泄漏电流的大小和分布,采用分级保护的方式。支线上用高灵敏度的漏电保护装置,干线上选用中灵敏度的漏电保护装置。

漏电保护装置的极线数应根据被保护电气设备的供电方式选择,单相220V电源供电的

电气设备应选用二极或单极二线式漏电保护装置；三相三线 380V 电源供电的电气设备应选用三极式漏电保护装置；三相四线 220/380V 电源供电的电气设备应选用四极或三极四线式漏电保护装置。

漏电保护装置的额定电压、额定电流、分断能力等性能指标应与线路条件相适应。漏电保护装置的类型应与供电线路、供电方式、系统接地类型和用电设备特征相适应。

2. 漏电保护装置的安装

1）需要安装漏电保护装置的场所有

带金属外壳的Ⅰ类设备和手持式电动工具，安装在潮湿或强腐蚀等恶劣场所的电气设备，建筑施工工地的电气施工机械设备，临时性电气设备，宾馆类客房内的插座，触电危险性较大的民用建筑物内的插座，游泳池、喷水池或浴室类场所的水中照明设备，安装在水中的供电线路和电气设备，以及医院中直接接触人体的电气医疗设备（胸腔手术室除外）等均应安装漏电保护装置。

对于公共场所的通道照明及应急照明电源，消防用电梯及确保公共场所安全的电气设备的电源，消防设备（如火灾报警装置、消防水泵、消防通道照明等）的电源，防盗报警装置的电源，以及其他不允许突然停电的场所或电气装置的电源，若在发生漏电时上述电源被立即切断，将会造成严重事故或重大经济损失。因此，在上述情况下，应装设不切断电源的漏电报警装置。

2）不需要安装漏电保护装置的设备或场所有

使用安全电压供电的电气设备，一般环境情况下使用的具有双重绝缘或加强绝缘的电气设备，使用隔离变压器供电的电气设备，在采用了不接地的局部等电位联结安全措施的场所中适用的电气设备，以及其他没有间接接触电击危险场所的电气设备。

3）漏电保护装置的安装要求

漏电保护装置的安装应符合生产厂家产品说明书的要求，应考虑供电线路、供电方式、系统接地类型和用电设备特征等因素。漏电保护装置的额定电压、额定电流、额定分断能力、极数、环境条件以及额定漏电动作电流和分断时间，在满足被保护供电线路和设备的运行要求时，还必须满足安全要求。

安装漏电保护装置之前，应检查电气线路和电气设备的泄漏电流值和绝缘电阻值。所选用漏电保护装置的额定不动作电流应不小于电气线路和设备正常泄漏电流最大值的 2 倍。当电气线路或设备的泄漏电流大于允许值时，必须更换绝缘良好的电气线路或设备。

安装漏电保护装置不得拆除或放弃原有的安全防护措施，漏电保护装置只能作为电气安全防护系统中的附加保护措施。

漏电保护装置标有电源侧和负载侧，安装时必须加以区别，按照规定接线，不得接反。如果接反，会导致电子式漏电保护装置的脱扣线圈无法随电源切断而断电，以致长时间通电而烧毁。

安装漏电保护装置时，必须严格区分中性线和保护线。使用三极四线式和四极四线式漏电保护装置时，中性线应接入漏电保护装置。经过漏电保护装置的中性线不得作为保护线、不得重复接地或连接设备外露可导电部分。

保护线不得接入漏电保护装置。

漏电保护装置安装完毕后应操作试验按钮试验 3 次，带负载分合 3 次，确认动作正常后，

才能投入使用。

3. 漏电保护装置的运行

1)漏电保护装置的运行管理

(1)对使用中的漏电保护装置应定期用试验按钮试验其可靠性。

(2)为检验漏电保护装置使用中动作特性的变化,应定期对其动作特性(包括漏电动作电流值、漏电不动作电流值及动作时间)进行试验。

(3)运行中漏电保护器跳闸后,应认真检查其动作原因,排除故障后再合闸送电。

2)漏电保护装置的误动作和拒动作分析

(1)误动作。它是指线路或设备未发生预期的触电或漏电时漏电保护装置产生的动作。误动作的原因主要来自两方面:一方面是由漏电保护装置本身的原因引起;另一方面是由来自线路的原因引起。

由漏电保护装置本身引起误动作的主要原因是质量问题。如装置在设计上存在缺陷,选用元件质量不良,装配质量差,屏蔽不良等,均会降低保护器的稳定性和平衡性,使可靠性下降,从而导致误动作。

由线路原因引起误动作的原因主要有:

①接线错误。例如,保护装置后方的零线与其他零线连接或接地,或保护装置的后方的相线与其他支路的同相相线连接,或将负载跨接在保护装置电源侧和负载侧等。

②绝缘恶化。保护器后方一相或两相对地绝缘破坏或对地绝缘不对称的降低,都将产生不平衡的泄漏电流,从而引发误动作。

③冲击过电压。冲击过电压产生较大的不平衡冲击泄漏电流,从而导致误动作。

④不同步合闸。不同步合闸时,先于其他相合闸的一相可能产生足够大的泄漏电流,从而引起误动作。

⑤大型设备启动。在漏电保护装置的零序电流互感器平衡特性差时,大型设备的大启动电流作用下,零序电流互感器一次绕组的漏磁可能引发误动作。

此外,偏离使用条件,制造安装质量低劣,抗干扰性能差等都可能引起误动作的发生。

(2)拒动作。它是指线路或设备已发生预期的触电或漏电而漏电保护装置却不产生预期的动作。拒动作较误动作少见,然而其带来的危险却不容忽视。造成拒动作的原因主要有:

①接线错误。错将保护线也接入漏电保护装置,从而导致拒动作。

②动作电流选择不当。额定动作电流选择过大或整定过大,从而造成拒动作。

③线路绝缘阻抗降低或线路太长。由于部分电击电流经绝缘阻抗再次流经零序电流互感器返回电源,从而导致拒动作。

此外,零序电流互感器二次线圈断线,脱扣元件粘连等各种各样的漏电保护装置内部故障、缺陷均可造成拒动作。

第二节　安全电压

安全电压又称安全特低电压,是属于兼有直接接触电击和间接接触电击防护的安全措施。其保护原理是:通过对系统中可能作用于人体的电压进行限制,从而使触电时流过人体的电流

受到抑制，将触电危险性控制在没有危险的范围内。

一、安全电压限值

安全电压值取决于人体允许电流和人体电阻的大小。

人体允许电流是指人体在遭受电击后可能延续的时间内不危及生命的电流。一般情况下可以把摆脱电流看作是允许电流，在摆脱电流范围内人触电后能自主摆脱带电体、解除触电危险。

人体电阻主要由体内电阻和皮肤电阻组成，受接触电压、皮肤潮湿程度等多种因素的影响。体内电阻不受外界因素的影响，比较稳定，一般不低于500Ω。皮肤电阻主要由角质层决定，皮肤电阻随条件的不同可在很大范围内变化，使得人体电阻也在很大范围内变化，角质层电阻约为1 000～1 500Ω左右。因此一般情况下，人体电阻一般约为1 500～2 000Ω，为保险起见，通常取为800～1 000Ω。

在供配电系统中，直接用通过人体的电流来检验电击危险性甚为不便，一般比较容易检验的是接触电压，IEC/TC64因此提出了接触电压—时间曲线，如图4-4所示。该曲线是由电流—时间曲线乘以一个安全系数，再通过人体阻抗值的选取，将电流值转换为电压值，便得到图4-4。图4-4中有两条曲线 L_1 和 L_2，分别代表正常和潮湿环境条件下的电压—时间关系，发生在曲线左侧区域的触电被认为是不致命的。从图上可知，不论通电时间多长，正常环境条件下的安全电压为50V，潮湿环境条件下的安全电压为25V。这两个数值是对大多数电击防护措施的效果进行评价的依据性数据。

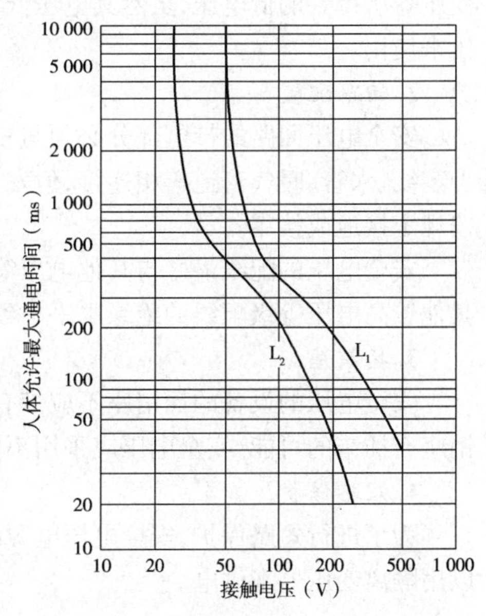

图4-4　不同接触电压下人体允许最大通电时间

L_1-正常环境条件；L_2-潮湿环境条件

我国规定工频安全电压的上限值，即在任何情况下，两导体间或导体与地之间均不得超过的工频有效值为50V。这一限值是根据人体允许电流30mA和人体电阻1 700Ω的条件定的。国际电工委员会还规定了直流安全电压的上限值为120V。

二、安全电压额定值

我国规定工频安全电压额定值的等级为42V、36V、24V、12V、6V。根据使用环境及条件的不同，可以选用不同等级的安全电压。在有触电危险的场所使用手持式电动工具可采用42V安全电压；无特殊防护的局部照明灯应采用36V或24V安全电压；金属容器内、隧道内、矿井中等因工作地点狭窄、行动不便以及周围有大面积接地体的环境，使用照明灯时应根据危险程度采用24V或12V安全电压；水下作业等特殊场所应采用6V安全电压。当电气设备采用电压超过安全电压时，必须按规定采取防止直接接触带电体的保护措施。

CCS《规范》规定，除安装在专用舱室内的电气设备外，其他电气设备的对地电压或工作电压超过50V的带电部分，均应有防止偶然触及的防护措施。

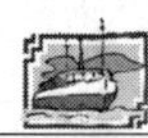

三、安全电源及回路配置

1. 安全电源

采用安全电压的用电设备必须由特定的电源供电。特定电源包括安全隔离变压器和独立电源。

安全隔离变压器原、副边线圈通常是装在同一铁芯上的两个相对独立的线圈，原、副边之间有良好的绝缘。其间还可以用接地的屏蔽隔离开来，因此即便发生高压击穿事故，也是一次线圈与铁芯形成短路，在一次线圈与二次线圈之间没有任何电的联系。

独立电源是指与安全隔离变压器具有同等隔离能力的发电机、蓄电池、电子装置等。

用普通变压器所得到的低电压、在线路中用串接电阻的方法所得到的低电压、以及用自耦变压器所得到的低电压，虽然其电压低，但都不是安全电压。我们千万不能把它们当作安全电压来使用。

2. 回路配置

安全电压回路的带电部分必须与较高电压的回路保持电气隔离，不得与大地、中性线或保护零线、水管、暖气管道等相连接，但安全隔离变压器的外壳及其原、副边之间的屏蔽隔离层应按规定接地或接零。

安全电压的配线最好与其他电压等级的配线分开敷设，否则，其绝缘水平应与共同敷设的其他较高电压等级配线的绝缘水平一致。

3. 插销座

安全电压的设备的插销座不应带有接零、接地插头或插孔。为了保证不与其他电压的插销座有插错的可能，安全电压应采用不同结构的插销座，或者在其插座上设有明显的标志。

4. 短路保护

为了进行短路保护，安全电压电源的原、副边均应装设熔断器。安全电压的特定电源，可以用隔离变压器来供电。

第三节　电气隔离

电气隔离防护的主要要求之一是被隔离的设备或电路必须由单独的电源供电。这种单独的电源可以是一个隔离变压器，也可以是一个安全等级相当于隔离变压器的电源。通常电气隔离是采用电压比为1∶1的隔离变压器，即一次侧与二次侧电压相等的隔离变压器，如图4-5所示，实现工作回路与其他电气回路上的电气隔离。

一、电气隔离的安全原理

电气隔离实质上是将接地的电网转换为一范围很小的不接地电网。图4-6是电气隔离的原理图。分析图中a，b两人的触电危险性可以看出：正常情况下，由于N线（或PEN线）直接接地，使流经a的电流沿系统的工作接地和重复接地构成回路，a的危险性很大；而流经b的电流只能沿绝缘电阻和分布电容构成回路，电击的危险性可以得到抑制。

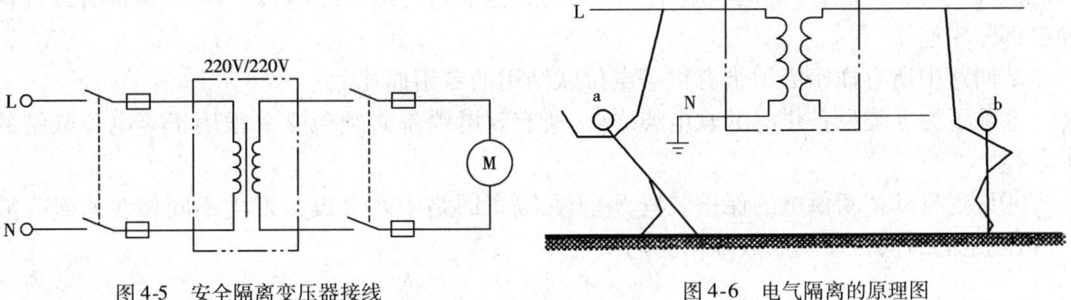

图 4-5　安全隔离变压器接线　　　　图 4-6　电气隔离的原理图

二、电气隔离的安全条件

单独的供电电源有的仅对单一设备供电，有的同时对多台设备供电。对这两种情况，从安全条件上有其通用的要求，也有各自的特殊要求。

1. 通用要求

(1)电气上隔离的回路，其电压不得超过 500V 交流有效值。

(2)电气上隔离的回路必须由隔离的电源供电。使用隔离变压器供电时，隔离变压器必须具有加强绝缘的结构，其温升和绝缘电阻要求与安全隔离变压器相同。最大容量单相变压器不得超过 25kVA、三相变压器不得超过 40kVA。

(3)被隔离回路的带电部分保持独立，严禁与其他电气回路、保护导体或大地有任何电气连接。应有防止被隔离回路发生故障接地及窜入其他电气回路的措施。

(4)软电线电缆中易受机械损伤的部分的全长均应是可见的。

(5)被隔离回路应尽量采用独立的布线系统。

(6)隔离变压器的二次侧线路电压过高或线路过长都会降低回路对地的绝缘水平。因此，必须限制二次侧电压和二次侧线路长度，按照规定，电压与长度的乘积不应超过 10^5V · m。此时，布线系统的长度不应超过 200m。

2. 特殊要求

(1)对单一电气设备隔离的补充要求。当实行电气隔离的为单一电气设备时，设备的外露可导电部分严禁与系统或装置中的保护导体或其他回路的外露可导电部分连接，以防止从隔离回路以外引入故障电压。若设备的外露可导电部分易于与其他回路的外露可导电部分形成接触，则触电防护就不应再依赖于电气隔离，而必须采取电击防护措施，例如实行以外露可导电部分接地为条件的自动切断电源的防护。

(2)对多台电气设备隔离的补充要求。

①当实行电气隔离的为多台电气设备时，必须用绝缘和不接地的等电位联结导体相互连接，如图 4-7 所示。如果没有等电位联结线(图中的虚线)，当隔离回路中两台相距较近的设备发生不同相线的碰壳故障时，这两台设备的外壳将带有不同的对地电压。当有人同时触及这两台设备时，则承受的接触电压为线电压，具有相当大

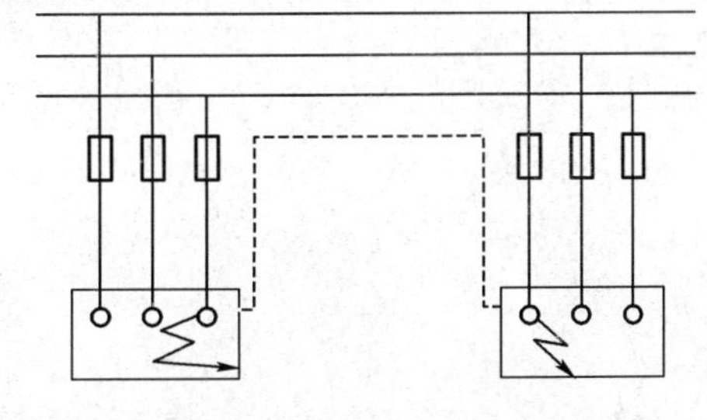

图 4-7　电气隔离的等电位联结

的危险性。还须注意,等电位联结导体严禁与其他回路的保护导体、外露可导电部分或任何可导电部分相连接。

②回路中所有插座必须带有供等电位联结用的专用插孔。

③除了为Ⅱ类设备供电的软电缆之外,所有软电缆都必须包含一根用于等电位联结的保护芯线。

④设置自动切断供电的保护装置,用于在隔离回路中两台设备发生不同相线的碰壳故障时,按规定的时间自动切断故障回路的供电。

第五章　电工安全用具与常用仪表

第一节　电工安全用具

电工安全用具是防止触电、坠落、灼伤等事故,保障工作人员安全的各种用具。它主要包括绝缘安全用具、电压和电流指示器、登高安全用具、检修工作中的临时接地线、遮拦和标示牌等。

各种电工工具在不同程度上、不同条件下都有一定的安全作用。对每一种工具都应当做到正确使用,在从事电工工作时均应采用适当的安全用具,并应妥善保管和定期检查。

一、绝缘安全用具

安全用具按电压等级可分为1 000V以上和1 000V以下两类,按用途则可分为基本安全用具和辅助安全用具。

绝缘安全用具包括绝缘杆、绝缘钳、绝缘手套、绝缘靴、绝缘垫、绝缘站台、电压指示器等。凡是绝缘强度能够安全承受设备的运行电压,且是用这种工具可以直接接触带电部分的用具,称为基本安全用具。用来进一步加强基本安全用具的可靠性和防止接触电压及跨步电压的危险的用具称为辅助安全用具。

1.绝缘杆和绝缘夹钳

绝缘杆(又称绝缘棒,如图5-1)和绝缘夹钳(如图5-2)都是基本安全用具。绝缘夹钳只用于35kV及35kV以下的电气操作。绝缘杆和绝缘夹钳都由工作部分、绝缘部分和握手部分组成。握手部分和绝缘部分用浸过绝缘漆的木材、硬塑料、胶木或玻璃钢制成,其间有护环分开。

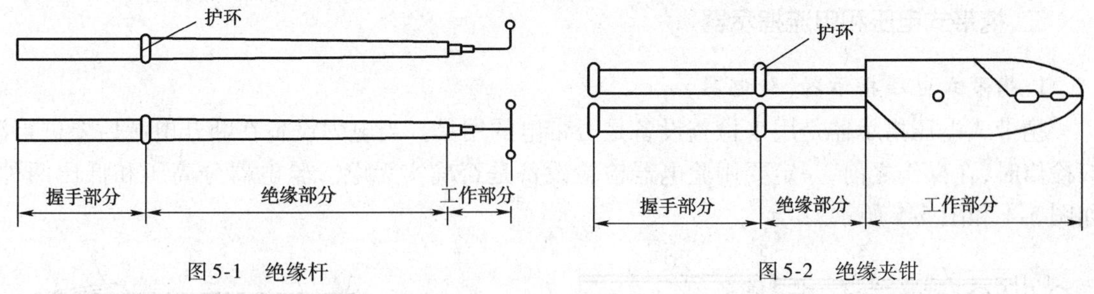

图5-1　绝缘杆　　图5-2　绝缘夹钳

配备不同工作部分的绝缘杆,可用来操作高压隔离开关、操作跌落式熔断器、安装和拆除临时接地线、安装和拆除避雷器,以及进行测量和试验等工作。绝缘夹钳主要用来拆除和安装熔断器及其他类似工作。

考虑到电力系统内部过电压的可能性,绝缘杆和绝缘夹钳的绝缘部分和握手部分的最小长度不应低于表5-1所列数值。

绝缘杆和绝缘夹钳的最小长度(m) 表5-1

电压(kV)		户内设备用		户外设备及架空线用	
		绝缘部分	握手部分	绝缘部分	握手部分
10及以下	绝缘杆	0.7	0.3	1.1	0.4
	绝缘夹钳	0.45	0.15	0.75	0.2
35及以下	绝缘杆	1.1	0.4	1.4	0.6
	绝缘夹钳	0.75	0.2	1.2	0.2

绝缘杆工作部分金属钩的长度,在满足工作需要的情况下,不宜超过5~8cm,以免操作时造成相间短路或接地短路。

2. 绝缘手套和绝缘靴

绝缘手套和绝缘靴用橡胶制成。二者都作为辅助安全用具,但绝缘手套可作为低压工作的基本安全用具,绝缘靴可作为防护跨步电压的基本安全用具。

绝缘手套的长度应至少应超过手腕10cm。

3. 绝缘垫和绝缘站台

绝缘垫和绝缘站台只作为辅助安全用具。

绝缘垫是由特殊橡胶制成的安全用具,其厚度应在5mm以上,表面有防滑槽纹。其最小尺寸不宜小于0.8×0.8m。

绝缘站台用木板或木条制成(如图5-3)。相邻板条之间的距离不得大于2.5cm,以免鞋跟陷入;站台不得有金属零件;台面板用支持绝缘子与地面绝缘,支持绝缘子高度不得小于10cm;台面板边缘不得伸出绝缘子之外,以免站台翻倾,人员摔倒。

绝缘站台最小尺寸不宜小于0.8×0.8m,但为了便于移动和检查,最大尺寸也不宜超过1.5×1.0m。

CCS《规范》要求船舶主配电板的前后均应铺有防滑和耐油的绝缘地毯或经绝缘处理的木格栅。

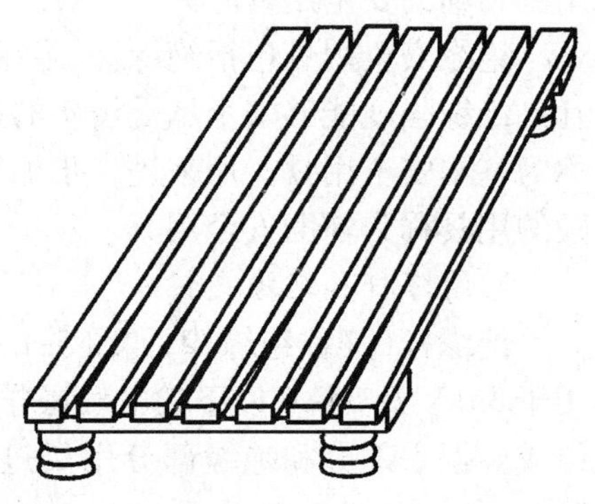

图5-3 绝缘站台

二、携带式电压和电流指示器

1. 携带式电压指示器(验电器)

携带式电压指示器是用来检查设备是否带电的用具。当电力设备在断开电源后要进行清扫检修时,在操作之前,一定要用验电器检验设备是否确实无电。验电器分高压和低压两种,如图5-4和图5-5所示。

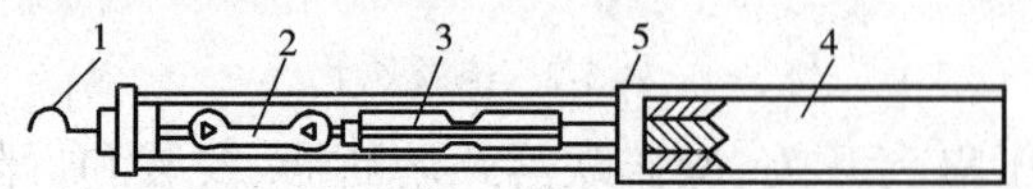

图5-4 高压验电器

1-工作触头;2-氖灯;3-碳质电阻;4-握柄;5-弹簧

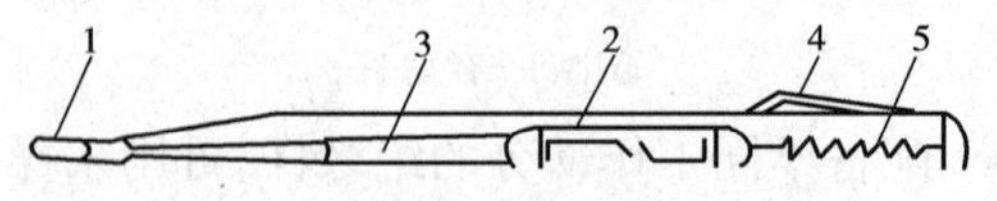

图5-5 低压验电器

1-工作触头;2-氖灯;3-碳质电阻;4-握柄;5-弹簧

一般验电器都靠氖灯发光指示有电。新型高压验电器有的带有声、光双重指示。低压验电器俗称验电笔,用来检查低压设备上是否带电。使用时,用手拿住金属笔卡,再将笔头与被

检查的设备相接触，看氖灯是否明亮，如明亮就证明被检查的设备带有一定的电压。

高压验电器不能直接接触带电体，而只能逐渐接近带电体，至灯亮（或发出其他信号）为止。验电器不应受邻近带电体的影响而使灯发亮。单极式验电器一般不应接地，如必须接地时，应注意防止由接地线引起短路事故。验电器的发光电压不应高于额定电压的25%。

使用高压验电器（1 000V 以上）应注意：

（1）只能适当地靠近带电部分，到灯亮为止，不要直接接触带电部分。

（2）在室内使用验电器时，应带绝缘手套；在室外使用，还要穿绝缘鞋。

2. 携带式电流指示器

携带式电流指示器通常称钳形电流表，有高压钳表和低压钳表之分，用来在不断开线路的情况下测量线路中的电流。低压钳形电流表如图5-6所示。该钳形电流表除可测量电流外，还可以测量电压。在使用钳形电流表时，应注意保持人体与带电体之间的足够距离。测量裸导线上的电流时，要特别注意防止由于测量引起的相间短路或接地短路。对于高压，不能用手直接拿着钳表进行测量，而必须接上相应电压等级的绝缘杆之后才能进行测量。在潮湿和雷雨天气，禁止在户外用钳形电流表进行测量。

钳形电流表的各部分连接要安全可靠，切不可使电流互感器的二次侧开路。

三、临时接地线、遮拦和标示牌

1. 接地线

临时接地线一般装设在被检修区段两端的电源线路上。装设用来防止突然来电，防止邻近高压线路所产生的感应电以及用来放尽线路或设备上可能残存的静电。

如图 5-7 所示，临时接地线主要由软导线和接线夹组成。三根短的软导线是接向三根相线用的，一根长的软导线是接向接地线用的。临时接地线的接线夹必须坚固有力，软导线应采用 $25mm^2$ 以上的软铜线，各部分连接必须牢靠。

装设临时接地线，应先接接地端，后接线路或设备一端；拆时顺序相反。正常情况下，应验明线路或设备确实无电时才可装设临时接地线。

2. 遮栏

遮栏主要用来防止工作人员无意碰到或过分接近带电体，也用作检修安全距离不够时的安全隔离装置（如图 5-8）。

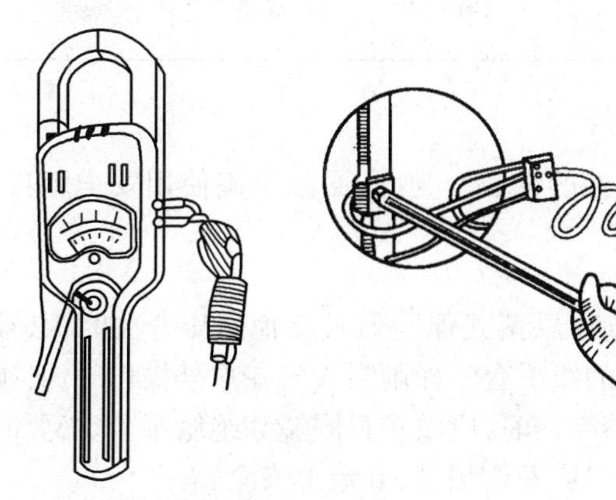

图 5-6　低压钳形电流表

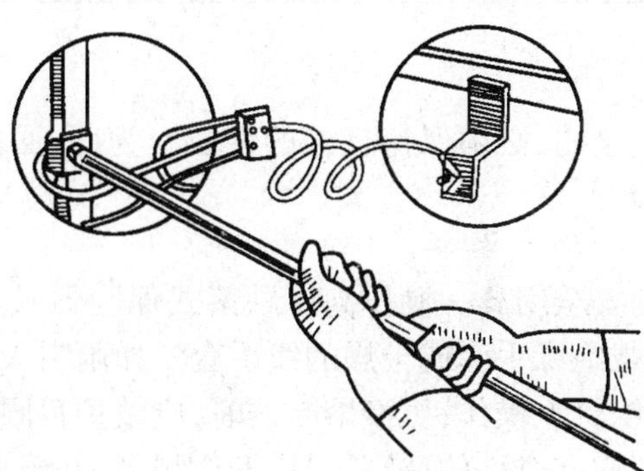

图 5-7　临时接地线

图 5-8　遮拦

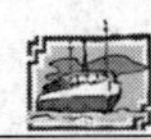

遮栏用干燥的木材或其他绝缘材料制成。在过道和入口等处可采用栅栏。遮栏必须安置牢固,不影响工作的方便。遮栏高度及其与带电体的距离应符合屏护的安全要求。

3. 标示牌

标示牌用绝缘材料制成。其作用是警告工作人员不得接近带电部分,指明工作人员准确的工作地点,提醒工作人员采取安全措施,以及禁止向某段线路送电等。

标示牌种类很多,如"止步,高压危险"、"在此工作"、"已接地"、"有人工作,禁止合闸"等。安全标示牌式样的详细资料见表5-2。

安全标示牌式样　　表5-2

序号	名称	悬挂处所	式样		
			尺寸(mm)	颜色	字样
1	禁止合闸,有人工作	一经合闸即可送电到施工设备的断路设备和隔离开关操作把手上	200×100和80×50	白底	红字
2	禁止合闸,线路有人工作!	线路断路设备和隔离开关把手上	200×100和80×50	红底	白字
3	在此工作!	室内和室外工作地点或施工设备上	250×250	绿底中有直径210mm白圆圈	黑字,写于白圆圈中
4	止步,高压危险!	施工地点临近带电设备的遮栏上;外工作地点的围栏上;禁止通行的过道上;高压试验地点;室外架构上;工作地点临近带电设备的横梁上	250×200	白底　红边	黑字,有红色危险标志
5	从此上下!	工作人员上、下的铁架、梯子上	250×250	绿色中有直径210mm白圆圈	黑字,写于白圆圈中
6	禁止攀登,高压危险!	工作人员上下铁架临近可能上下的另外铁架上;运行中变压器的梯子上	250×200	白底　红边	黑字
7	已接地!	悬挂在已接地线的隔离开关操作把手上	240×130	绿底	黑字

四、安全用具的使用和试验

安全用具是直接保护人身安全的,必须保持良好的性能。为此,必须正确使用安全用具,并进行经常和定期的检查和试验。

1. 安全用具的使用

应根据工作条件选用适当的安全用具。操作高压跌落式保险器及其他高压开关时,必须使用相应电压等级的绝缘杆,并戴绝缘手套或干燥的线手套。如雨雪天气在户外操作时,必须戴绝缘手套、穿绝缘靴或站在绝缘台上操作;更换熔断器时,应戴护目眼镜和绝缘手套,必要时还需使用绝缘夹钳;空中作业时,应有合格的登高用具、安全腰带,并戴上安全帽。

每次使用安全用具前,必须认真检查。检查安全用具的表面有无损坏;检查绝缘手套、绝

缘靴有无裂缝、啮痕；检查绝缘垫有无破洞；检查安全用具的瓷元件有无裂纹等。使用前，应将安全用具擦拭干净。验电器每次使用前都要检验其是否良好，以免测试时给出错误的指示。

安全用具每次使用完毕，应擦拭干净。安全用具不能任意做他用，也不能用其他工具代替安全用具。例如，不能用医疗或化学手套代替绝缘手套，不能用普通防雨胶靴代替绝缘靴，也不能用绝缘手套和绝缘靴作其他用途，不能用短路法代替临时接地线，不能用不合格的普通绳、带代替安全腰带等。

安全用具应妥善保管，应防止受潮、脏污和损坏。绝缘杆应放在木架上，不要靠墙或放在地上。绝缘手套、绝缘靴、绝缘鞋应放在箱、柜内，不应放在过冷、过热、阳光曝晒和有酸、碱、油的地方，以防胶质老化，也不应与其他硬、刺、脏物混放在一起或压以重物。验电器应放在盒内，并置于干燥的地方。

2. 安全用具试验

防止触电的安全用具的试验包括耐压试验和泄漏电流试验。除几种辅助安全用具要求做两种试验外，一般只要求做耐压试验。使用中的安全用具的试验内容、标准、周期可参考表5-3安全用具试验标准。对于新的安全用具，要求应严格一些。例如，新的高压绝缘手套的试验电压为12kV（泄漏电流为12mA），新的绝缘靴的试验电压为20kV（泄漏电流为10mA）。

安全用具试验标准　　表5-3

序号	名称	电压等级（kV）	周期	交流耐压（kV）	时间（min）	漏泄电流（mA）	附注
1	绝缘杆	6～10	一年	44	5		
		35～110		四倍相电压			
		220		三倍相电压			
2	绝缘挡板	6～10	一年	30	5		
		35		80			
3	绝缘罩	35	一年	80			
4	绝缘夹钳	35及一下	一年	三倍线电压	5		
		110		260			
		220		400			
5	验电器	6～10	六个月	40	5		声光验电器的报警及发光电压为额定电压的15%～40%
		35		105			
		110		220			
		220		440			
6	绝缘手套	高压	六个月	8	1	≤9	新品按12kV
		低压		2.5		≤2.5	
7	橡胶绝缘	高压	六个月	15	1	≤7.5	新品按20kV2min
8	核相器	6	六个月	6	1	1.7～2.4	
	电阻器	10		10		1.4～1.7	
9	绝缘绳	高压	六个月	105/0.5m	5		

第二节 常用电工仪表

电工仪表是用来测量电流、电压、功率、相位、频率、电阻、电容及电感等电量的仪表，经过变换器的转换，它还可以用来间接测量各种非电量，如温度、压力、速度等。通过电工仪表对各种电量的测量可以来了解电气设备的状态和运行情况，所以电气设备管理人员必须了解电工仪表的基本知识，掌握电工仪表的使用和测量的方法。

一、万用表

万用表是一种多用途、携带方便的常用电工仪表，通常用来直接测量直流电流、直流电压、交流电压及电阻等电量，还可以初步测量晶体管、电容等元件的好坏，有的还可以测量交流电流、电容量、电感量等，在电气维修和测试中被广泛使用。目前常用的有模拟表和数字表两种。本书主要介绍磁电系模拟万用表。此种万用表型号甚多，功能有些差别，但基本功能是一样的。

1. 模拟万用表

1）主要结构

模拟万用表主要由表头、转换开关和测量电路三部分组成。满刻度时，流过表头的电流约为几微安至几百微安。

（1）表头。由高灵敏度磁电系电流表和刻度盘组成。

磁电系电流表由永久磁铁、线圈、游丝、表针等组成，满偏电流一般在 40 ~ 100mA 之间，游丝起引导电流和反力弹簧作用，当有电流经游丝流进线圈时，在磁场的作用下，线圈产生转矩，克服游丝的阻力，带动表针转动。当电磁力矩与弹簧的反作用力平衡时，表针停止转动，如图 5-9。表针的偏转角度与流经表头电流的平均值成正比。测量电路把被测量按比例变换成电流流经表头使表针旋转，这样就可以根据表针偏转角度的大小，测出被测量的大小。

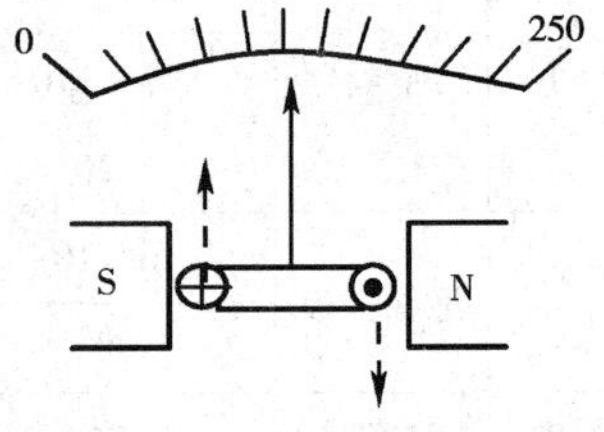

图 5-9 线圈受力示意图

图 5-10 MF-30 型万用表

1-指针；2-机械零位调整器；3-欧姆调零电位器；4-选择开关；5-正插孔；6-负插孔

图 5-10 所示为 MF-30 型万用表，刻度盘上有对应于不同测量对象的 4 条标尺（有的型号条数更多，MF—47 型有 6 条）。最上面的一条右边标有“Ω”，表示电阻的标尺。第二条的右边标有“V · mA”，表示测量交流电压、直流电压和直流电流时读此标尺。第三条的右边标有“10V ~”，表示只有测量交流 10V 以下的电压时读这条标尺。第四条右边标有“dB”，测量放大器的增益或线路的损耗时读此标尺。

（2）转换开关。转换开关的所有位置都刻在它周围的表盘上，按测量的对象把转换开关的位置分为欧姆区、直流电压区、交流电压区、直流电流 mA 和 μA 等 5 个部分，并且每个位置上都标明了量程和最大量程。测量时一定要确认转换开关所处的位置与被测量一致，否则就可能造成仪表损坏。

值得指出的是，欧姆挡是用“×1”、“×10”、“×100”、“×1K”、“×10K”等标出来的，称作倍率。测量时，电阻的实际值等于指针的指示值乘以开关所指的倍率，单位是“Ω”。

MF—30 型万用表可测量电压的最大量程是 500V，直流电流的最大量程是 500mA，面板上只有两个接测试表笔的插孔，一个为“+”、一个为“-”。测量时，红表笔插“+”；黑表笔插“-”，无论转换开关置于什么位置、测量什么电量都一样。但是有些表可以测量高电压和大电流，如 MF—47 型可以测量最高电压为 2 500V，最大直流电流为 5A。它的面板上有四个插孔，分别标有“+”、“com”、“2 500V”、“5A”。测量时，黑表笔插“com”，红表笔插哪个孔则要根据被测量来定。测量电阻、小于 500mA 的电流和低于 1 000V 的电压时，红表笔插“+”；电流大于 500mA 时，红表笔插“5A”；电压高于 1 000V 时，红表笔插“2 500V”。

(3)测量电路。由前面的讨论可知各种仪表的测量机构所通过的电流是一定的，而磁电式测量机构只能通过微安级的电流，所以要测量各种不同的电量和不同量程就需要有不同的转换电路。

①测直流电流。万用表测直流电流的等效电路如图 5-11 所示，通过转换开关改变分流电阻的阻值来实现不同量程的转换。万用表电流挡内阻很小，如误将电流挡接到电压上会把表烧坏。

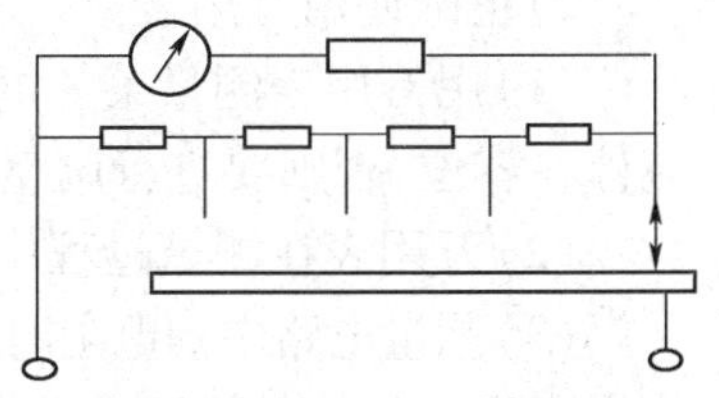

图 5-11　万用表测直流电流原理图

②测直流电压。万用表测直流电压的等效电路如图 5-12 所示，通过转换开关改变分压电阻的阻值来实现不同量程的转换。从而实现较低的电压挡表针也能有较大的偏转角。以减小相对误差。

③测交流电压。万用表测交流电压的等效电路如图 5-13 所示，通过转换开关改变分压电阻的阻值，通过 D_1 半波整流将交流变成直流。

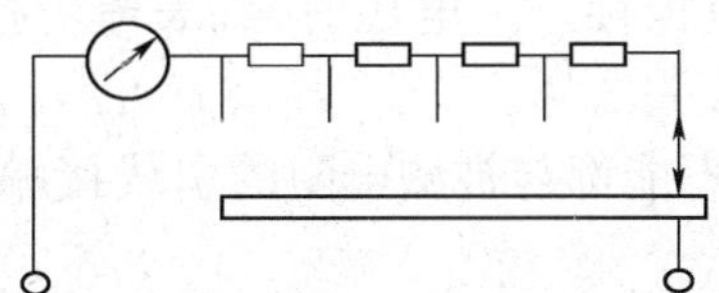

图 5-12　万用表测直流电压原理图

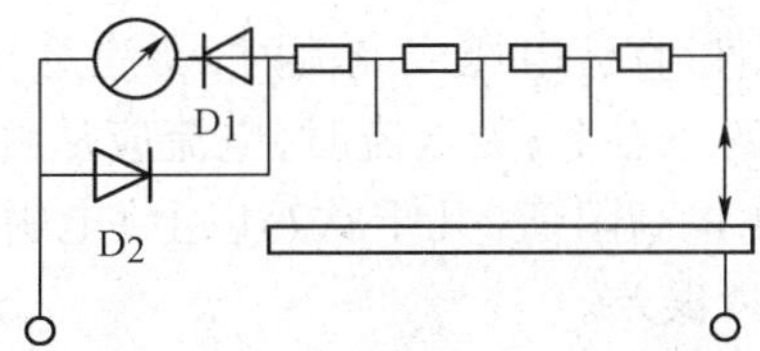

图 5-13　万用表测交流电压原理图

这样就达到了用磁电系表头测交流电压的目的。D_2 的作用是为了防止 D_1 的反向漏电流造成表针的颤抖。由于大多数万用表都采用半波整流来测交流电压(只有半波起作用)，为了使交流电压挡和直流电压挡共用同一标尺，通常是采用减小串联电阻的办法实现这一目的。

④测直流电阻。万用表测直流电阻的简化电路如图 5-14 所示，它的等效电路如图 5-15 所示，它是通过测量电路和内部附带的电池与外部被测电阻形成回路，使电流流过表头，显然在 ab 两端开路时，相当于电阻∞，电路电流为零，表针将指在欧姆挡标尺∞位，当 ab 两端短路时，忽略导线电阻，认为电阻为零，通过调整 R_0 的阻值，使表针指在欧姆挡标尺 0 位，当电路中接有被测电阻 R_x 时，电流的大小就与被测电阻阻值有关。被测电阻阻值越大回路电流越小，表针偏转角越小。所以电阻挡标尺读数是反时针增大的。通过转换开关改变等效内阻的阻值实现不同倍率的转换。电阻不同倍率挡其内阻是不同的，表针在刻度盘中间位置时的读数乘

以该挡的倍率，是该挡的等效内阻，称为该挡的欧姆中心值。图中 R_x 为被测电阻，R_W 为调零电位器，从图 5-14 可以看出“+”插孔（红表笔）连的是电池的负极，而“-”插孔（黑表笔）通过内部电路连的是电池的正极。

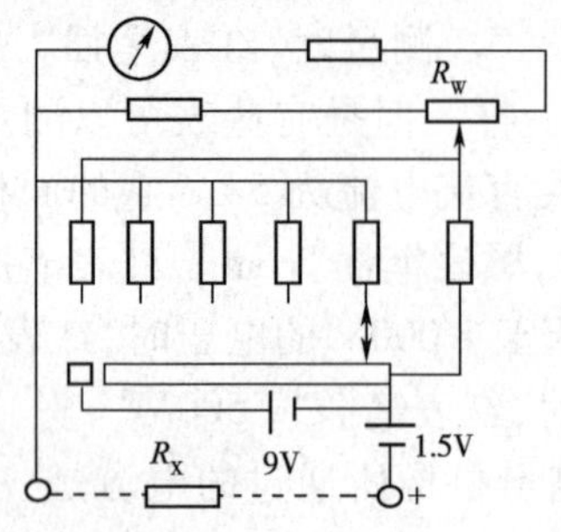

图 5-14　万用表测直流电阻原理图

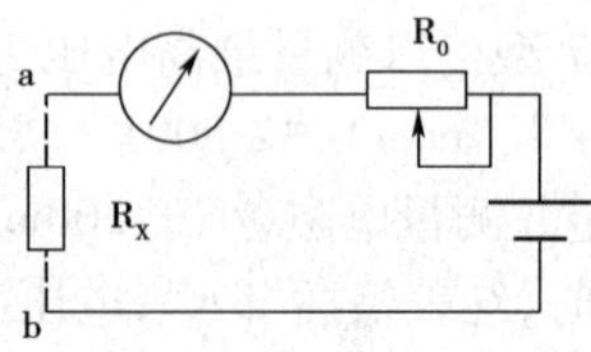

图 5-15　万用表测电阻等效电路

2）正确使用万用表

（1）用万用表测量某一电量时，转换开关的位置和表笔所在的插孔与被测量要相符，表针应停在零位，否则要进行调整。

（2）万用表在测试过程中，不得随意改变转换开关的位置。

（3）测量电路中的电阻时，被测电阻至少有一端与电路完全断开，并将电路中的电源断开。如果电路中有电容存在，应先将电容器放电后再测量，切勿在电路带电的情况下测量电阻。

（4）测量电阻时，要先电调零，并且每改变一次倍率，都必须重新调零。

（5）测量电压或电流时，如果具体数值大小不明，应将转换开关置于最大量程上，然后再根据实际测量值把转换开关逐渐调到合适的量程上。

（6）测量 2 500V 的交流电压或直流电压时，红表笔要插在“2 500V”的插孔上，并要注意安全。

（7）测量直流电压或电流时，要注意仪表的正、负极性。测电压时，红表笔应接在电路中电位较高的一点上；测电流时，电流应从红表笔流入表头。

（8）测量高阻值（几千欧姆以上）电阻时，两只手不能都与被测电阻的引线接触，以免带来较大的测量误差。

（9）万用表只适宜测量正弦电压或电流的有效值，而不能测量非正弦量。

（10）万用表使用完后，应将选择开关放在交流电压最大量程上，或置于“OFF”上，以保证仪表安全。

万用表的结构比较复杂，它的类型较多，表的面板上的旋钮、开关等布局也有差异，因此在使用前必须仔细了解各部件的作用，详细阅读使用说明书。

2. 数字万用表简介

数字万用表功能多、测量精度高，但读数显示缓慢不稳定。数字万用表由液晶显示器及相关电路、测量电路、模数（A/D）转换电路、转换开关等组成。除具有指针式万用表的基本功能外，还可测量温度、频率、电容量等。

二、兆欧表

兆欧表主要用来测量和检测电机、电气设备、输电线和电缆的绝缘电阻。它是电气管理人员必备的主要测量仪表之一。兆欧表具有使用简便、携带方便,测量时不需要其他辅助设备、不需要外接电源即可直接读出测量结果等优点,所以兆欧表被广泛使用。

1. 兆欧表的结构

图5-16是兆欧表的结构示意图。兆欧表常采用比率表结构,比率表不同于一般的指示仪表,其特点主要在于它不是用游丝来产生反作用力矩,而是和转动力矩一样,由电磁力来产生。兆欧表所测的绝缘电阻值以兆欧(MΩ)为单位,这就需要一个携带方便而电压又很高的电源,同时希望电压的波动不影响测量结果。为此,兆欧表的主要组成部分是一台手摇发电机和磁电系比率表。直流发电机(或交流发电机与整流电路配合的装置)的容量很小,而电压都很高,它是兆欧表的电源。兆欧表的分类就是以发电机所能发出的最高电压来决定的。电压越高,兆欧表所能测得的绝缘电阻值也就越高。

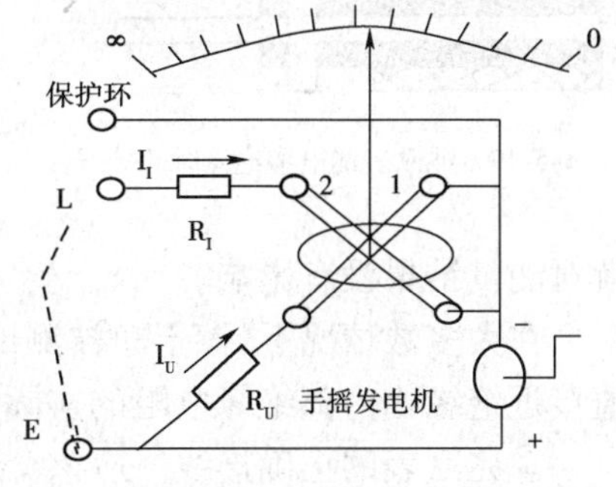

图5-16　兆欧表结构示意图

2. 兆欧表的正确使用

能够正确使用兆欧表是很重要的,如果接线和操作不当,都将影响测量结果,甚至危及人身安全。下面介绍如何正确使用兆欧表及使用中的注意事项。

(1)兆欧表的选择。

①兆欧表的测量范围选择。测量范围的选择要适当,被测绝缘电阻的阻值与所选兆欧表的测量范围不要相差太大,尽量避免读数时使用到表盘下限或上限刻度密集处。这是因为这些位置会使读数产生较大的误差。常温(20℃)时,测定低压电气设备的绝缘电阻一般可选用0~200MΩ的兆欧表;测定高压电气设备或电缆可选用0~2 000MΩ的兆欧表;测定特高压电气设备、电缆或瓷套管等,可用0~4 000MΩ或0~10 000MΩ的兆欧表。

实验室常用的兆欧表型号为ZC25-3型,电压为500V。

②兆欧表电压范围的选择。因为兆欧表在使用时,实际加在绝缘电阻的电压低于手摇发电机发出的电压,所以在选用兆欧表的电压范围时,一般应使兆欧表的电压高于被测物的额定电压,并兼顾到不损坏被测物,这样才能测试出被测物是否能在额定电压下达到必要的绝缘电阻值。

通常,当测量额定电压500V以上的设备、电机绕组及电力变压器的绕组时应选用1 000~2 500V的表;额定电压在500V以下的设备,一般选用500V或1 000V的表;而低压电气设备的绝缘电阻,只能选用100~200V的兆欧表。对于有规程规定的应以规程为准。

(2)兆欧表的接线。

①接线柱的确认。一般兆欧表上有三个接线柱。"线"接线柱L,在测量时,它与被测试物和大地绝缘的导体部分相接;"地"接线柱E,在测量时,它与被测试物的外壳或其他导体部分相接;"保护"接线柱G,在测量时,它与被测试物上保护环或其他不需测量部分相接。一般测量时只用L和E两个接线柱,G接线柱只在被测试物表面漏电很严重的情况下才使用。

②保护接线柱的使用。当兆欧表测量较大的绝缘电阻、额定电压又较高时,会产生漏电流,这种漏电流将引起较大的测量误差,为了消除漏电流引起的误差,就需加保护环。在使用

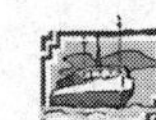

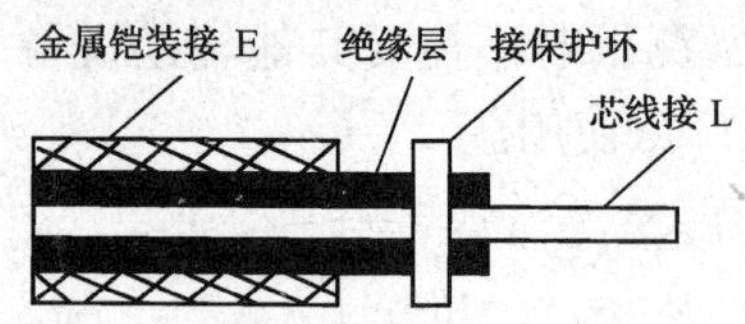

图 5-17　兆欧表测电缆绝缘时的接线

兆欧表测绝缘电阻时，若被测试物表面的影响很显著而又不易除去时，必须加入保护环。例如，在测金属铠装电缆芯线与金属铠装之间的绝缘电阻时，如果绝缘层表面不干净，会有一个表面漏电流流过，影响测量结果，如果用一个金属环将其包围，再用一导线接到保护环上，如图 5-17 所示，使表面漏电流经保护环直接流回发电机的负极，这样就对测量结果没有影响。

在大多数情况下，擦干净被测试物的表面，就能够把表面的不良情况排除，使得测出的数值接近绝缘物内部绝缘电阻的实际值。

③兆欧表的正确连线。应该分别将 L 接线柱及 E 接线柱用单极导线与被测试物相连，特别要注意的是，L 端所用连接线要对大地绝缘良好，因为这一条线的绝缘电阻是相当于和被测试物的绝缘电阻相并联。如果用双绞线一股接 E 线，一股接 L 线，测量结果是不准确的。

(3)使用注意事项。

①使用前应先检查一下所选用的兆欧表工作是否正常，当 L 与 E 接线柱之间不接任何被测试物(即处于开路状态时)，以 120r/min 的转速顺时针方向摇动手柄，观察兆欧表是否指向∞；再将 L 与 E 接线柱短路，慢慢转动手柄，观察兆欧表是否指零，如果满足上述两个条件，说明兆欧表工作正常。

②若被测试物连有电源，在测试前必须将电源切断，否则，不但影响测量结果，对测试人员及仪表都是很危险的。若被测试电气设备上的电源在测试前刚刚断开，特别是电容器、大容量的变压器与发电机等设备，由于所需放电时间较长，一般要 2～3min。

③使用兆欧表时，应远离磁场，水平方向放置在平稳、坚硬的场地上，尽量避免由于测量机构存在少许不平稳，而造成的不平衡误差和由于测量机构的倾斜引起的倾斜误差。

④虽然兆欧表的读数一般不受转速变化的影响，但转速与规定转速相差太大也会对兆欧表有损害或产生测量误差。一般要求转速不超过 ±20%(规定转速为 120r/min)偏差。摇动时，还应避免先快后慢，因为摇动时电机输出电压高，使被测试物绝缘介质上充上高电压，当转速慢下来时，兆欧表中的电压过低，使绝缘介质上的电荷倒流，造成读数误差。

⑤在测定较高电阻时，保护环应接于被测试物两端最内层的绝缘层，以消除因漏电而引起的读数误差。

⑥在测量较大容量的电容器、发电机、电缆线路和变压器等设备的绝缘电阻之后，由于它自身存在的电容被兆欧表的高压充电，测试完毕后还带有高压，可能会造成人身被短时电击。所以测完后应先将被测试物进行短接放电，也就是将测量时所用的地线从兆欧表 E 笔取下与被测物接触一下即可。

⑦当使用兆欧表测试时，兆欧表的 L 与 E 接线柱之间有很高的直流电位差，绝对不能用手去碰兆欧表的端子或被测试物，以免被击伤。当测试结束后，发电机转子还没有完全停止转动，设备还没有完全放电之前，也应注意不要马上用手去拆除连线，避免发生触电事故。

⑧测量电气设备绝缘电阻时，应根据设备额定电压的大小选用不同等级的兆欧表。

⑨仪表的接线柱与被测试物设备间连接的导线，不能用双股绝缘线和绞线，应用单股线单独连接，以免绞线绝缘不良而引起误差。

⑩在测量电缆的缆芯对外壳的绝缘电阻时，除将缆芯和外壳分别接于“线路 L”和“接地 E”外，还要将电缆壳，芯之间的内层绝缘物接“保护环 G”，以消除因表面漏电引起的误差。

⑪禁止在雷电时或邻近设备带有高电压时用兆欧表进行测量工作。

⑫测量应尽可能在设备刚刚停止运转时进行，这样，由于测量时的温度条件接近运转时的实际温度，使测量结果符合运转时的实际情况。

三、钳形电流表

1. 穿心式电流互感器

当电流互感器的次级线圈匝数不变时，随着被测电流的增大，电流互感器初级线圈的匝数相应地减少，当初级线圈的匝数减少到一定程度时，便可以不用初级线圈，直接将通过大电流的导线和互感器的铁芯相绞连。例如，HL-25 型电流互感器，当初级电流 I_1 为 100A 时，可用软电线从互感器孔中穿 6 次，当 $I_1=150$A 时，穿过 4 次。以此类推，当 $I_1=600$A 时，只穿过 1 次即可，这种形式的互感器称为穿心式互感器。

2. 钳形电流表

根据上述单匝穿心式电流互感器的原理，即可制成钳形电流表。

通常，在用电流表测量电路的电流时，需切断电路，才能将电流表或电流互感器的次级线圈串接到被测电路中去，而用钳形电流表进行测量时，则可在不切断电路的情况下去测量电流。

钳形电流表是由电流互感器和电流表组成的，其结构如图 5-18 所示。电流互感器的铁芯在捏紧扳手时就可以张开，如图中虚线所示，可不必切断被测电流通过的导线就可以穿过铁芯的缺口，然后放松扳手，铁芯闭合。这样，通过电流的导线相当于电流互感器的初级线圈，次级线圈中便出现感应电流，和次级线圈相连的电流表的指针便发生偏转，从而指示出被测电流的数值。钳形电流表使用方便，但准确度不高，一般为 2.5 级或 5.0 级，通常只用在不便于拆线或不能切断电路的情况下，以便了解设备或电路的运行情况。如通常使用钳形电流表测量三相异步电动机的起动电流及运行电流。

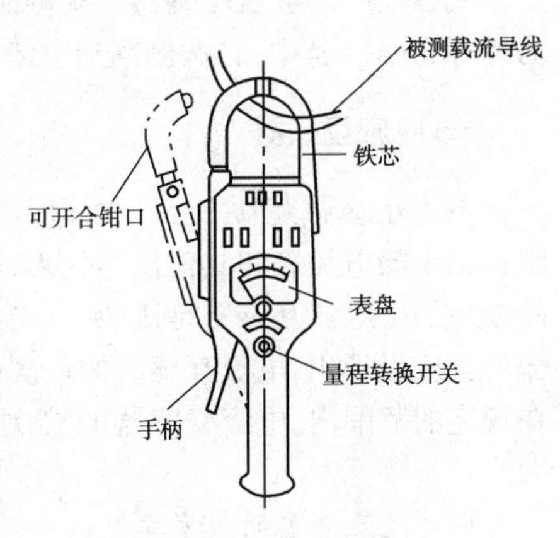

图 5-18　钳形电流表

3. 钳形电流表的使用方法及注意事项

实验室常用的 MG26 型袖珍钳形交流电压表电流表，是一种可携带直读式整流系多量程仪表。该表用来测量工作频率为 50Hz，电压不超 600V 的交流电路中的电流及电压。使用时应注意：

(1)使用前应擦去仪表钳口上的油污，以使钳口紧密结合，如有杂音可重新开合一次。

(2)零位调整：使用前注意指针是否指在零位上，如不指在零位，可调整表盖上的机械零位调整器，使其恢复至零位上。

(3)测量前应先将旋钮放在最大量程档上，测量时根据被测量值的大小，再变换合适的量程。

(4)测量电流:将转换开关调至需要测量的一档(如果量限是未知的,应将开关放于最高量程),用手扳开钳口,放置被测导线。为了减少误差,被测导线应放置在钳形口的中央,导磁铁芯闭合后,即可在标度尺上测出读数。

(5)测量5A以下电流时,为了得到较为准确的测量值,在条件许可的情况下,可把导线多绕几圈放进钳口进行测量,但实际电流值应为读数除以放进钳口内导线的圈数。

(6)切忌在测量电流过程中转换量程档。

(7)测量电压:将转换开关调至电压量程上,再将测电笔插入右边插座孔内,然后将测电笔跨接于电路中,即可在红色标度尺上测出读数。

(8)测量完毕,一定要将量程分档旋钮放在最大量程的位置上,以免再次使用时,由于疏忽未选择量程而损坏仪表。

第三节　仪用互感器

互感器的原理与变压器相似,其功能是把线路上的高电压变换成低电压,把线路上的大电流变换成小电流,以便于各种测量仪表和继电保护装置使用。变换电压的叫电压互感器;变换电流的叫电流互感器。有了互感器,不但大大简化了仪表和继电器的结构,有利于仪表和继电器产品的标准化,而且能使工作人员远离高压部分,免受高压威胁。

我国生产的电压互感器二次侧额定电压为100V;我国生产的电流互感器二次侧额定电流为5A和1A。其中,二次侧额定电流为5A的电流互感器最为常用。

一、电流互感器

电流互感器类似一台一次线圈匝数少、二次线圈匝数多的变压器。由于二次侧串联的是阻抗很小的电流表和其他仪器仪表的电流线圈,运行中的电流互感器又类似工作在短路状态的变压器。电流互感器是按照一、二次侧电流与一、二次线圈匝数成反比的规律检测一次侧电流的。应当指出,电流互感器的一次侧电流决定于一次侧负荷的大小,而与二次侧负荷无关。在规定的范围内,电流互感器的二次侧电流也与二次侧负荷无关,而只决定于一次侧电流的大小。

1. 电流互感器的技术参数

(1)电流互感器的额定电流,包括一次线圈额定电流与二次线圈额定电流。一次线圈额定电流指电流互感器一次线圈可以接用的线路的额定电流。二次线圈额定电流指一次线圈通过额定电流时在二次线圈中感应产生的电流。

(2)电流互感器的变流比,指一次侧线圈额定电流与二次侧额定电流之比。

(3)电流互感器的容量,指电流互感器二次侧允许接入的视在功率。二次侧串接的负载越多,视在功率也就越大。因此,尽管二次侧电流不决定于二次侧负荷的大小,电流互感器的二次侧负荷也不能无限增加,否则,电流互感器会有烧毁的可能。电流互感器的容量常用二次侧阻抗表示。

2. 电流互感器的接线和安装

电流互感器最常用的接线方式是Y形接线和V形接线(如图5-19)。Y形接线主要用于

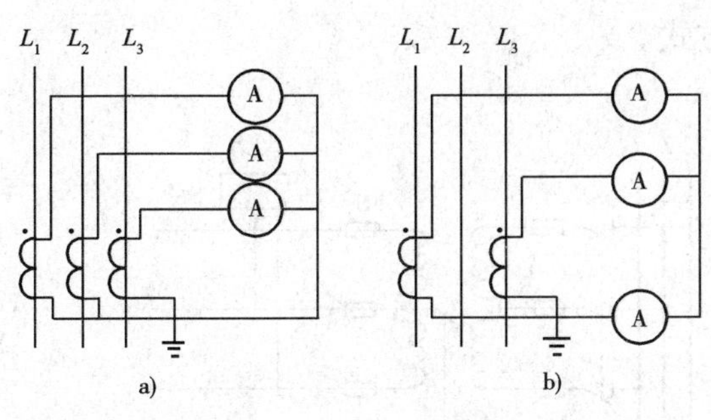

图 5-19　电流互感器的接线

a) Y 形接线；b) V 形接线

对称和不对称三相电路（包括三相四线线路）电流的测量和继电保护；V 形接线主要用于对称和不对称的三相三线电路电流的测量及继电保护。

电流互感器的安装接线应注意以下问题：

(1) 二次回路接线应采用截面积不小于 2.5mm^2 的绝缘铜线，排列应当整齐，连接必须良好，盘、柜内的二次回路接线不应有接头。

(2) 为了减轻电流互感器一次线圈对外壳和二次回路漏电的危险，其外壳和二次回路的一点应良好接地。

(3) 对于接在线路中的没有使用的电流互感器，应将其二次线圈短路并接地。

(4) 为避免电流互感器二次回路开路的危险，二次回路中不得装设熔断器。

(5) 电流互感器二次回路中的总阻抗不得超过其额定值。

(6) 电流互感器的极性和相序必须正确。

3. 电流互感器安全运行要点

运行中的电流互感器二次回路绝不允许开路，否则可能发生危险。

(1) 由于没有二次侧电流的平衡作用，铁芯磁通大大增加，而感应电动势与磁通成正比，导致二次侧电压大大升高（数百伏至数千伏），既带来电击的危险，又可能击穿二次侧线路或二次侧元件的绝缘。此时，铁芯将发出嗡嗡声；如击穿绝缘，还将发出放电声和电火花。

(2) 由于铁芯磁通大大增加，造成铁芯发热，可能烧毁互感器，并发出焦煳味、冒烟。

电流互感器不得长时间过负载运行。否则，铁芯温度太高将导致误差增大，绝缘加速老化，甚至烧毁。电流互感器只允许在 1.1 倍额定电流下长时间运行。

二、电压互感器

电压互感器与变压器的工作原理完全相同。但是，电压互感器二次侧并联连接的是阻抗很大的电压表和其他仪器仪表的电压线圈，运行中的电压互感器类似于工作在开路状态的变压器。在规定的范围内，电压互感器的二次侧电压与二次侧负荷无关，而只决定于一次侧电压。

1. 电压互感器的技术参数

(1) 电压互感器的额定电压和变压比。额定电压指电压互感器一次线圈的额定电压（线电压），变压比指一次线圈额定电压与二次侧额定电压（100V）之比。

(2) 电压互感器的额定容量。指在功率因数 0.8 的条件下，电压互感器二次侧允许接入的视在功率。电压互感器二次侧并联的负载越多，视在功率也就越大。因此，尽管二次侧电压与二次侧负荷的关系不大，电压互感器的二次侧负荷也不能无限增加，否则，电压互感器有烧毁的可能。

2. 电压互感器的接线和安装

电压互感器常用的接线方式是 Yo/Yo/开口 Δ 接线和 V/V 接线（如图 5-20 所示）。Yo/

Yo/开口 Δ 接线是 10kV 系统中广泛应用的接线方式。

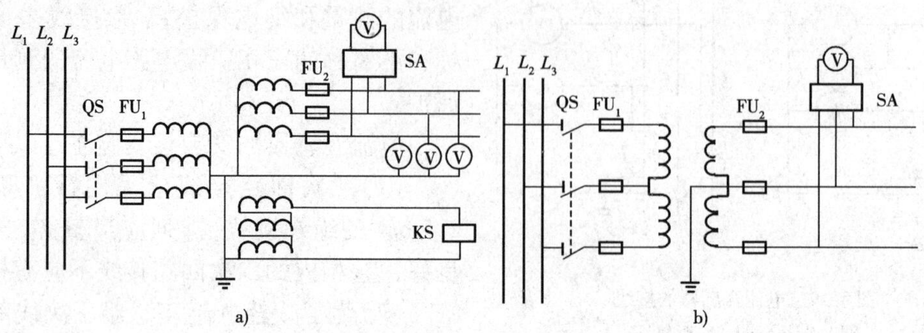

图 5-20　电压互感器接线

a) Yo/Yo/开口 Δ 接线；b) V/V 接线

这种接线方式除可用于线电压、相电压的测量和一般继电保护之外，接在 Yo 形接线的二次绕组上的电压表可用作系统的绝缘监视；接在开口 Δ 接线的二次绕组上的电压继电器可发出接地报警信号。采用 Yo/Yo/开口 Δ 接线时，除电压互感器二次绕组的一点必须接地外，其一次绕组的中性点也必须接地。V/V 接线可用于测量线电压和连接功率表、电度表及电压继电器。这种接线方式的优点是简单、经济、一次侧没有接地点；不足之处是不能测量对地电压，不能起绝缘监视和接地保护的作用。

电压互感器的安装接线应注意以下问题：

(1) 二次回路接线应采用截面积不小于 $1.5mm^2$ 的绝缘铜线，排列应当整齐，连接必须良好，盘、柜内的二次回路接线不应有接头。

(2) 与电流互感器相同，电压互感器的外壳和二次回路的一点也应良好接地。用于绝缘监视的电压互感器的一次绕组中性点也必须接地。

(3) 为防止电压互感器一、二次回路短路的危险，一、二次回路都应装有熔断器。接成开口三角形的二次回路即使发生短路，也只流过微小的不平衡电流和三次谐波电流，故不装设熔断器。

(4) 电压互感器二次回路中的工作阻抗不得太小，以避免超负载运行。

(5) 电压互感器的极性和相序必须正确。

3. 电压互感器安全运行要点

熔断器是电压互感器唯一的保护装置，必须正确选用和维护。一次侧熔断器的保护范围是互感器的一次线路和互感器本身，并可作为二次侧短路故障状态下的穿越性保护；二次侧熔断器的保护范围是互感器的二次线路。

运行中的电压互感器发生下列故障时应予停电：瓷套管破裂或闪络放电；高压线圈击穿，有放电声、冒烟，发出臭味；连接点打火；严重漏油；外壳温度超过允许温度且继续上升；高压熔丝连续两次熔断。

第六章　防雷技术

雷击是一种自然现象。它不仅能击毙人畜、劈断树木、破坏建筑物及各种工农业设施，还能产生极高的过电压和极大的电流，破坏电气设备及电力线路，造成大规模停电，甚至引起火灾和爆炸。历年来，由雷击引起的火灾和爆炸事故很多，因此，防雷也是一项很重要的安全措施，应给予足够的重视。

第一节　雷电的产生、种类及危害

一、雷电的产生

雷电是一种大气中的放电现象，雷云是构成雷电的基本条件。雷云在形成过程中，某些云积聚起正电荷，另一些云积聚起负电荷。

云是由地面蒸发的水蒸气形成的。水蒸气上升过程中，遇到上部冷空气而凝成小水滴，进而聚集形成云；此外，水平移动的冷气团或热气团，在其前锋交界面上也会形成积云。云中水滴受强气流吹袭时，分裂成较小的水滴和较大的水滴，分别带负电和正电。较小的水滴被气流带走，形成带负电的雷云。较大的水滴留在后方形成带正电的雷云。也有人根据冰晶组成的云带正电荷而水滴组成的云带负电荷的发现，认为水滴结冰过程中发生电荷的转移，冰晶带正电，水带负电，遇强烈气流把水带走后，形成带相反电荷的雷云。由此可见，水蒸气和强烈气流是形成雷云的必要条件。

随着电荷的积累，雷云的电位逐渐升高。当带不同电荷的雷云互相接近到一定程度，或雷云与大地凸出物接近到一定程度时，就会发生激烈的放电，出现强烈的闪光。由于放电时温度高达 20 000℃，空气受热急剧膨胀，发生爆炸的轰鸣声。这就是闪电和雷鸣。

二、雷电的种类

按照雷电的危害方式，雷电主要可分为以下几种。

1. 直击雷击

如果雷云较低，周围又没有带导电性电荷的雷云，就会在地面凸出物上感应出导电性电荷，此时大气中有电荷的积云对地电压可高达几亿伏。当积云同地面凸出物之间的电场强度达到空气的击穿强度时，会产生放电现象，这种雷云和大地之间的放电称为直击雷。直击雷的放电过程如图 6-1 所示。雷云接近地面时，在地面感应出异性电荷，两者组成一个巨大的电容器。雷云中的电荷分布是不均匀的，地面也是高低不平的，因此，其间电场强度也是不均匀的。当电场强度达到 25 ~ 30kV/cm 时，即发生雷云向大地发展的跳跃式先驱放电，延续时间为 0.005 ~ 0.01s，平均速度为 100 ~ 1 000km/s，每次跳跃前进约 50m，并停顿 30 ~ 50μs。当先驱放电达到大地时，即发生大地向雷云发展的极明亮的主放电。其放电时间仅 50 ~ 100μs，放电

速度约为光速的1/5~1/3,即约为60 000~100 000km/s。主放电向上发展,到云端即告结束。主放电结束后继续有微弱的余光,余光延续时间约0.03~0.15s。

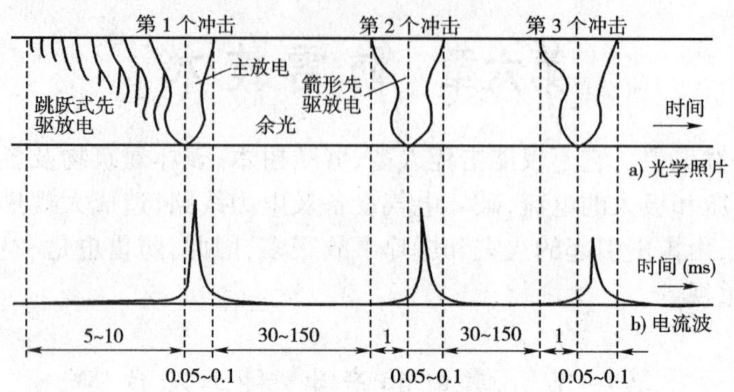

图6-1 直击雷的放电过程

约50%的直击雷有重复放电性质,平均每次雷击有三四个冲击,最多能出现几十个冲击。第一个冲击的先驱放电是跳跃式先驱放电,第二个冲击以后的先驱放电是箭形先驱放电。其放电时间仅约0.001s。一次雷击的全部放电时间一般不超过500ms。

2. 感应雷击

感应雷击又称为雷电感应或感应过电压,分为静电感应和电磁感应两种。

静电感应是由于雷云接近地面,在架空线路或其他导电凸出物顶部感应出大量异性电荷引起的,如图6-2所示。在雷云与其他部位放电后,架空线路或导电凸出物顶部的感应电荷失去束缚,以高电压冲击波的形式,沿线路或导电凸出物极快地传播。研究表明,放电流柱会产生强烈的静电感应。在先驱放电阶段,由于流柱发展较慢,流柱中的电荷对邻近的架空线路或导电凸出物产生强烈的静电感应。一旦主放电发生时,由于主放电速度比跳跃式先驱放电的速度高得多(100倍左右),放电通道中的正、负电荷迅速中和,架空线路或导电凸出物上的感应电荷将转换成强烈的高电压冲击波。

电磁感应是在雷击后,由于巨大的雷电流在周围空间产生迅速变化的强磁场而引起的,如图6-3所示。这种迅速变化的磁场能在邻近的导体上感应出很高的电压。若是开口环状导体,开口处可能由此引起火花放电;若是闭合导体环路,环路内将会产生很大的冲击电流。

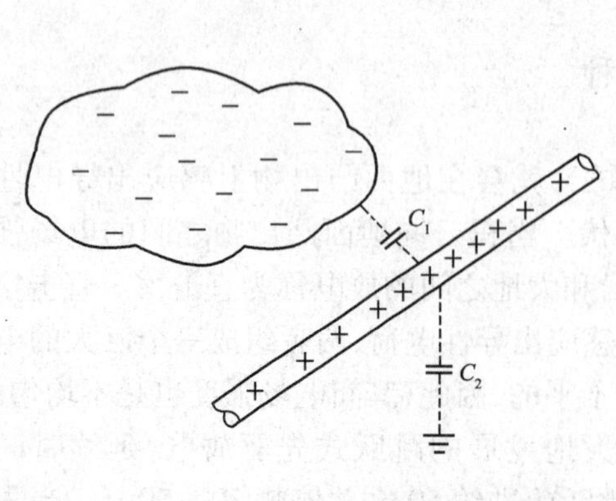

图6-2 静电感应过电压

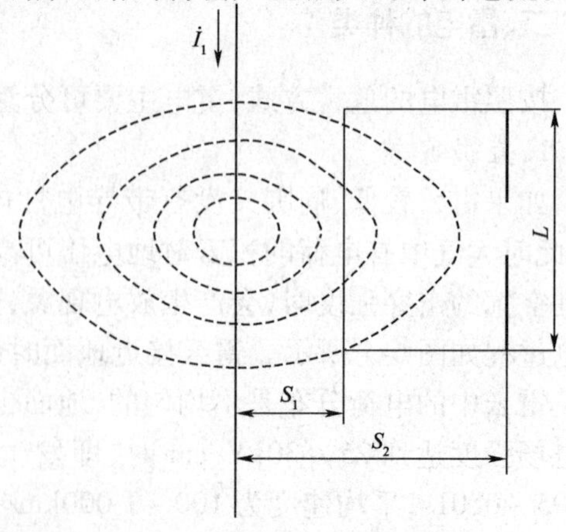

图6-3 电磁感应过电压

3. 雷电侵入波

由于雷击(直击雷击、感应雷击),在架空线路或空中金属管道上产生的冲击电压沿线路或管道的两个方向迅速传播的雷电波称为雷电侵入波。其传播速度为300m/μs(在电缆中为150m/μs)。

4. 球雷

球雷是雷电放电时形成的发红光、橙光、白光或其他颜色光的火球。出现的概率约为雷电放电次数的2%。其直径约为20cm,但也有达10m的;其运动速度约为2m/s或更高一些;其存在时间为数秒钟到数分钟。球雷是一团处在特殊状态下的带电气体。有人认为,球雷是包有异物的水滴在极高的电场强度作用下形成的。在雷雨季节,球雷可能从门、窗、烟囱等通道侵入室内。

三、雷电的参数

雷电参数是指雷暴日、雷电流幅值、雷电流陡度、雷电放电时间、冲击过电压等电气参数。

1. 雷暴日

为了统计雷电活动的频繁程度,经常采用年平均雷暴日数来衡量。只要一天之内能听到雷声的就算一个雷暴日。通常说的雷暴日是指一年内的平均雷暴日数,即年平均雷暴日。雷暴日数愈大,说明雷电活动愈频繁。除雷暴日外,也有用雷暴小时来衡量雷电活动的。我国大部分地区一个雷暴日约折合三个雷电小时。山地雷电活动较平原频繁,山地雷暴日约为平原的三倍。

2. 雷电流幅值

雷电流幅值即放电时雷电流的最大值,可达数十至数百千安(先驱放电不到400A,余光约100~1 000A)。做防雷设计时,可按100kA考虑。

3. 雷电流陡度

雷电流陡度即雷电流随时间上升的速度。雷电流有很高的陡度,最大可达50kA/μs,平均陡度约为30kA/μs。

雷电放电时间极短,全部放电时间一般不超过500ms,设计则取波头为2.6μs,波头形状取电流直线上升的斜角波。

雷电流陡度越大,其对电气设备造成的危害也越大。因此,在防雷要求较高的场合,波头形状宜取为半余弦波(见图6-4)。

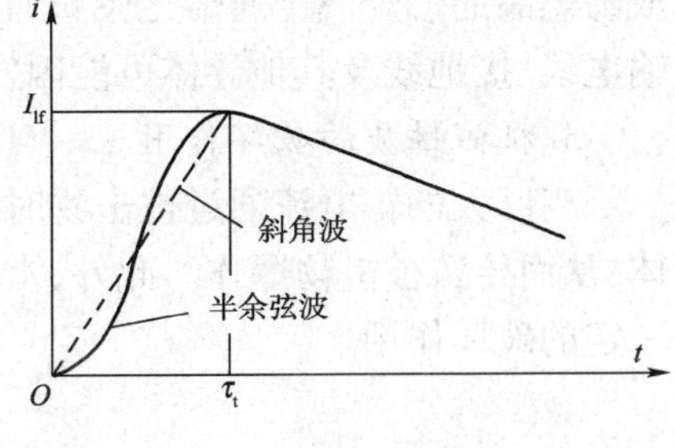

图6-4　雷电流波形图

4. 雷电冲击过电压

雷击时的冲击过电压很高,直击雷冲击过电压可用下式表达

$$U_z = i_L R_c + L\frac{di_L}{dt} \tag{6-1}$$

式中:U_z——直击雷冲击过电压,kV;

i_L——雷电流,kA;

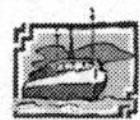

R_c——防雷装置的冲击接地电阻，Ω；

$\frac{di_L}{dt}$——雷电流陡度，kA/μs；

L——雷电流通路的电感，如果通路长度 L 以 m 为单位，则 $L = 1.31\mu H$。

当雷击点距线路 50m 以上时，线路上的静电感应过电压可按下式计算

$$U_g = \frac{25I_{lf}}{s} \tag{6-2}$$

式中：U_g——感应过电压，kV；

I_{lf}——雷电流幅值，kA；

h——线路平均高度，m；

s——雷击点至线路的水平距离，m。

四、雷电危害

多年来实践证明，对电力设施、工业和民用建筑经常造成危害的主要是直击雷击、感应雷击及雷电侵入波。

雷电造成的危害是综合性的，它的破坏作用主要有以下三方面。

1. 电性质的破坏作用

雷电产生的数十万乃至数百万伏冲击电压（或外部过电压），可能毁坏发电机、电力变压器、断路器、绝缘子、仪表等电气设备的绝缘，造成大规模停电；绝缘损坏可能引起短路，而导致火灾或爆炸事故；二次放电（反击）的火花也可能引起火灾或爆炸；绝缘的损坏可能导致高压窜入低压，并由此造成严重的触电事故；雷云直接对人体放电以及对人体的二次放电都可能使人致命；巨大的雷电流流入地下，会在雷击点及其连接的金属部分产生极高的对地电压，可能直接导致接触电压或跨步电压的触电事故等。

2. 热性质的破坏作用

热性质的破坏作用表现为巨大的雷电流通过导体，在极短的时间内转换出大量的热能，造成易燃品的燃烧或金属熔化飞溅而引起火灾或爆炸。如果雷击在易燃物上，更容易引起火灾。输电线、接地线及其他导体可能因发热而烧断，造成停电及其他故障。

3. 机械性质的破坏作用

当巨大的雷电流通过被击物时，被击物缝隙中的气体急剧膨胀，水分剧烈蒸发形成大量气体，从而导致被击物爆炸。此外，雷击时所产生的静电斥力、电磁推力以及雷击时的气浪都有一定的破坏作用。

第二节　防 雷 装 置

避雷针、避雷线、避雷网、避雷带和避雷器都是经常采用的防雷装置。上述针、线、网、带实际上都只是接闪器，而避雷器是一种专门的防雷装置。一套完整的防雷装置包括接闪器或避雷器、引下线和接地装置。避雷针主要用来防直击雷击，保护露天变配设备、建筑物和构筑物；避雷线主要用来保护电力线路防直击雷击；避雷网和避雷带主要用来保护建筑物防直击雷击，

同时也起屏蔽作用，有防止感应雷击的作用；避雷器主要用来保护电力设备以防雷电侵入波的危害。

一、接闪器

接闪器是避雷针、避雷线、避雷网、避雷带以及作接闪的金属屋面和金属构件等直接接受雷击的金属构件。这些接闪器都是利用其高出被保护物的突出地位，把雷电引向自身，通过引下线和接地装置，把雷电流泄入大地，以保护人身或建筑物免受雷击伤害。

接闪器的保护范围可根据模拟实验及运行经验确定。由于雷电放电途径受很多因素的影响，要想保证被保护物绝对不遭到雷击是很不容易的。一般只要求保护范围内被击中的概率在0.1%以下即可。接闪器的保护范围一般可使用滚球法确定，滚球法计算原则是用半径 h_r 的球体滚过接闪器时，如果不触及需要防雷的保护物或空间，则该保护物或空间就处在接闪器的保护范围以内。各类防雷建筑物的滚球半径分别为：第一类防雷建筑物 h_r 为30m；第二类防雷建筑物 h_r 为45m；第三类防雷建筑物 h_r 为60m。

接闪器所用材料的尺寸应能满足机械强度和耐腐蚀的要求，还要具有足够的热稳定性，以承受雷电流的热破坏作用。

二、避雷器

避雷器并联在被保护设备或设施上，正常时处在不通的状态；出现雷电过电压时，击穿放电，切断过电压，发挥保护作用；过电压终止后，迅速恢复不通状态，正常工作。避雷器有保护间隙、管型避雷器和阀型避雷器之分，主要用来保护电力设备，也是防止高电压侵入室内的安全措施。

三、引下线

引下线是防雷装置的中间部分，它将雷电流传导给接地装置，使雷电流可以进入大地。

引下线应满足机械强度、耐腐蚀和热稳定的要求。引下线常采用圆钢或扁钢制成，其尺寸和防腐蚀要求与避雷网和避雷带相同。如用钢绞线作引下线，其截面不应小于25mm^2。

引下线应取最短的途径，要尽量避免弯曲。建筑物和构筑物的金属结构可用作引下线，但连接必须可靠。

四、接地装置

接地装置是防雷装置的重要组成部分。接地装置向大地泄放雷电流，限制防雷装置对地电压不致过高。接地装置包括埋设在地下的接地线和接地体，它与大地之间保持良好连接，使雷电流很快在大地中流散。

防雷接地装置与一般接地装置的要求大体相同，但其所用材料的最小尺寸应稍大于其他接地装置的最小尺寸。采用圆钢最小直径为10mm（一般接地装置是8mm），扁钢最小厚度为4mm，最小截面为100mm^2（一般接地装置为48mm^2），角钢最小厚度为4mm，钢管最小壁厚为3.5mm。

除独立避雷针外，在接地电阻满足要求的前提下，防雷接地装置可以与其他接地装置

共用。

当雷电流经引下线到达接地装置时，由于引下线本身和接地装置都有阻抗，因而会产生较高的电压降，可达几万伏甚至几十万伏，这时如有人接触，就会受到接触电压危害，必须引起注意。为了防止跨步电压伤人，防直击雷的接地装置距建筑物和构筑物出入口和人行道的距离应不小于3m。当小于3m时，应采取接地体局部深埋或隔以沥青绝缘层，或者敷设地下均压条等安全措施。

防雷装置的接地电阻，一般系指冲击接地电阻。同一个接地装置的冲击接地电阻，一般不等于该装置的工频接地电阻。这是因为巨大的雷电流自接地体流入大地时，接地体附近会形成很强的电场，而将土击穿并产生火花。一方面，这相当于增加了接地体截面，增加了泄漏面积，减小了接地电阻；在强电场的作用下，土质电阻率也有所降低，这样也减小了接地电阻。另一方面，由于雷电流陡度很大，具有高频特性，使接地体本身的电抗增大，如接地体较长，其电抗就更大，泄放电流会受到更大的影响，接地电阻有可能增大。一般情况下，前一方面的影响较大，后一方面的影响较小，即冲击接地电阻一般都小于工频接地电阻。土质电阻率越高，雷电流越大，接地体越短，冲击接地电阻也减小越多。

第三节　船舶避雷的相关要求

一、防止直接结构损坏

对于金属结构船舶，由于其桅、构件和船体构成固有的对地低电阻通路，故不需另设避雷系统。对具有较多非金属构件的船舶，则应设有避雷系统。

避雷系统应由接闪器、引下线和接地端子组成。金属桅杆和金属构件可作为避雷系统的一部分或全部。金属桅索，如支索、侧支索等的末端应可靠接地。引下线的连接应以铜铆钉或夹钳的方式进行，并应易于接近和在布置上加以考虑或具有保护措施以减小意外的损坏。夹钳可以是铜、铜合金或与引下线相同的材料，并应有锯齿状的接触类型和有效的锁紧装置。不应采用软焊连接。接闪器与接地端子间的电阻不应超过0.02Ω。当船舶在干船坞或船台上时，应有适当的措施确保船舶的避雷系统或金属船体与岸地相连。连接到岸地的整个电缆应位于船舶的外部。

1. 避雷系统中的接闪器应符合下列要求：

(1)在每一非金属桅杆上应安装接闪器。

(2)接闪器应以直径不小于12mm的铜或铜合金导电杆组成，并应至少高出桅顶300mm。也可采用其他材料，如不锈钢、铝合金、经防锈处理的铁杆等，所有这些材料均应耐海水腐蚀。

(3)对液货船，位于桅杆顶端或其附近的可燃气体通风口应由接闪器进行保护，接闪器应高出通风口至少2m。如钢桅高出通风口2m，则可作为接闪器。

2. 避雷系统中的引下线应符合下列要求：

(1)引下线应由铜或铜合金带或铜缆组成，为防止表面放电，铜缆应有绝缘且成圆形。也可以采用其他材料，如不锈钢、铝合金或钢条，这些材料均应耐海水腐蚀。

(2)铜引下线的截面积应不小于$70mm^2$，并应牢固固定在船体结构上。在接闪器与接地

体间引下线应尽可能敷成直线，如必需弯曲，则弯曲半径至少为导体等效直径的10倍。

(3)引下线末端应可靠地连接至其附近船体金属结构的接地端子上。如有必要应采取措施防止发生电化腐蚀。

二、防止间接损坏

在所有船舶上，设备的安装均应能减少雷击所引起的对电气系统的间接损坏效应。设备的金属外壳应可靠接地，对处于桅顶或其他突出构件上的航行灯和其他设备应予以特别注意。通常作为抑制信号干扰的电缆屏蔽或铠装的接地不能作为唯一的避雷接地通路，应设有专门接地。避雷系统中的引下线附近，应避免有电缆环或如管子之类的金属环存在。贴近引下线的电缆应安装在接地的金属管中。沿金属甲板的电缆应贴近甲板敷设，并应充分利用电缆束附近或其上的例如栏杆、管子等的接地金属构件的屏蔽作用。应设有将可能在无线电和航行设备等天线中感生的任何雷电能量泄放至大地的设施。应考虑安装例如火花放电器或浪涌分流器等设备作保护，以防止过高的电压瞬变。

第七章　供配电系统过电压防护

电力系统的过电压的危害主要是使绝缘遭到破坏而导致系统设备损坏。对于供配电系统来说,若将用电设备也考虑进去,则过电压产生的危害形式还要多样一些,除了击穿绝缘造成短路以外,还可能因工频电压升高使照明或电热设备发热功率增大而烧坏设备,或使电动机、变压器等设备铁芯磁通密度增大,导致铁损增大而烧坏设备,也可能因短时脉冲过电压而使电子元器件及设备损坏等。因此,在供配电系统中,过电压不仅危及系统安全,还会危及用电设备安全。

第一节　过电压类型

供配电系统的过电压可以分为大气过电压和内部过电压两大类。

大气过电压是由于大气中雷电过程作用于供配电系统而引起的,这种情况占了供配电系统过电压的较大比重,危害也是很大的。内部过电压是由于供配电系统故障、开关操作或参数失配造成的。大气过电压的幅值取决于雷电参数和防雷措施,与系统的额定电压无关,而内部过电压的幅值则与系统的额定电压密切相关。大气过电压具有脉冲特性,持续时间一般只有几十微秒。内部过电压的持续时间与过电压的类别有关,短的如操作过电压,持续时间一般为毫秒级,而长的如工频电压升高则可持续存在。

一、大气过电压

1. 感应雷过电压

下面以架空输电线路为例,介绍感应雷过电压产生的原理。

(1)雷击线路附近大地或建(构)筑物时在线路上产生的感应过电压如图 7-1 所示,当有雷云存在于导线附近时,在雷云放电的初始阶段,存在着向大地发展的先导放电过程、线路处于雷云与先导通道的电场中,因静电感应,在电场强度 E 的水平分量 E_x 的作用下,与雷云所带电荷异性的电荷会沿导线向先导通道附近运动,形成束缚电荷,而与雷云所带电荷同性的电荷受 E_x 排斥,会远离先导放电通道,经线路的泄漏电导和系统中性点泄入大地,这样导线上便有净正电荷存在。由于先导通道发展缓慢,导线上的电荷运动也很缓慢,可近似看成是静电荷。按静电场的原理,电场中的导体应是等位体,因若不为等位体,则导体中的电子会在电场力作用下重新分布,直至电位相等为止。因此这时先导通道附近的导线与其远端电压相同。当雷云终于发展到对附近大地或建筑物放电时,这时有两个途径会使线路产生对地过电压,分述如下。

①感应过电压的静电分量。由于雷云中的负电荷向大地泄放,使得导线上的正束缚电荷失去束缚,在电场力作用下会向导线两端运动形成行波电流。根据传输线理论,波阻抗一定的传输线,电流行波产生的电压行波幅值为电流幅值乘以波阻抗值。因此凡有释放电荷通过的

地方,导线上都会产生对地电压,该对地电压与电流大小正相关。由于释放电荷产生的电流一般较大且波头较陡,因此过电压幅值也较大,波头也较陡。这种过电压是由于雷云中电荷突然消失、进而使静电场突然消失造成的,故称之为感应过电压的静电分量。

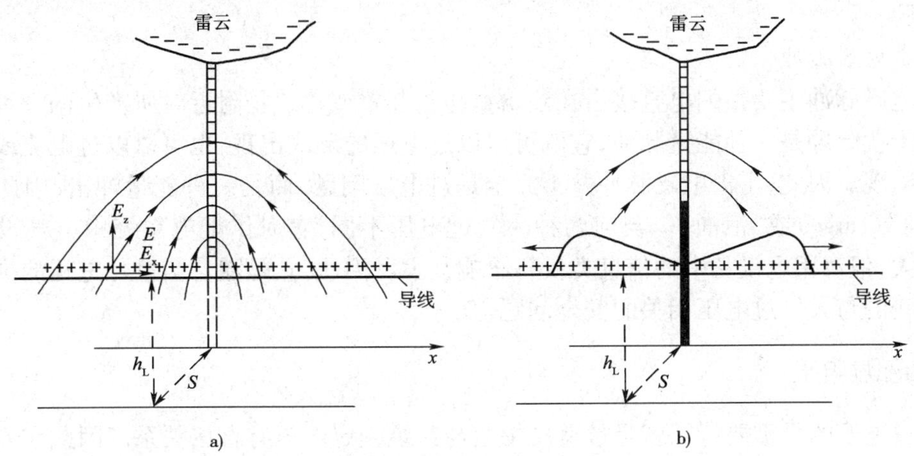

图 7-1　感应雷过电压形成原理示意

a)主放电前;b)主放电后

h_L—导线高度;S—雷云点与导线在地面投影的间距

②感应过电压的电磁分量。先导放电发展成对地主放电后,形成雷云与大地之间的雷电通道。雷电通道中的雷电流会在通道周围空间产生磁场,由于雷电流是变化的,因而磁场也是变化的,变化的磁场又会产生电场,因而会有电磁场产生。变化的磁场若耦合到导线,就会在导线中产生出感应电动势,由此引起的过电压称为感应过电压的电磁分量。

(2)雷击杆塔时产生的感应过电压。线路和杆塔具有引雷作用,因此当落雷距导线或杆塔较近时,就会引雷击向自身。当雷击杆塔时,所产生的感应过电压与雷击附近大地时有所不同,但最终会产生感应雷过电压这一结果却是与雷击导线附近大地时相同的。

2. 直击雷过电压

直击雷过电压是指雷云直接向杆塔、避雷线或导线放电产生的过电压。

雷击杆塔时,雷电流沿杆塔入地,杆塔及接地电阻与杆塔电感都会因电流通过而产生电压,使得愈近塔顶电位愈高。同时雷电流还会分流到接在杆塔上的避雷线上,在避雷线上产生过电压,该过电压有一部分会耦合到相导体,这样,在相导线上就会产生一个过电压。该过电压的破坏作用有二,一是传入变配电所或用电设备使设备绝缘遭到破坏,二是使杆塔上绝缘子悬挂点和导线上同一绝缘子悬挂点间产生过电压,使绝缘子发生闪络。通常绝缘子在杆塔一端过电压电位高,而在导线一端过电压电位低,故加强避雷线与相导线间的耦合,提高相导线过电压水平,对避免绝缘子闪络是有利的,但对变配电所或用电设备耐压又是不利的。

雷击避雷线时,雷电流会从雷击点向避雷线两端运动,由于波阻抗的存在,雷电流会产生雷电过电压。雷电过电压也为行波,会向雷击点两端运动,至杆塔处还会发生反射。由于避雷线与相导线的耦合关系,在相导线上也会耦合出过电压,该过电压值一般小于避雷线的过电压。从电气安全的角度看,这个耦合出的过电压才是我们真正关心的危险因素。

尽管有避雷线存在，雷电也可能绕过避雷线而直接向相导线放电。这时产生过电压的原理与雷击避雷线相同，只不过这时雷电流波直接在相导线上产生过电压，而避雷线上的过电压是从相导线上耦合过去的。这个过电压行波行至变配电所或用电设备处时，会对电气设备绝缘造成威胁。

3. 雷击电磁脉冲

雷击电磁脉冲主要指闪电直接击在建筑物防雷装置或建筑物附近时所产生的一种干扰效应。这种干扰脉冲是一种能量脉冲，它既可以以过电压的形式出现，也可以以过电流或电磁辐射的形式出现。因此，雷击电磁脉冲并不完全是过电压问题，而是一种能量冲击，因此又将其称为“电涌”（surge）或“浪涌”。与前两种大气过电压不同，它对供配电系统中电气设备的绝缘威胁不大，但对用电设备中的信息类设备影响甚大。因此，它是随着信息化进程的推进而出现的一种新的与大气过电压相关的安全问题。

二、内部过电压

内部过电压的最重要特征就是过电压幅值与系统额定电压有直接关系。因此在高压和超高压系统中显得特别严重，在以中压和低压为主要电压等级的供配电系统中，严重性相对较轻，但这只是以传统的从电力系统自身运行安全角度来看问题所得出的看法。从安全角度看，中低压系统过电压尽管对电力系统设备的绝缘威胁不大，但对环境安全、人身安全和用电设备安全却危害甚大。因此，我们对内部过电压的研究，重点在低压和中压系统，以低压（380V/220V）系统为主，也会简要介绍一些电力系统中常见的操作过电压。

关于内部过电压的分类，从不同的角度看有不同的分法，一般分为操作过电压、谐振过电压和工频电压升高三大类。

1. 操作过电压

操作过电压指因在电力系统中实施了某种操作而产生的过电压。在开关操作前后，系统的运行状态发生了改变，这会引起系统内电容和电感中电磁场能量发生相互转换。在这一过渡过程中，常会在某些电气设备、系统局部甚至全系统上出现过电压。

常见的操作过电压有：投、切空载线路引起的过电压；切除空载变压器引起的过电压；开断电容器组或高压旋转电机产生的过电压等。

由于操作过电压的能量来源于电网本身，所以它的幅值和电网的工频电压大致有一定的倍数关系。这个关系与系统结构、参数、中性点运行方式、操作方式等诸多因素相关，一般在2倍额定电压以下者居多，但最高者可达3.5至4倍额定电压。

2. 谐振过电压

电力系统中电感与电容参数在特定配合下发生谐振，就可能引起谐振过电压。供配电系统的谐振过电压主要有线性谐振过电压和非线性（铁磁）谐振过电压。线性谐振过电压中最常见的是由传递电压在不利参数配合下发生的谐振过电压。这在变压器一侧为中性点接地系统，另一侧为中性点经消弧线圈接地系统的情况下最为常见。当中性点接地一侧发生单相接地时，若系统共用接地电阻，则中性点电位会升高，这时，中性点经消弧线圈接地侧三相线路对地电容容抗与消弧线圈感抗可能配合形成谐振。铁磁谐振主要是因铁芯的磁饱和引起的。比如正常时铁芯线圈感抗与系统容抗不满足谐振条件，但容抗小于感抗。但因某种原因使电压升高，铁芯进入磁饱和，这时铁芯线圈感抗降低，有可能低到正好与系统容抗相等，这时便有可能发生谐振。

谐振是一种稳态现象，因此谐振过电压的持续时间要比操作过电压长很多，可达几百毫秒，甚至稳定存在，直到因新的操作使谐振条件遭到破坏为止。但谐振过电压的幅值不高，一般不至造成绝缘破坏，因此这种过电压一旦发生，往往是过电压造成铁芯磁通密度增大，因温升而烧毁设备。

3. 工频电压升高

工频电压升高主要是由于系统发生故障、不正常运行状态或参数失配造成的异常电压上升。常见的有长线电容效应造成的末端电压上翘、不对称接地带来的健全相对地电压升高、突然甩负荷造成的电压升高、低压中性点接地系统中性点位移造成的电压升高、共用接地体的系统中高压接地电压窜入低压系统造成的过电压等。

第二节　过电压的防护

电力系统的过电压的防护，除了提高电气设备和电力线路的耐压水平外，还应采取措施，尽量避免过电压的发生或把过电压幅度限制在电气设备和电力线路能够承受的范围内。

一、雷电过电压的防护

雷电过电压的防护应从两个方面入手，一是尽量减少雷电过电压发生的可能性，二是一旦发生了雷电过电压，应采取措施尽量限制过电压的危害程度。避雷针、线就是用来保护用电设备和电气线路免受直接雷击的防护措施，而避雷器、并联电容等是用来降低过电压危害程度的措施。避雷针、避雷线、避雷器的作用在上一节中已作简单介绍。根据 CCS《规范》的规定，对金属结构船舶，不需另设避雷系统。因此，对于雷电过电压的防护原理，本书也不详述。

二、内部过电压防护简介

电力系统的内部过电压，由于产生过电压的能量来自系统本身，因此过电压幅值与系统的额定电压有关。一般以过电压幅值与系统正常运行时最大工作相电压幅值之比来表示内部过电压，称为过电压倍数。内部过电压的过电压倍数最高可达 3.5 ~4 之间。对于电压等级较低的中压系统来说，较高的过电压倍数才会对系统绝缘带来破坏，但对于高压及超高压系统，较低的过电压倍数就可能带来很大的破坏，而对于直接与用户联系的低压系统（主要指 380V/220V 系统），过电压主要对用电设备带来危害并会引发火灾等环境灾害。由于内部过电压种类繁多，在不同的电压等级中其危害程度又各不相同，因此以下分别介绍几种内部过电压及其防护。

1. 切除空载变压器引起的过电压及其防护

切除空载变压器以及切除电感性负荷，如电抗器、空载电动机等，都有可能在两处设备上产生过电压，一处是在被切除的电气设备上，另一处是在实施切除的开关电器上。产生过电压的原因主要是电流被突然“切断”所致，因电流被突然“切断”时，电路中的磁场能量并未被完全释放，它势必会向电场能量转化，这一转化过程就可能产生过电压。

那么，为什么总是在“空载”的情况下这种现象才显得明显呢？因为在负载情况下，负载

使被切除部分形成回路，"切断"电流时未及时释放的磁场能量可消耗在负载上，过电压的产生往往不显著。另外，截流现象往往在切断小电流时产生，切断较大的负载电流时通常在电流过零时熄弧，不会产生明显的截流现象，故不易产生过电压。

(1)等效电路模型及其分析。开断空载变压器的等效电路如图7-2实线所示，图中 u 为电源电压，L_s 为电源侧电感，L 为变压器空载时的电感，C 为变压器对地电容。当断路器QF闭合时，变压器中有电流通过，电感 L 中储存有磁场能量。当断路器QF在电流未过零时断开且瞬时灭弧，这时的电流波形如图7-3所示。从图中可知，流过断路器的电流在开关开断瞬间从一定大小急剧下降至零，这种在正弦波电流未过零时断开电路从而造成电流急剧降低至零的现象叫做电流截波或简称截流。截波出现时，电感中的磁场能转变为电场能向电容充电，$L\mathrm{d}i/\mathrm{d}t$ 会达到很大值，从而出现过电压，称为截流过电压。

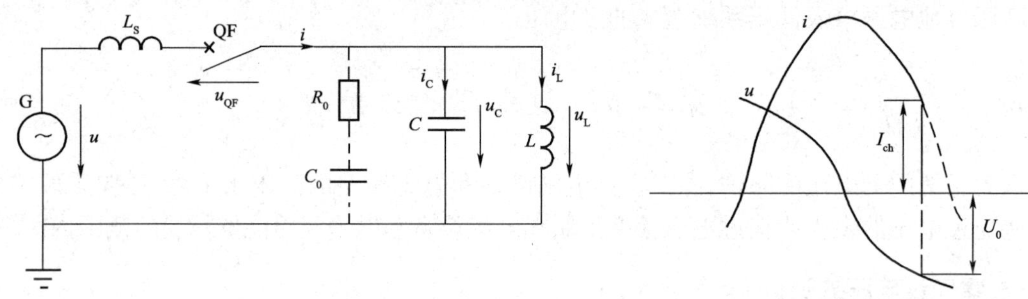

图7-2 开断空载变压器的原理电路

图7-3 截流的波形图

(2)限制措施。尽管高性能的现代变压器因受截流过电压作用而发生损坏的情况极少，但这并不意味着截流过电压可以忽视，因为这些损坏往往是在未采取防护措施基础上发生的。据统计，开断空载变压器产生的截流过电压倍数通常为2~3倍，只有10%左右的情况可超过3.5倍，极少数更可高达4.5~5.0倍。因此，对这种过电压必须采取限制措施。

在高压和超高压系统中常用的措施是加阻容吸收器，其原理如图7-2中虚线所示。由于过电压幅值与空载变压器的特征阻抗Zc正相关，并联电容 C_0 可降低Zc。但电容增大会导致 I_{ch} 增大，因而单纯增大电容并不能有效减小截流过电压，因此在并联电容 C_0 回路上串入电阻 R_0，一般 $R_0 = 50 \sim 200\Omega$，这样在增大电容的同时能保证截流基本不增大，从而有效地降低了截流过电压。

2. *间歇电弧接地过电压及其防护*

在中性点不接地系统中发生金属性单相接地时，非接地相(又称健全相)的对地电压会由相电压升高到线电压。但如果接地是通过不稳定的电弧形成的，则在健全相和故障相上都会有过电压产生，一般将这种过电压称为间歇电弧接地过电压，或简称电弧接地过电压。

电弧接地过电压的发展与电弧熄灭的时间有关，空气中的开放性电弧大多在工频电流过零时刻熄灭。中性点不接地系统发生间歇性电弧接地时，若考虑工频过零熄弧，则故障相最大过电压倍数为2.0，健全相最大过电压倍数为3.5。

但若考虑的是高频熄弧，则情况有很大不同。这时健全相上的过电压可达 $7.5U_\varphi$，故障相过电压可达 $6U_\varphi$，中性点偏移电压可达约 $5U_\varphi$，这些都是理论推算值。

根据运行数据和实测波形，在6~10kV电网中，故障相过电压一般为 $(2 \sim 2.4)U_\varphi$，而健全相的过电压最大为 $(3 \sim 3.4)U_\varphi$。

通常，中性点不接地系统的电弧性接地过电压不会损坏符合标准的良好的绝缘，但在系统中常会存在一些弱绝缘的电器，即使是良好的绝缘也会随着运行时间的加长而使性能下降，甚至会有某些潜伏性缺陷，在这种情况下电弧接地过电压就可能造成破坏。当然也有极少数情况过电压会达到危及正常绝缘的程度。由于单相接地故障发生的机会高达65%以上，且不少接地是电弧性的，因此过电压发生的概率相当大，这种过电压一旦发生，持续时间很长（规程允许中性点不接地系统单相接地运行0.5～2.0h），波及整个系统的所有设备，因此对电弧接地过电压的危害不容忽视。

其实只要将系统中性点直接接地就能消除这种过电压，在110kV及以上系统中一般采用中性点直接接地运行，因为在110kV及以上系统中绝缘问题已变得较为突出，这时单相接地就是单相短路，会导致断路器跳闸。但在中压系统（主要是6kV、10kV、35kV系统）中，由于单相接地是常见故障，若采用中性点接地系统，则会因单相短路而频繁跳闸，影响供电的连续性，而在这种电压等级下，绝缘问题并不十分突出。因此在我国，3～35kV系统一般采用中性点不接地系统。

由此可知，电弧接地过电压威胁着作为供配电系统主要电压等级的系统。对其防护主要是尽量避免间歇电弧的产生。中性点经消弧线圈接地就是一种常用的方法。

根据运行经验和规程规定，在3～10kV系统中电容电流大于30A时，或20kV及以上系统中电容电流大于10A时，接地电弧不易熄灭，因而应采用中性点经消弧线圈接地的运行方式。这种电网称为补偿电网。

中性点经消弧线圈接地减小接地电弧电流的原理如图7-4所示。因接地电弧电流是容性的，故若能注入一个感性电流，利用感性电流与容性电流相位相差180°的原理，可将电弧电容电流部分或全部抵消，从而不会形成间歇性电弧。由于在正常工作时，中性点对地电压为零，电感中无电流产出，而单相接地时，系统中性点对地电压上升为相电压，正好可以利用这个电压来产生感性电流，这就是在“中性点”接消弧线圈的理由。

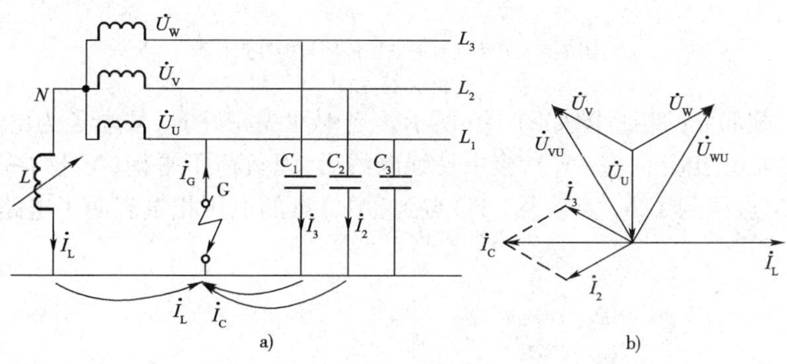

图7-4　消弧线圈接地系统的单相接地

3.系统中性点位移及其防护

在我们最为熟悉的、量大面广的380V/220V低压配电系统中，中性点位移产生的过电压是一种常见的危害面很大的电气故障。它的危害已不局限在危及系统正常运行和设备安全的层面，而是危及广大用户的用电器具和人身安全，同时也是电气火灾的原因之一。因此分析中性点位移的起因，制订有效的措施予以防护，是十分必要的。

（1）中性点位移的概念。所谓中性点是一个电气上的“点”，指电源或负载中有这么一个

点,它与外部指定各接线端之间的电压绝对值相等,这一点就称为中性点。

在系统的接线中,中性点并不一定总是能找得到的。对称的三相电源接成Y形时,中性点就是在Y形的中间点,但若接成△形,则在接线中就找不出中性点的位置。因此中性点是一个电气上的点,并不一定有空间上的实际位置与其对应。

当负荷接成Y形时,若负荷三相平衡,则中性点就在Y形接线的中间点上,即电气上的中性点与接线上的中间点重合;若三相负荷不平衡,但有中性线连接,在中性线阻抗忽略不计的情况下,中性点被强制钳制在Y形接线的中间点;若无中性线或中性线阻抗大,或中性线断线,则Y形接线的中间点不再是中性点,也就是说电气上的中性点从电路接线的中间点移走了,这种现象就称为中性点位移。

应当注意,中性点位移与中性点对地电压偏移是两个完全不同的概念。如图7-5a)所示,中性点不接地系统发生单相接地时,系统中性点N对地电压由零上升为相电压,但N点对U、V、W点的电压绝对值仍然相等,故N点仍是中性点,并未发生中性点位移。如图7-5b)所示,三相负荷不平衡的TN-S系统,当其中性线完好时,N'点为负荷中性点,因为此时N'点至U'、V'、W'点电压绝对值相等,但当中性线断线后,N'点不再是中性点,这才叫做中性点位移。

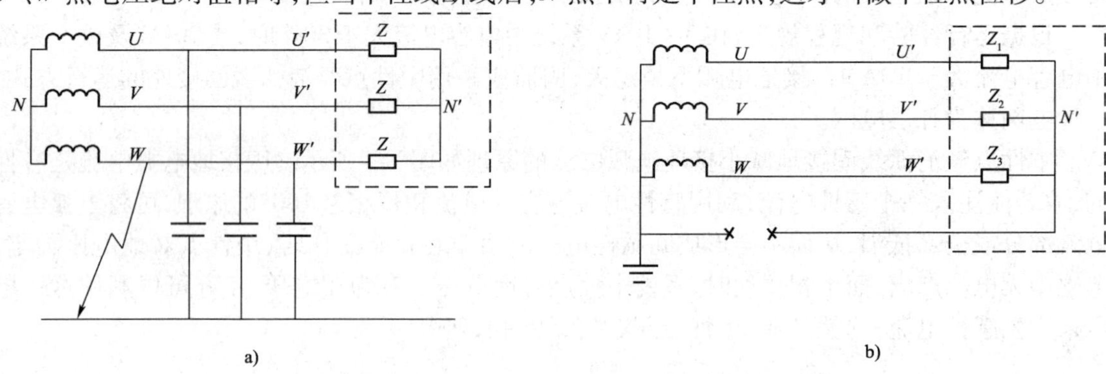

图7-5　中性点对地电压偏移与中性点位移

$Z_1 \neq Z_2 \neq Z_3$

图7-5b)负载部分的相量图如图7-6所示。当中性线完好时,N'端子为电气中性点,因此在等边三角形中心定出几何点(N'),当中性线断线后,因负荷不平衡,N'端子的电位也发生了变化中性点由N'点移到了N_1'点。从(N')点到(N_1')点的电压相量表明了电路接线中间点N'

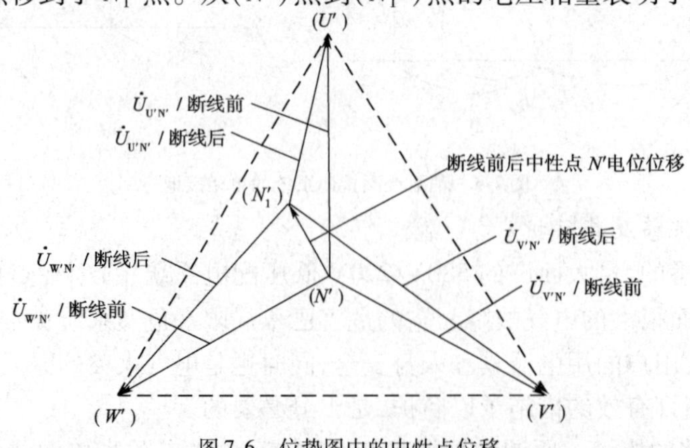

图7-6　位势图中的中性点位移

端子在中性线断线前后电位的变化量。因此，有时我们也将位势图中表明 N'端子电位的几何点位置从(N')点移至(N_1')点叫做中性点位移。

中性点位移发生后，各相负荷上承受的电压仍为相线端子与 Y 形接线中间点之间的电压，由于 Y 形接线中间点不再是电气中性点，故各相电压均会发生变化，有的升高、有的降低，电压升高相电压值升高到超过允许值时，就会产生过电压，这种过电压性质为工频电压升高。

(2)中性点位移过电压的防护。与其他类型的过电压一样，中性点位移的防护也可分为主动防护和被动防护两大类。

所谓主动防护，是指尽可能减少甚至消除导致中性点位移的因素。主动防护措施主要包括在设计时应尽量平衡三相负荷，正确选用中性线截面，尽可能不使用能断开中性线的四极开关，在安装施工时应将中性线接头与端子的接头连接牢固等。

所谓被动防护，是指在中性点位移发生时采取措施避免造成破坏。与高压系统中的操作过电压和大气过电压不同的是，中性点位移产生的过电压幅度很小，一般不会在很短时间内造成绝缘损坏，但这种过电压持续存在，会使用电设备发热加剧，在高温下绝缘性能下降，最终导致绝缘破坏引发短路。因此，用限制过电压幅值的办法是不可行的。在工程上现在还少有对中性点位移进行保护的实例。

三、高电压传导

10kV/0.4kV 变压器如图 7-7a)所示，低压侧系统为 IT 系统，即中性点不接地系统，10kV

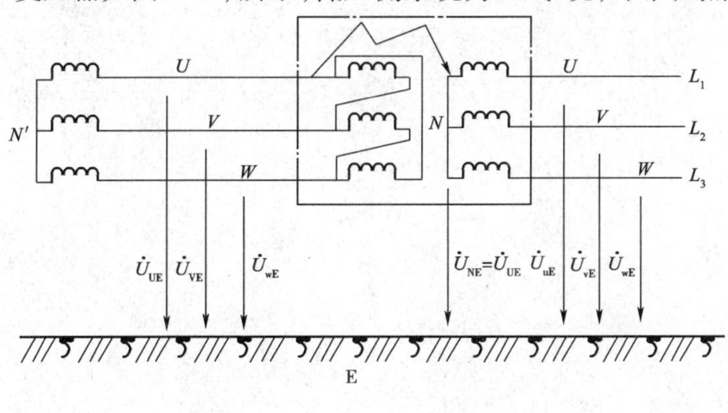

a)

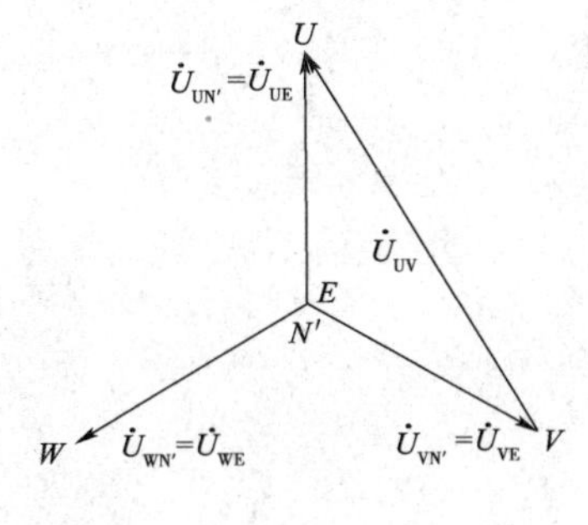

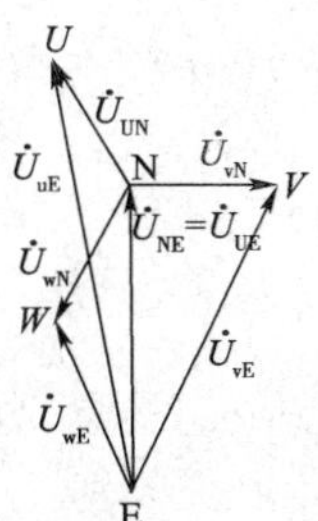

b)

图 7-7　高电压传导

侧也为中性点不接地系统。若因故障原因使高压某相与低压中性点短接，由于10kV侧每相对地电压均为相电压，故低压侧中性点N点对地电压也上升为10kV侧的相电压，约5 800V。由于中性点对地电压升高，其他各相的对地电压也相应升高，或略高于或略低于5 800V。这样高的电压会给低压系统的安全运行和人身安全造成极大的威胁。图7-7b)是电压相量图，假设变压器为DynII联结组别，高压侧电气量用大写角标表示，低压侧用小写角标表示，N为系统中性点，E为大地，用位势图的方法作图，为作图方便，高低压侧电压相量幅值未按比例画出。

对于这种过电压，常用的保护措施是在中性点装设击穿保险器，并对击穿保险器的状态进行监视，如图7-8所示。正常运行时两只电压表读数各为相电压一半左右，若保险器击穿或内部短路，则其中一只电压表读数降为零，另一只上升为相电压。对保险器间隙进行绝缘监测的目的，是防止在正常运行时，保险器间隙短路，使系统由中性点不接地系统变成中性点接地系统，影响系统的供电连续性和电击防护性能。另外，也可将电压表换成声光报警器等元件，以便能及时发出警报。

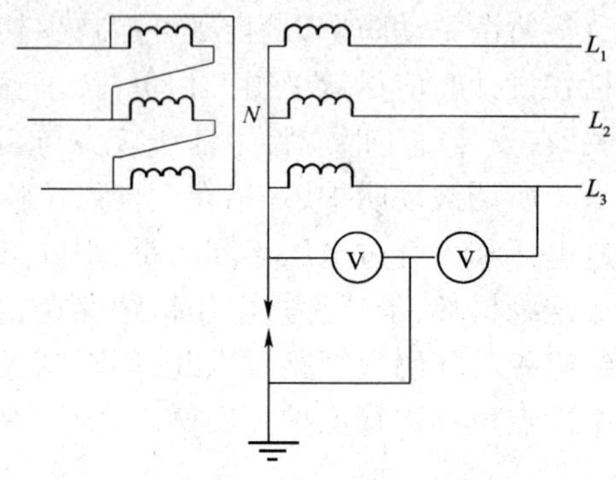

图7-8　中性点过电压保护与绝缘监视

第八章　电气环境安全

第一节　电气火灾和爆炸

据统计，在火灾和爆炸事故中，由于电气问题引发的火灾爆炸事故占有很大比例，仅次于明火引起的火灾，在整个火灾爆炸事故中居第二位。并且，对于修造船行业来讲，其主要工作场地是船舶，由于船舶结构复杂，通道狭窄、出入口径小，楼梯陡滑，船舶存在燃、润油料等易燃、爆物质等，一旦发生火灾，火势大且不易扑救，人员难以疏散，甚至还容易殃及临近船舶和陆地设施。因此，船舶发生火灾往往会造成重大经济损失和人员伤亡。对于船舶修造过程中的电气火灾和爆炸事故，必须引起重视。

一、电气火灾和爆炸的原因

发生电气火灾和爆炸要具备两个条件：一要有易燃易爆物质和环境，二要有引燃条件。船舶以及修造船厂广泛存在着易燃易爆物质，包括各种油料、油漆、用于清洁的棉纱以及生产中产生的一些易燃气体等。引燃条件亦即导致燃烧的能源、着火源，对于电气火灾和爆炸事故来说，一般除设备缺陷、安装不当等设计和施工方面的原因外，在运行中，电气设备和线路等电流的热量（过热）和各种电火花或电弧是引起火灾和爆炸的直接原因。

1. 电气设备和线路等电流过热

电气设备运行时总是要发热的。但是，正确设计、正确施工、正常运行的电气设备，在稳定运行时，即发热与散热平衡时，其最高温度和最高温升都不会超过某一允许范围。例如，裸导线和塑料绝缘线的最高温度一般不得超过 70℃，橡皮绝缘线的最高温度一般不得超过 65℃，变压器的上层油温不得超过 85℃；电力电容器外壳温度不得超过 65℃；电动机定子绕组的最高温度，对应于所采用的 A 级、E 级或 B 级绝缘材料分别为 95℃、105℃或 110℃，定子铁芯分别为 100℃、115℃或 120℃等。这就是说，电气设备正常的发热是允许的。但当电气设备的正常运行遭到破坏时，发热量增加，温度升高，在一定条件下会达到危险温度，可以引起火灾。

危险温度是因电气设备过热所引起的，而电气设备过热主要是由电流产生的热量所造成的。引起电气设备过热，产生危险温度主要有以下几方面原因：

（1）故障短路。发生短路时，线路中的电流增加为正常时的几倍甚至几十倍，而产生的热量又与电流的平方成正比，使得温度急剧上升，大大超过允许范围。如果温度达到可燃物的引燃温度，即引起燃烧，从而可以导致火灾。

当电气设备的绝缘老化变质，或受到高温、潮湿或腐蚀的作用而失去绝缘能力，即可能引起短路事故。绝缘导线直接缠绕、挂在铁钉或铁丝上时，由于磨损和铁锈腐蚀，很容易使绝缘破坏而形成短路。

由于设备安装不当或工作疏忽，可能使电气设备的绝缘受到机械损伤而形成短路。由于

雷击等过电压的作用,电气设备的绝缘可能遭到击穿而形成短路。由于所选用设备的额定电压太低,不能满足工作电压的要求,可能击穿而短路。由于维护不及时,导电粉尘或纤维进入电气设备,也可能引起短路事故。由于管理不严,小动物或生长的植物也可能引起短路事故。在安装和检修工作中,由于接线和操作错误,也可能造成短路事故。

此外,雷电放电电流极大,有类似短路电流但比短路电流更强的热效应,能引起火灾。

(2)过载。电气线路或设备所通过的电流值超过其允许的数值则为过载。

过载也会引起电气设备过热。造成过载的原因大体上有如下三种情况:

①设计选用线路或设备不合理,或没有考虑适当的裕量,以至在正常负载下出现过热。

②使用不合理,即线路或设备的负载超过额定值;或连续使用时间过长,超过线路或设备的设计能力,由此造成过热。管理不严,乱拉乱接,容易造成线路或设备过载运行。断路器容量不能满足要求时,可引起火灾或爆炸。

③设备故障运行会造成设备和线路过载,如三相电动机缺一相运行或三相变压器不对称运行均可能造成过载。

(3)接触不良。电气线路或设备上相互连接部分和接触部分是电路中的薄弱环节,是发生过热的一个重点部位。

不可拆卸的接头连接不牢、焊接不良或接头处混有杂质,都会增加接触电阻而导致接头过热。对拆卸的接头连接不紧密或由于振动而松动也会导致接头发热。

活动触头,如刀开关的触头、接触器的触头、插式熔断器(插保险)的触头、插销的触头、灯泡与灯座的接触处等活动触头,如果没有足够的接触压力或接触表面粗糙不平,会导致触头过热。

对于铜铝接头,由于铜和铝理化性能不同,接头处易因电解作用而腐蚀,从而导致接头过热。

电刷的滑动接触要保持足够的压力,还要保持光滑和清洁,以防产生过大的火花。

(4)散热不良。电气设备温升不仅与发热量有关,还与热量散失条件好坏有关。由于环境温度过高,或使用方式不当,以及散热设施工作条件不正常,如变压器油量不足、电动机通风道堵塞等,使散热条件恶化,造成设备温度过高。

(5)电气设备中的铁磁材料。在交流电流的作用下,因磁滞损耗和涡流损耗而产生热量。由于材料性能、工艺装配质量以及磁通密度过高等原因,将使磁损增大产生高温。

(6)绝缘材料的绝缘劣化。绝缘材料的绝缘劣化后,泄漏电流,介质损耗增加,导致绝缘热损坏;或由于绝缘性质劣化,在电场作用下电击穿而产生大量热量使温度升高。

(7)电热器具和照明灯具。大部分的危险温度是由于电加热设备在工作时,外表面有较高温度而产生的。如电熨斗、白炽灯泡等,这些设备平时工作温度就在几百度以上,在使用不当时,如安全间距不够、安全措施不妥,常会引起火灾。

电炉电阻丝的工作温度高达800℃,可引燃与之接触的或附近的可燃物。电炉连续工作时间过长,将使温度过高(恒温炉除外)烧毁绝缘材料,引燃起火;电炉电源线容量不够,可导致发热起火;电炉丝使用时间过长,截短后继续使用,将增加发热,乃至引燃成灾。

电烤箱内物品烘烤时间太长、温度过高可能引起火灾。使用红外线加热装置时,如误将红外光束照射到可燃物上,可能引起燃烧。

电熨斗和电烙铁的工作温度高达 500 ~ 600℃，能直接引燃可燃物。电褥子通电时间过长，将使电褥子温度过高而引起火灾，电褥子铺在床上，经常受压、揉搓、折叠，致使电热元件受到损坏，如电热丝发生短路，将因过热而引起火灾；将电褥子折叠使用，破坏其散热条件，可导致起火燃烧。

灯泡和灯具工作温度较高，如安装、使用不当，均可能引起火灾。白炽灯泡表面温度随灯泡大小和生产厂家不同而差异很大，在一般散热条件下，其表面温度可参考表 8-1。

白炽灯泡表面温度　　表 8-1

灯泡功率（W）	40	75	100	150	200
表面温度（℃）	50 ~ 60	140 ~ 200	170 ~ 220	150 ~ 230	160 ~ 300

200W 的灯泡紧贴纸张时，十几分钟即可将纸张点燃。高压水银荧光灯的表面温度与白炽灯相差不多，约为 150 ~ 250℃。卤钨灯灯管表面温度较高，1 000W 卤钨灯灯管表面温度可达 500 ~ 800℃。

当供电电压超过灯泡额定电压或大功率灯泡的玻璃壳发热不均匀，或凉水溅到灯泡上时都能引起灯泡爆碎，炽热的钨丝落在可燃物上，将引起可燃物质的燃烧。

灯座内接触不良使接触电阻增大，温度上升过高，可引燃可燃物。日光灯镇流器运行时间过长或质量不好，将使发热增加，温度上升，如超过镇流器内的绝缘材料的引燃温度也可引燃成灾。

（8）漏电。漏电电流一般不大，线路保险丝不会动作。如漏电电流沿线路大致均匀分布，则发热量分散，火灾危险性不大；如漏电电流集中在某一点，则很容易造成火灾。漏电电流经常是经过金属螺丝或钉子引起木制构件起火。

2. 电火花和电弧

电火花是电极间气体在放电能量不足或外电路阻抗较大时的击穿放电；电弧是由大量密集的电火花汇集而成，实质上是两个电极间介质的燃烧，其条件是电源能量足以维护电弧的燃烧。

一般电火花温度很高，特别是电弧，温度可高达 3 000 ~ 6 000℃。因此，电火花和电弧不仅能引起绝缘物质的燃烧，甚至还可能使导体金属熔化、飞溅，构成火灾爆炸的危险源。在有爆炸危险的场所，电火花和电弧更是十分危险的因素。

电火花产生的原因可分为如下四种：

（1）工作原因。指电气设备正常工作和操作过程中产生的火花，如电刷与滑动处的微小火花、插销拨出或插入时的火花、开关切合等。

（2）事故原因。当线路和设备发生故障以及不正常操作时产生的火花、电弧，如短路、绝缘损坏、误操作等。

（3）外来原因。雷电、静电、高频感应电火花等。

（4）机械碰撞高温工作器件等。除以上几种原因以外，外界存在爆炸性混合物，或变压器周围不合理堆放的易燃物，都会促成电气设备发生火灾爆炸的可能。

二、电气防火防爆技术

电气防火防爆是综合性的措施。大体上包括：选用合理的电气设备，保持必要的防火间

距，保持电气设备正常运行，保持通风良好，采用耐火设施，装设良好的保护装置等技术措施。一般防火防爆措施对电气火灾和爆炸也是有效的。

1. 合理选用电气设备

1）爆炸危险场所防爆电气设备的类型

（1）隔爆型电气设备。具有隔爆外壳的电气设备，是指把能点燃爆炸性混合物的部件封闭在一个外壳内，该外壳能承受内部爆炸性混合物质的爆炸压力并阻止向外壳周围的爆炸性混合物质传爆的电气设备。其防爆型的标志为"d"。

（2）增安型电气设备。正常运行条件下，不会产生点燃爆炸性混合物的电弧、电火花或危险温度，并在结构上采取措施，提高其安全程度，以避免在正常和规定过载条件下出现这些现象的电气设备。其防爆型的标志为"e"。

（3）本质安全型电气设备。在规定试验条件下，正常工作或规定的故障状态下产生的电火花和热效应均不能点燃爆炸性混合物的电路为本质安全电路。全部电路为本质安全电路的电气设备称为本质安全型电气设备。其防爆型的标志为"i"。

（4）正压型电气设备。保持内部保护气体的压力高于周围爆炸性环境的压力，阻止外部混合物进入的外壳，称为正压外壳。具有正压外壳的电气设备称为正压型电气设备。其防爆型的标志为"p"。

（5）充油型电气设备。全部或部分部件浸在变压器油内，使设备不能点燃油面以上的或外壳以外的爆炸性混合物的电气设备。其防爆型的标志为"o"。

（6）充砂型电气设备。外壳内充填砂粒材料，使之在规定的使用条件下，壳内产生的电弧、传播的火焰、外壳壁或砂粒材料表面的过热均不能点燃周围爆炸性混合物的电气设备。其防爆型的标志为"q"。

（7）无火花型电气设备。在正常运行（指设备在电气、机械上符合设计技术规范要求，并在制造厂规定的限度内使用）条件下，不产生电弧或电火花，也不会产生能够点燃周围爆炸性混合物的高温表面或灼热点，且一般不会发生有点燃作用的故障的电气设备。其防爆型的标志为"n"。

（8）浇封型电气设备。导电部件浇封在浇封剂中，与危险气体隔离。其防爆型的标志为"m"。

（9）特殊型电气设备。除上述八种防爆型以外的防爆电气设备。其防爆型的标志为"s"。

2）CCS《规范》有关防爆的规定

爆炸危险场所电气设备应采用防爆型。

（1）总述。CCS《规范》规定如需在可能出现爆炸性气体、蒸气而有爆炸危险的处所安装电气设备，则应为符合下列要求的合格防爆电气设备：

①防爆电气设备的制造和试验，应符合接受的有关标准（IEC60079 出版物《爆炸性气体环境中使用的电气设备》或与其等效的标准，例如 GB3836《爆炸性环境用防爆电气设备》等）的规定；

②应具有 CCS 认可的防爆主管试验机构核发的防爆合格证。

船上通常使用下列几种类型的合格防爆电气设备：

a）本质安全型 Ex"i"；

b）隔爆型 Ex"d"；

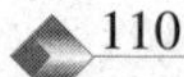

c)增安型 Ex“e”;

d)正压型 Ex“p”;

e)特殊型 Ex“s”;

f)充砂型 Ex“q”;

g)浇封型 Ex“m”。

(2)防爆电气设备的选用。

①可在蓄电池室、油灯间和油漆间(包括其通风道)等有爆炸危险处所中安装的电气设备应符合下列要求:

a)油漆间(包括其通风管道)可安装上述 a) ~ e)所列合格防爆电气设备,其余处所可安装上述 a) ~ g)所列合格防爆电气设备,且其防爆类别和温度组别应不低于表8-2 的规定;

防爆类别和温度组别表

表 8-2

处　所	类别①	温度组别①
蓄电池室	IIC②	T1
油漆间	IIB	T3
油灯间	IIA	T3
氨装置室	IIA	T1
乙炔储藏室	IIC	T2
危险货物舱	按载运危险货物的类别	按载运危险货物的类别
60℃及60℃以下闪点的油管管隧	IIA	T3

注:①本表和本篇以下章节所列防爆电气设备的类别及温度组别,均采用 IEC60079 出版物《爆炸性气体环境中使用的电气设备》或 GB3836《爆炸性环境用电气设备》的有关规定。

②本表和本篇以下章节所列防爆电气设备类别 IIA、IIB、IIC 仅适用于隔爆型电气设备及本质安全型电路和电气设备,如采用其他类型防爆电气设备,则应采用Ⅱ类设备。

b)电缆(包括路过电缆和终端电缆)应为铠装型的或敷设在金属管道中;

c)电气设备的开关、保护电器和电动机控制设备应能分断所有极或相,且最好安装在非危险处所。

②在开敞甲板上距油漆间进气和排气通风口 1m 或距机械通风排气出口 3m 范围内,可安装下列电气设备:

a)上述(1)所列合格防爆电气设备和电缆;

b)无火花型(Ex“n”)防爆电气设备;

c)工作时不会产生电弧,并且其表面不会达到不允许高温的电气设备;

d)具有简单的正压外壳或防蒸气外壳(防护等级至少为 IP55),并且其表面不会达到不允许高温的电气设备。

③除另有明文规定者外,在有爆炸危险的处所中不应安装插座。

④在有爆炸性粉尘沉积的处所中,如需要安装电气设备,则这些电气设备应符合下列要求:

a)外壳防护等级至少为 IP55;

b)在连续工作情况下,其最高表面温度,应至少比5mm厚该类粉尘层的引燃温度低75K。

3)电气设备的安装

(1)电气设备不应贴近油舱、油柜或双层底储油舱等外壁表面安装。如必需安装时,则电气设备与此类舱壁表面之间,至少应有50mm的距离。在工作时能产生高温的电气设备严禁在上述油舱、油柜外壁表面安装。

(2)所有电气设备以外的电缆及布线至少应为滞燃型的,绝缘材料的最高工作温度,至少应比电缆安装场所可能存在的最高环境温度高10℃。在围蔽或半围蔽处所中垂直敷设的电缆,应设置挡火板。

(3)调节电阻、启动电阻、充电电阻、电热器具以及其他在工作时能产生高温的电气设备,在安装时应有防止导致附近物体过热和起火的措施。

(4)配电板的后面和上方不应设有水、油及蒸汽管、油柜以及其他液体容器。如不能避免时则应有可靠的防护措施。

(5)主配电板的前后应留有足够宽度的通道。其前面通道的宽度应至少为0.8m。后面通道的宽度应至少为0.6m,且与加强肋骨间的通道宽度应至少为0.5m。如配电板的结构形式可在前面和侧面进行维护检查和更换部件时,可不设后通道。

(6)风机和油泵的切断

①起居处所、服务处所、货物处所和控制站的动力通风,应能从其所服务的处所外面易于到达的位置将其停止。此位置应在其所服务的处所失火时不易被隔断。厨房排气管道的抽风机应能在厨房内将其停止。

②机器处所风机和油泵的切断:

a)服务于机器处所的动力通风的停止应集中在两个位于服务处所外部的位置上进行,其中之一应位于邻近于这种处所的并易于到达之处,且应在其所服务的处所失火时不易被隔断。机器处所动力通风的停止设备应与其他处所的通风停止设备完全分开。

b)应设有停止强力送风和抽风机、燃油驳运泵、燃油装置用泵、润滑油供应泵、热油循环泵和油分离器(净油器)的控制设备。除油分离器外,该控制设备应位于各有关处所的外部,从而不会在其所服务的处所失火时被隔断。

(7)所有电取暖器应固定装设。在有可燃气体和尘埃易于聚集的地方,不应装设电热器具。电热器具的安装对甲板、舱壁或其他周围物品应不致产生过热的危险。

2.保持电气设备的安全运行

保持电气设备安全运行除保持电压、电流、温升不超过允许范围外,还包括保持良好的电气绝缘和良好的电气连接等内容。

必须保持电气设备绝缘良好。否则,除可能造成人身事故外,还可能由于泄漏电流、短路火花或短路电流造成火灾或其他设备事故。

在运行中,应保持各导电部分连接可靠、接触良好。活动触头表面要光滑,并要保证足够的触头压力,以保持接触良好;固定触头,特别是铜、铝接头,要接触紧密,保持良好的导电性能。在火灾爆炸危险场所,可拆卸的连接接头处应有防松措施。铜、铝之间的连接应采用铜铝过渡接头(除照明灯具外);铝导线的连接应采用压接、熔焊或钎焊,而不能采用简单的缠绕接法。

保持设备清洁有利于防火。设备脏污或灰尘堆积既降低设备的绝缘又妨碍通风和冷却。特别是正常时有火花产生的电气设备，很可能由于过分脏污引起火灾。因此，从防火的角度考虑，也要求定期或经常地清扫电气设备，以保持清洁。

此外，爆炸危险场所及其内电气设备的保护装置必须齐全、可靠、整定合理。

在爆炸危险场所，从设备到工具，从电器到仪表，从开关到线路，各单元都必须符合防爆要求，以实现整体防爆。

为了防火防爆，必须采取综合性的安全措施。除上述措施外，还可根据条件采取加强通风、装设危险气体报警装置、采用耐火设施等安全措施。作为临时性措施，还可采用密封的办法。密封有两个含义：一是把危险物质尽量装在密闭容器内，限制爆炸性物质的产生和逸散；二是把电气设备或其中可能引爆的部件密封起来，消除引爆的因素。例如，拉线开关正常操作时会产生火花，如将拉线开关浸没在绝缘油里，使油面具有足够的高度，保持油的清洁，并及时换油，即可起到一定的防爆作用。又如，将一般日光灯装入高强度的玻璃管内，两端用橡皮塞密封也可起到一定的防爆作用，应当注意，像这两个例子这样的防爆措施，由于比较简陋，只能作为临时性的防爆措施。

3. 通风

1）爆炸危险场所的通风

在爆炸危险场所，如有良好的通风装置，就能降低爆炸性混合物的浓度，场所危险等级也可以考虑降低。例如，对于气流良好的开敞式、局部开敞式建筑物和构筑物或露天区域，如是气体或蒸汽爆炸性混合物的场所，一般可降低一级考虑，但不应划为无爆炸危险的场所。如是粉尘或纤维爆炸性混合物的场所，一般可划为无爆炸危险的场所。又如，当装有经常运转的通风机，能保证场所足够的换气次数和适当的均匀程度，且当其中一台机组故障时，如果仍有必要的通风量，或能自动接入备用机组的爆炸危险场所，则可降低一级考虑。

应当注意，爆炸危险场所内的事故排风用电动机的控制设备，应设在事故情况下便于操作的地方。

2）变压器室的通风

变压器室一般采用自然通风，当采用机械通风时，其送风系统不应与爆炸危险场所的送风系统相连，且供给的空气不应含有爆炸性混合物或其他有害物质。

3）蓄电池室的通风

蓄电池室可能有氢气排出，故应有良好的通风。室内空气不得再参加循环。

4）电气设备的通风、充气系统内空气不可再参加

防爆通风、充气型电气设备的通风、充气系统，应符合下列要求：

（1）通风、充气系统必须采用非燃烧性材料制作，结构应坚固，连接应紧密；

（2）通风、充气系统内不应有阻碍气流的死角；

（3）电气设备与通风、充气系统联锁，运行前必须先通风，而且通过的气体量不小于系统容积的5倍时才能接通电气设备的电源；

（4）进入电气设备及其通风、充气系统内的气体不应含有爆炸危险物质或其他有害物质；

（5）通风系统排出的废气，一般不应排入爆炸危险场所；

(6)在运行中，电气设备及其通风、充气系统内的正压应不低于 $20mmH_2O$，当低于 $10mmH_2O$ 时，应自动断开电气设备的主电源或发出信号；

(7)对于闭路通风的防爆通风型电气设备及其通风系统，应供给清洁气体以补充漏损，并保持系统内的正压；

(8)电气设备外壳及其通风、充气系统的门或盖子上，应有警告标志或联锁装置，以防止运行中错误开启。

4. 接地和接零

爆炸危险场所的接地、接零较一般场所要求高。

1)接地、接零实施范围

除生产上有特殊要求以外，一般场所不要求接地(或接零)的部分仍应接地(或接零)。例如，在不良导电地面处，交流电压380V及以下、直流电压440V及以下的电气设备正常时不带电的金属外壳，还有交流电压127V及以下、直流电压110V及以下的电气设备正常时不带电的金属外壳，再有安装在已接地金属结构上的电气设备，以及敷设有金属外皮且两端已接地的电缆用的金属构架均应接地(或接零)。

2)整体性连接

在爆炸危险场所，必须将所有设备的金属部分、金属管道以及建筑物的金属结构全部接地(或接零)，并连接成连续整体，以保持电流途径不中断；接地(或接零)干线宜在爆炸危险场所不同方向不少于两处与接地体相连，连接要牢靠，以提高可靠性。

3)保护导线

单相设备的工作零线应与保护零线分开，相线和工作零线均应装设短路保护装置，并装设双极开关，同时操作相线和工作零线。1区、10区的所有电气设备和2区内除照明灯具以外的其他电气设备，应使用专门接地(零)线，而金属管线、电缆的金属外皮等只能作为辅助接地(零)线；2区的照明灯具和2区的所有电气设备，允许利用连接可靠的金属管线或金属构架作为接地(零)线(输送爆炸危险物质的管道除外)。保护导线的最小截面，铜线不得小于 $4mm^2$，钢线不得小于 $6mm^2$。

4)保护方式

在不接地电网中，必须装设一相接地时或严重漏电时能自动切断电源的保护装置或能发出声、光双重信号的报警装置。在变压器低压中性点直接接地的电网中，为了提高可靠性，缩短短路故障持续时间，系统的单相短路电流应当大一些。其最小单相短路电流不得小于该段线路熔断器额定电流的5倍，或自动开关瞬时(或短延时)动作过电流脱扣器整定电流的1.5倍。

三、电气火灾的灭火常识

从灭火角度考虑，电气火灾有如下两个特点：一是着火后电气设备可能是带电的，如不注意可能引起触电事故；二是有些电气设备(如电力变压器、多油断路器等)本身充有大量的油，可能造成喷油甚至爆炸等事故，造成火焰蔓延，扩大火灾范围。

1. 切断电源以防触电

电气设备或线路发生火灾，如果没有及时切断电源，在下列情况可能触电：

(1)扑救人员身体或所持器械可能触及带电部分,造成触电事故;

(2)使用导电灭火剂,如水枪射出的直流水柱、泡沫灭火机射出泡沫等射至带电部分,也可能引起触电事故。

(3)火灾发生后,电气设备可能因绝缘损坏而碰壳短路,电气线路也可能因电线断落而接地短路,使正常时不带电的金属构架、地面等部位带电,也可能导致接触电压或跨步电压触电的危险。

因此,发现火灾后,首先要设法切断电源。切断电源时应注意以下几项:

(1)火灾发生后,由于受潮或烟熏,开关设备的绝缘性能会降低,因此拉闸时最好用绝缘工具操作。

(2)高压应先操作油断路器,而不应先操作隔离开关切断电源。低压应先操作磁力启动器而不应先操作闸刀开关切断电源,以免引来弧光短路。

(3)切断电源的范围要选择适当,防止断电后影响灭火工作和扩大停电范围。

(4)剪断电线时,对三相线路的非同相电线应在不同部位剪断,以免造成短路。剪断空中电线时,剪断位置应选择在电源方向的支持物附近,以防止电线剪断后掉落造成接地短路或触电事故。

电气设备和线路在切断电源后的灭火方法,与一般火灾的灭火方法相同。

2. 带电灭火安全要求

有时为了争取灭火时间,来不及断电,或因生产需要或其他原因,不允许断电,则需带电灭火。带电灭火需注意以下几点。

(1)选择适当的灭火机。二氧化碳、四氧化碳或干粉灭火机的灭火剂都是不导电的,可用于带电灭火。泡沫灭火机的灭火剂(水溶液)有一定的导电性,对绝缘有一定影响,不宜带电灭火。

(2)用水枪灭火机灭火时宜采用喷雾水枪。这种水枪通过水柱的泄漏电流较小,带电灭火较安全。

(3)人体与带电体之间保持安全距离。用水灭火时,水枪喷嘴至带电体的距离:电压110kV以下不小于3m;220kV以上应不小于5m。

(4)架空线路等空中设备灭火。对架空线路等空中设备进行灭火时,人体位置与带电体之间的仰角应不超过45°,以防导线断落危及灭火人员的安全。

(5)设置警戒区。如带电导线断落地面,需划出警戒区。

第二节　静电危害的防护

构成物质的基本单位原子呈电中性,整个自然界应该是呈电中性的,但这并不排除在局部有暂时失去平衡的相对静止的正、负电荷的累积,这就是工程上所称的静电。

静电现象广泛存在,它可能产生于电气系统的某一环节或部位,也可能完全是一种自然现象,因此即使在一些与电气工程完全无关的工艺过程中,也会有大量的静电产生。从静电的量值大小来看,小到粉尘,大至雷云,所带静电能量的差距可达天文数字。可见,静电对环境的影响是广泛而多样的,本节主要从安全的角度讨论静电与环境的关系。

一、静电的产生及危害

1. 静电的产生

摩擦生电是大家早已熟知的物理现象，除了摩擦以外，还有没有别的原因导致静电？其产生静电的原理又是什么？以下对此作一简介。

(1)接触—分离起电。两种物质相互接触，当其间距小于2.5nm时，由于构成两种物质的原子得失电子的能力不同，界面间会因外层电子的能级不同而发生电子的转移，于是在接触界面的两侧，会出现大小相等、极性相反的两层电荷，称为双电层。这两层电荷间存在电位差，称为接触电位差。接触电位差的大小与物质类别和表面状况有关，其数量级一般为mV级，最大可达1V左右。

因两层物质接触形成双电层后再分离，转移的电子可能没有或没有全部回到原来的物质中，使得分离后的表面有净电荷的积聚，而摩擦正是两种物质大面积接触又分离的过程，因此能使参与摩擦的两种物质带上不同的电荷。

以上解释了接触—分离起电的理论称为双电层和接触电位差理论，用这一理论可以合理解释摩擦生电现象。

由于不同物质得失电子的能力不相同，某两种物质相互接触时谁得电子、谁失电子可由实验确定。对不同的物质两两配对重复实验，可得到一个得失电子能力的排序，这个排序称为静电起电序列。在这个序列中，排序靠前的物质与排序靠后的物质摩擦，总是排序靠前的带正电荷，而排后的带负电荷，而且两种相互摩擦的物质在排序中相距越远，则摩擦生电的能力就越强，如下是一些常见物质的静电起电序列(由高至低)：玻璃—头发—尼龙—绸—纸张—黑色橡胶—维纶—聚酯纤维—聚乙烯—玻璃纸—聚氯乙烯—聚四氟乙烯。

(2)破断起电。不论材料破断前其内部电荷是否均匀，破断后均可能在各部分产生净电荷积累，这种现象叫做破断起电。破断起电与接触—分离起电不同，因为材料在破断前是同一种物质，故不能用适用于不同物质间的双电层和接触电位差理论来进行解释。对破断起电的理论，这里不作介绍。在实际工作中，粉尘、液体分离过程的起电属于破断起电。

(3)感应起电。严格地说，静电感应不是静电的原始生成方式，它是在已经有静电存在的前提下，通过静电感应产生出新的静电。如图8-1所示，带负电荷的带电体A接近导体B，B与接地装置相连，这时在B上靠近A一端感应出正电荷，而负电荷被排斥到远离A的一端。由于大地可看成是有无穷大的电容量，因此这些负电荷通过接地装置泄入大地，这时断开B与接地装置相连的开关S，并移走A，导体B上就会有净正电荷累积，这就是感应生成的静电。

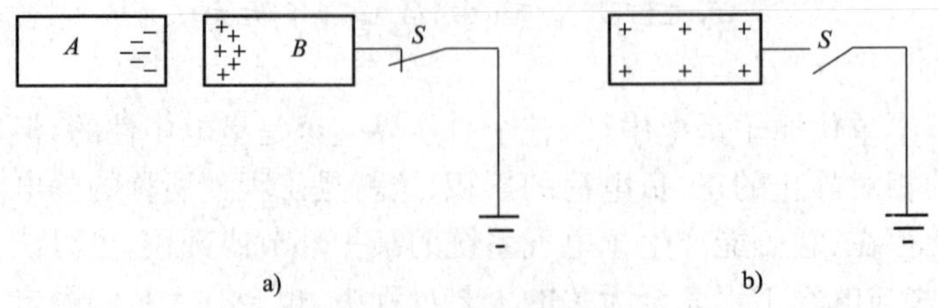

图8-1　感应起电

(4)电荷迁移。当一个带有电荷的物体与一个不带电荷的物体接触时，电荷会在两个物体间重新分配，即发生电荷迁移而使非带电体带电。电荷迁移只是静电的一种重新分配，静电的总量并未发生变化。

(5)其他方式。静电产生的方式还有很多，如压电带电、电解带电、热电带电等，在此不再作一一介绍。

2. 常见的静电形式

这里介绍几种可能引发安全问题的静电形式。

(1)人体静电。这里所说的人体，不仅指人的肉体本身，还包括人身上的衣裤鞋袜等穿着物，以及操作时所携带的工具等。人在各种活动如穿衣、坐、行走中，都可能因摩擦产生静电。而人体本身是一个导体，且具有一定的电容量，因此，有可能被感应出静电，也有可能从带电荷的物体上分得部分电荷，即使有风吹过人体，也会因空气与人体毛发的摩擦而产生静电。

人体静电与衣着的材料、毛发的洁净状况、相对湿度等因素有关。由于人体活动范围大，又通常是各种过程的参与者，人体静电就成了一个移动的静电源。而人体静电又常常被人们所忽视，因此人体静电成了酿成静电灾害的重要原因之一。

(2)固体及粉体静电。固体物质大面积的接触、分离或大面积摩擦，以及固体物质的粉碎等过程中，都可能产生强烈的静电。其静电产生的机理，既有接触—分离起电，也有破断起电。固体静电的特征是电压高，可高达数万伏，其原因不在于静电电量大，而在于电容的量值可取值在很大一个范围内。

粉体可看作是处于一种特殊状态下的固体群，粉体在混合、搅拌等加工过程中，由于颗粒与颗粒之间以及颗粒与器壁和空气之间的碰撞摩擦，还有颗粒的破断，都会产生静电。粉体的静电电压也很高，可高达数万伏。

固体和粉体由于产生的静电电压很高，若不采取措施，很容易引发火灾。很高的电压还对一些电子设备的正常工作造成干扰，乃至威胁这些电子设备本身的安全。因此，在橡胶、塑料、纤维等行业的生产工艺过程中都有消除静电的措施，而在计算机房、通信机房等处也会采取防止产生或者消除静电的措施。

(3)液体静电。液体在运动过程中会产生静电，其产生静电的机理较为复杂。简单地说，在液体与固体的交界面上会出现双电层，在液体部分的电荷不只是集中在一层，而是以一定密度分布的体电荷，当液体内部液体与液体间有相对运动时，这些电荷有一部分就会随液体流走，形成流动电荷，由于流动电荷现象的存在，管道的终端容器里将会有静电荷的净累积。

(4)蒸汽和气体静电。蒸汽或气体在管道内高速流动或由阀门、缝隙高速喷出时也会产生静电。蒸汽产生静电的原理与液体产生静电类似，也是由于接触—分离或破断等原因产生。完全纯净的气体是不会产生静电的，但由于气体内往往含有固体或液体杂质颗粒，这些颗粒的碰撞、摩擦、分裂等过程照样会产生静电。

有些工艺过程会产生所谓的“汽体”，它从物态来说仍属于液体，但呈分散分布，它们与液体的差异，就像粉体与固体的差异一样，船体油漆的喷涂就是一个最典型的例子。“汽体”的喷射可能会产生强烈的静电，是一种较危险的静电源。

蒸汽和气体的静电比固体和液体的静电要弱一些，但也可高达万伏以上。

3. 静电的特点

(1)能量小。除了雷云的静电积聚了巨大的能量以外，一般生产生活活动中所产生的静

电能量都很小，一般不超过 mJ 级。

(2)电压高。生产过程所产生的静电电压可达几十甚至上百 kV。

(3)感应性。静电可在邻近的对地绝缘导体上感应出电荷，并可能产生出很高的电压。

(4)积聚性。静电的电荷可以累积，如果没有异性电荷的中和或电荷的泄漏，均可积聚较大的电量。接触面积越大，则累积越多。

4. 静电的危害

静电的危害体现在以下几个方面。

(1)引发燃烧或爆炸。静电产生的高场强引发的放电，是燃烧或爆炸的起因。

静电的能量一般很小，但其所产生的电场强度并不一定小，尤其在局部部位可能产生很高的电场强度并将空气击穿，典型的如尖端放电等。放电产生的火花对易燃、易爆的气体或液体是极为危险的。

(2)静电电击。静电电击作为一种人为的手段，用得最多的是警用电棍。但这里所说的静电电击是指的非人为产生的电击。尽管至今尚未有静电电击致命的报导，但静电电击造成二次伤害的可能性是存在的。如对于高空作业的人员，静电电击可能导致人员从高空跌落而造成二次伤害。

(3)损坏电子元件或设备。集成电路中广泛采用的金属氧化物场效应晶体管，由于其栅极与源、漏极间有很高的绝缘电阻，因而极易因静电感应电压而造成击穿，一般 100V 的感应电压就足以使场效应晶体管损坏。

(4)影响正常的工艺过程或破坏正常的工作状态。静电产生的电场力，会使很多工艺过程受到影响。如纤维加工工艺中，由于橡胶轴辊与丝、纱等摩擦产生静电，可能导致乱纱、挂条、缠花、断头等现象而妨碍工艺流程。静电产生的电位差还可能使一些电子设备工作出错。如因静电使电子设备的逻辑参考电平发生变化，会使计算机运算出错、继电器误动作等。

另外，当室内有大量电子电气设备频繁发生静电放电时，还可能在空气中产生臭氧而污染环境，使人员工作环境的舒适度受到影响。

二、静电危害的防护

静电危害的防护不外乎有以下一些思路：一是抑制静电的产生；二是以无害的方式使已产生的静电得以消除，或使有害的静电效应被阻碍在危险区域以外；三是提高受害对象或场所对有害静电效应的耐受能力。

1. 抑制静电的产生

主要是在材料选取和工艺制定等方面采取措施，使产生静电的能力得以降低。

1)采用导电性能良好的材料

例如，皮带传动时因皮带的绝缘性而使其摩擦生电，若工艺允许，采用齿轮传动或连杆传动，因传动件都是金属件，就不会产生静电。

2)减小摩擦

减小摩擦的途径通常有两种，一是降低压力和摩擦系数，二是减小速度。

以输送燃油的管道为例。首先应保证管道内壁光滑，粗糙的管壁或管壁上有附着物都会使摩擦系数加大。另外加粗管径，减少弯头，增大弯头的转弯半径等，均可在保证流量的同时

降低压力,从而减小摩擦。

3)合理的工艺安排

如将油注入贮罐的工艺过程中,若将注油口设置在远离罐壁和罐底的位置,则由于注油时流体的喷射和分裂,以及原有流体的搅动,会产生气泡、气体及相互摩擦,很容易产生大量静电。而合理设置注油口,如图 8-2 所示(图中 A、B、C 分别代表三种不同的设置方式,实际只采用其中一种),则产生静电的可能就大为降低。另外,注油口的形状对静电的产生也有很大的影响,因为流体在注油口处产生的破断、飞溅、冲击等都是静电的起因。一般采用 T 形、锥形、斜口形等抑制静电的效果较好。再有就是应定期清除罐底的水分和杂质,它们也构成静电产生的条件。

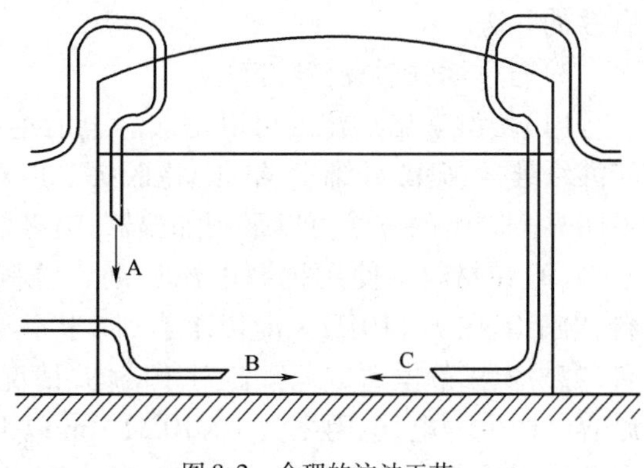

图 8-2　合理的注油工艺

2. 静电消除措施

静电的产生和静电的消失在实际工程中往往是两个同时存在的过程,当静电的产生大于消失时,静电加强,反之则静电减弱,只有当二者达到平衡时,静电才趋于稳定。

1)静电的消失

静电的消失主要有两种方式,即中和和散失。

(1)静电的中和。静电的中和是指被分离的净正、负电荷之间重新结合,对外呈电中性的过程。静电的中和方式主要有:

①火花放电。带异性电荷的物体之间将空气击穿而发生放电,使正负电荷重新结合,这种中和方式是静电危害的主要因素之一,不能被利用来作为静电危害防护的手段。

②导体联通。将带有异性电荷的两个物体通过导体连接,使两个物体上的电荷因电位差而在导体上产生电流,从而使正负电荷重新结合。这种方式对金属带电体效果显著,但对电阻率大的物体效果缓慢且不明显。

③电荷注入。用电荷发生源强行向带电体注入异性电荷而造成中和。

④泄漏。两带电导体间有绝缘相隔,但绝缘表面和内部因种种原因产生一定的导电性,使两导体的电荷缓慢中和。泄漏中和的大小与材料性质和表面污损受潮等状况有关,时间常数越大,对静电的中和越不利。

(2)静电的散失。尽管正、负电荷总是同时等量出现的,似乎不会出现除中和以外的其他静电消失方式。但实际上,只要静电荷不再存在于我们关心的范围,从工程角度来看,就相当于静电已经消失,至于电荷离开我们关心的范围后是否发生中和,已无再关注的必要。静电散失的主要途径有:

①电晕放电。它主要发生在场强很强的部位,强场强将空气电离后,静电荷向电离层运动,与电离层中异性粒子结合,而被电离粒子中与静电荷同性的粒子和未被结合的粒子则在空气中散失。

②静电转移。将带有电荷的物体与不带电荷的物体接触,则不带电荷的物体会分得一定的电荷,分得电荷的比例与两者材质、质量、形状等有关。对于原本不带电的物体,相当于有静

电生成，而对原本带电的物体，相当于有静电的消失。原本不带电的物体体积越大，导电性越好，则分得的电荷比例就越大。我们能够找到的最大物体就是地球，因此接地是转移静电荷最有效的办法。

2）通过增强泄漏消除静电

（1）增湿。增加湿度可以增加静电沿绝缘体表面的泄漏量，特别适合于容易被水湿润的醋酸纤维素、硝酸纤维素、纸张、橡胶等。但对于不能形成水膜的纯涤纶和聚四氟乙烯等效果不明显。增湿的方法可以采用加湿器、喷雾器等，但不应超过工艺过程的允许值。

（2）在材料中使用抗静电添加剂。材料的电阻率对静电泄漏有很大的影响。对固体材料，电阻率在 $1\times10^{7}\Omega\cdot m$ 以下者，属于不易积累静电的范围。电阻率在 $1\times10^{9}\Omega\cdot m$ 以上者，容易积累静电造成危害。对于液体，情况有所不同。电阻率在 $1\times10^{10}\Omega\cdot m$ 左右的液体最容易产生静电，电阻率为 $1\times10^{8}\Omega\cdot m$ 以下和 $1\times10^{13}\Omega\cdot m$ 以上的液体，都不易产生静电。因此采用适合的添加剂以改变材质的电阻率，对抗静电大有裨益。

抗静电添加剂是一种特殊的化学制剂，具有良好的导电性或较强的吸湿性。对于固体材料，若能通过添加抗静电制剂使其体电阻率降至 $1\times10^{7}\Omega\cdot m$ 以下，或将其表面电阻率降低至 $1\times10^{8}\Omega\cdot m$以下，即可消除静电危险。对于液体，通过添加抗静电制剂将电阻率提高到 $1\times10^{13}\Omega\cdot m$以上是不现实的，一般通过添加剂将电阻率降低至 $1\times10^{8}\Omega\cdot m$ 以下，即可消除静电危险。

常见的添加剂有炭黑、石墨、油酸盐、铬盐、金属粉末等。应该注意的是，不应因添加剂的使用而影响材料本身的使用性能。

3）接地

地球是一个质量和体积极为巨大的导体，又是我们能够很容易找到的最大的导体，通过接地，可以使带电荷物体上的电荷在物体与地球之间重新分配。当带电荷物体与地球之间用导线相连，几乎所有的电荷都被分配给了地球，原本带静电的物体上的电荷消失殆尽。

但接地并不是对所有类型的静电都有效。对于感应静电，如图 8-3 所示，若未能将物体 A 接地而是将物体 B 接地，则物体 B 的 b 端正电荷被释放到大地，但 a 端电荷受物体 A 的异性电荷束缚仍然保留，使 A 与 B 的 a 端间仍有静电场存在。

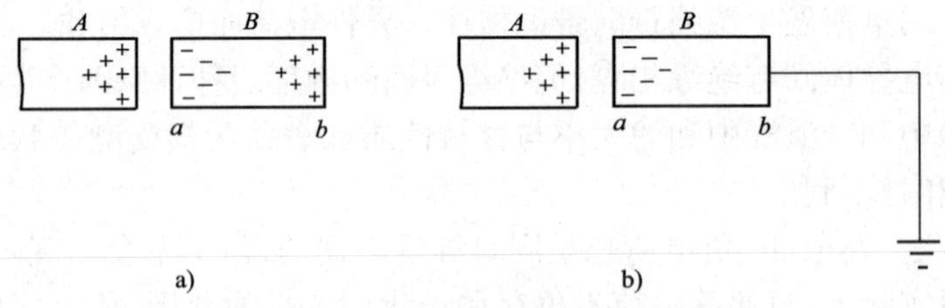

图 8-3　接地对感应静电的作用

对于绝缘带电体，应慎重采取接地措施。因为对于电阻率为 $1\times10^{9}\Omega\cdot m$ 以上的固体材料和电阻率为 $1\times10^{10}\Omega\cdot m$ 以上的液体材料，即使与接地导体接触，其上静电变化也不大。这是因为静电在绝缘材料中运动困难的缘故。若将高电阻率绝缘材料直接接地，相当于在绝缘材料上产生了一点地电位，反而增大了火花放电的危险。对这类绝缘材料，可通过添加抗静电制剂使固体绝缘的电阻率降至 $1\times10^{7}\Omega\cdot m$ 以下或液体绝缘的电阻率降至 $1\times10^{8}\Omega\cdot m$ 以下，再通过 $1\times10^{6}\Omega\cdot m$ 或稍大一些的电阻接地。

4）中和器

中和器是能通过某种途径，将与带电体电荷相异的电荷引入带电体，从而使净电荷减少的设备，常见的有以下几类。

（1）感应中和器。感应中和器的原理图如图 8-4 所示，在一根金属棒上排列一系列金属针，形成静电梳或静电刷。将其靠近带静电的物体时，物体上的静电荷在静电梳或静电刷上感应出相反的电荷。根据尖端产生强场强的原理，针尖附近空气被电离，产生正负离子，正离子在电场作用下向带电体移动使带电体的负电荷被中和，负离子则移向中和器与针尖正电荷中和。由于中和器接地，移至中和器的负离子被泄放入地，只要带电体还有负电荷，针尖总能保持正电荷，这一过程便得以持续。感应式中和器的优点是不需电源，缺点是当电荷减少到一定程度时，电场强度不足以使空气电离，这时中和过程便中止，因此难以彻底消除静电。

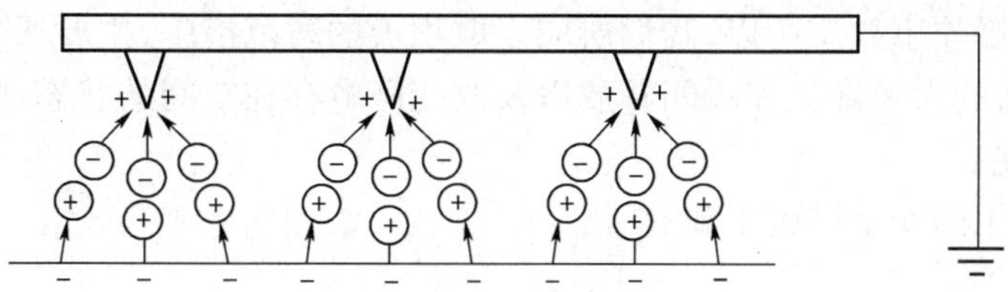

图 8-4　感应中和器的原理图

（2）外加电源中和器。如图 8-5 所示，外加电源中和器就是将感应中和器的接地改为接上一个电源，使静电中和加速，不管带电物体上电荷多少，都可通过电源的高压使空气电离，使中和过程持续进行。外加电源中和器消除静电较为彻底，但有火花放电的危险，故一般不适合用于易燃易爆场所。

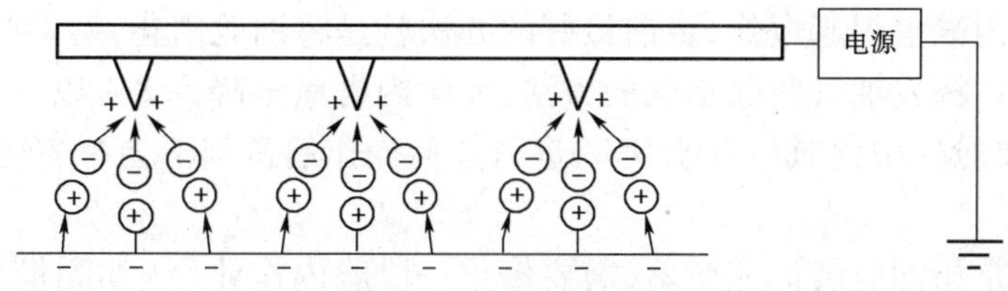

图 8-5　电源式中和器原理图

（3）其他类型的中和器。如放射线中和器和离子流中和器等。放射线中和器使用镭、锶等放射性同位素轰击空气分子产生电离，使带电离子去中和物体所带静电，缺点是具有放射性污染源存在。离子流中和器是由离子流发生器将电离的空气送至带电体使物体静电消除。

3. 静电屏蔽

这里的静电屏蔽有两重含义：一是对静电源进行屏蔽，使静电场被限制在给定的范围内；另一重含义是对工作场所进行屏蔽，使静电场不能到达给定的区域。

屏蔽不仅在抗静电中有效，在防电磁干扰中也同样有效。

4. 减少人体静电的积累

人体对地是有电容存在的，因此人体也会有静电积聚。当人体操作对静电敏感的仪器设备，或处于对静电高度敏感的场所中时，可穿着用高导电纤维编织成的静电工作服或用高导电纤维纺织的静电手腕带并接地，一是可泄放漏静电，二是有屏蔽作用。

三、油船静电的防范

船舶静电,尤其油船静电对船舶的运营影响很大。1969 年,有 3 艘 20 万吨级的巨型油船因静电而爆炸起火。油船上很多物质、设备在作业过程中会引起静电。包括:静电储集性油类物质的货油入舱作业,货油在管道内流动,油品中混入水和汽后的相对扰动,油类物质的飞溅或喷雾过程等;非油类物质,包括水、水雾、蒸汽、惰性气体的悬浮物质等,关于这些物质的洗舱、压载、蒸舱以及惰气的操作,在操作过程中都有可能会引起静电;人体带电以及工作人员的衣服鞋袜等;测量设备操作,测油位、测温和采样等的操作。可以说,静电的产生是无处不在,不能避免的。因此,必须采取积极的防范措施预防来减少静电可能引起的灾害。

大家知道,静电引起燃烧或爆炸必须同时具备两个条件:第一个条件是静电产生放电的能量应足够大;第二个条件是在静电放电的空间内有达到爆炸范围的可燃气体。缺少任一个条件就不会产生静电爆炸事故。所以,我们所应采取积极的防范措施,主要通过减少静电电荷的产生、避免静电电荷的大量聚集和瞬间释放以及改变静电存在空间的状态,阻断助燃物或可燃物与静电的有效接触。

油船操作中常用的安全措施主要有:

1. 控制流速

按油品闪点、输油管径来确定安全流速。根据实践和调查表明,减少静电电荷的产生、积聚,用大管径、低流速的大流量方式装卸是较好的办法。

2. 避免水、空气与油品以及不同油品的混合

实践证明,油品内含水量如达 5%,会使起电效应增加 10 ~ 50 倍。

3. 控制油面上方空间的混合气体

为了防止油舱内静电引起爆炸,目前最好的办法就是将油舱惰化,对某些没有惰气系统的成品油船则可采用以挥发油气驱除空气的方法,使舱内含氧量降到 8% 以下。应该强调,无论在任何情况下,只要舱气中含氧量低于 8%,进行任何操作通常都不会有燃烧、爆炸的危险。

4. 静置时间

所谓静置时间是指油舱装油完毕后,需要停止一段舱内作业(例如测量、采样等),以等待油品中静电电荷通过舱壁消散,这个消散时间或等待时间就是所谓的静置时间。英美等国家提出的停泵后的必须静置时间为 30min,有的国家提出的还要长一些,最高达 2h。

5. 良好接地

油船上产生静电是不可避免的,若要将产生的静电及时消除掉,这就需要将某些与船体不连接的设备在操作使用中接地,使其在使用中产生的静电消除。例如,洗舱机若是固定在甲板上或悬吊在油舱内,应使其与船体有良好的接触;若是活动式或便携式洗舱机就必须在良好地接地后,才可送入油舱,从舱内取出时也同样是要求良好接地。便携式洗舱机的软管通常作为接地线使用,所以把洗舱机送入舱内前和取出前都必须使该软管接在输油或洗舱水支管上。

6. 防止人体带电

人体带电对油船的危害也非常大,油船上工作人员穿着的化纤衣服、绝缘胶鞋等经摩擦后容易使人体带电。人体带电还与活动方式有关。所以预防人体带电的最好方法是穿防静电鞋、防静电工作服、戴防静电手套,舱室内采用导电性地板,以此可减少人体产生的静电。

油船上消除人体带电的方法还有：

(1)在舱室通往甲板的门口处留一块不涂油漆的裸露甲板,使人员经过此地可通过脚下使人体所带电荷消散掉。

(2)油船的舷梯扶栏和水手梯设置处扶栏需有一段不涂油漆的钢管,使上船人员在此把握时消散电荷,当然登船人员应有意用赤手把握这些部位。

(3)在油船货油甲板上的某些部位,如阀门的手轮、舱盖把手等处不涂油漆,以便操作人员随时在此消散静电,操作人员也应在操作当中有意地、经常地、随手在这些可消散静电荷的地方把握一会。

第九章 施工中的电气安全管理与措施

电气安全工作是一项综合性工作,有工程技术的一面,也有组织管理的一面。工程技术与组织管理相辅相成,有着十分密切的联系。没有严格的组织措施,技术措施便得不到可靠的保证;没有完善的技术措施,组织措施则只是一纸空文。由此可见,必须重视电气安全综合措施,做好电气安全工作。

第一节 电工作业安全组织管理

一、管理机构和人员

电工作业是特殊作业,又是危险性作业。首先,电工作业过程和工作质量不仅关联着电工本身的安全,而且也关联着他人和周围设施的安全;其次,电工工作点分散,工作性质不专一,不便于跟班检查和追踪检查。这些都反映了电气安全管理工作的重要性。应当根据本部门电气设备的构成和状态、本部门电气专业人员的组成和素质,以及本部门的用电特点和操作特点,建立相应的管理机构,并确定管理人员和管理方式。专职管理人员应具备一定的电气知识和电气安全知识。安全管理部门和技术部门必须互相配合,共同做好电气安全管理工作。

二、规章制度

合理的规章制度是保证安全、促进生产的有效手段。安全操作规程、运行管理规程、电气安装规程等规章制度都与整个企业的安全运转有直接关系。

企业必须执行国家、主管部门和所在地区制定的标准、规程和规范,并根据这些标准、规程和规范制订本部门、本企业、本单位的标准、规程、规范及实施细则。

应根据不同工种的特点,建立相应的安全操作规程。非电工工种的安全操作规程中,不能忽略电气方面的内容,应根据企业性质和环境特点,建立相适应的电气设备运行管理规程和电气设备安装规程。

对于重要设备,应建立专人管理的责任制。对控制范围较宽或控制回路多元化的开关设备、临时线路和临时性设备等比较容易发生事故的设备,都应建立专人管理的责任制。特别是临时线路和临时性设备,应当结合具体情况,明确规定其允许长度、使用期限、安装要求等项目。

为了保证检修工作,特别是高压检修工作的安全,必须坚持执行必要的安全工作制度,如工作票制度、工作监护制度、工作许可制度等。

三、安全检查

电气安全检查的内容包括:电气设备的绝缘是否老化、是否受潮或破损,绝缘电阻是否合

格;电气设备裸露带电部分是否有防护,屏护装置是否符合安全要求;安全间距是否足够;保护接地或保护接零是否正确和可靠;保护装置是否符合安全要求;携带式照明灯和局部照明灯是否采用了安全电压或其他安全措施;安全用具和防火器材是否齐全;电气设备选型是否正确,安装是否合格,安装位置是否合理;电气连接部位是否完好;电气设备和电气线路温度是否适宜;熔断器熔体的选用及其他过流保护的整定值是否正确;各项维修制度和管理制度是否健全;电工是否经过专业培训等。

对变压器等重要的电气设备应建立巡视检查制度,坚持巡视检查,并做好必要的记录。

对于使用中的电气设备,应定期测定其绝缘电阻;对于各种接地装置,应定期测定其接地电阻;对于安全用具、避雷器、变压器油及其他一些保护电器,也应定期检查、测定或进行耐压试验。对于新安装的电气设备,特别是自制的电气设备的验收工作更应坚持原则,一丝不苟。

四、安全教育

安全教育的目的是提高工作人员的安全意识,充分认识安全用电的重要性;同时,使工作人员懂得基本的用电知识,掌握安全用电的基本方法,从而能安全、有效地进行工作。

新入厂的工作人员应接受入厂教育、车间教育、生产班组教育三级安全教育;全体职工要进行定期的安全教育和培训;特殊工种工作前和企业采用新工艺、新设备、新材料时施工人员还应该进行特殊的安全教育或要有特殊工种上岗证。

对普通职工,应当要求懂得关于电和安全用电的一般知识;对于使用电气设备的生产工人,除应懂得一般性知识外,还应当懂得与安全用电相关联的安全规程;对于独立工作的电气专业工作人员,更应当懂得电气装置在安装、使用、维护、检修过程中的安全要求,应当熟知电气安全操作规程及其他相关联的规程,应当学会触电急救和电气灭火的方法,并通过培训和考试,取得操作合格证。

新参加电气工作的人员、实习人员和临时参加劳动的人员,都必须经过安全知识教育后方可到现场随同参加指定的工作,不得单独工作。特别应当注意加强对合同工和临时工的安全教育。

对外单位派来支援的电气工作人员,工作前应介绍现场电气设备和接线情况,以及有关安全措施。

五、安全资料

安全资料是做好电气安全工作的重要依据。很多技术性资料对于安全工作也是十分必要的,应当注意收集和保存。

为了工作方便和便于检查,应当绘制和保存高压系统图、厂区内架空线路和电缆线路配置电路图、配电平面安装图及其他图纸资料。

对重要设备应单独建立资料档案。每次检修和试验记录都应作为资料保存。设备事故和人身事故的记录也应当作为资料保存。

应当注意收集各种安全标准、规范和法规;应当注意收集国内外电气安全信息并予以分类,作为资料保存。

应当注意各种资料的完整性和连续性,凡有条件的,应将各种资料输入计算机,并编制适当的应用程序。

第二节 电气作业安全工作制度

一、作业许可制度

船舶电气作业许可制度是指在船上和海上设施内，以及在车间内场等作业开始前进行的电气作业许可证的申请制度。具体形式为相应的作业审批证书。

1. 作业许可制度的目的

对适用范围内提到的作业的安全措施设置控制点，对控制点实施许可证审批制度，以确保达到允许施工的条件。

2. 作业许可制度的适用范围

作业许可制度适用于以下在船上、海上设施，以及车间进行的作业。热工作业、密闭舱室油漆作业、临时接/拆电、脚手架搭/拆作业、射线照相作业、开/关舱室出入孔盖作业、化学制剂/易燃易爆等危险品上船作业、船底塞开启作业、压载/去除压载作业、船舶液压油管试验作业、加油、驳油作业、夜间作业。

3. 作业许可制度的内容

(1)申请前预审：

①在申请许可证前，工程主管必须熟悉作业流程、性质，并了解作业中是否存在危险，在附近区域是否有其他不相容的作业同时进行。

②在提交作业申请前，工程主管必须在单船安全协调会(VSCC)上明确声明所要进行的作业。

③在申请许可证前，工程主管必须采取一切相关措施，如隔离作业区，悬挂警告标志牌等。

(2)申请方法：

第Ⅰ阶段：由工程主管提出申请，责任人为工程主管。

工程主管必须填写相应作业审批证书一式二份或一式三份；工程主管必须在适当的框内正确而清晰地将具体情况填写清楚，包括船名，作业的位置，作业开始及完成时间等；工程主管必须在相应作业审批证书上签字申请，然后送交单船总管。

第Ⅱ阶段：总管对作业许可证申请进行验证，责任人为总管。

①工程主管将作业审批证书提交给修船总管进行验证和签批。

②总管在收到工程主管签字的申请后，总管批准作业前应确定如下事项：

在实施作业许可证申请的作业区域附近无不相容的作业将要同时进行；有可靠的安全防范措施保证作业安全。

③总管在作业审批证书上签字，由工程主管交给安全主管进行安全检查和审批。

④若总管有特殊情况无法在船舶上进行审批，可由总管指派的相应工程主管代为审批。

第Ⅲ阶段：安全检查和审批，责任人为安全主管。

安全主管在收到工程主管的作业申请后，应进行如下工作：

熟悉要进行的作业流程，作业性质及作业有关的风险和危险；工程主管在现场要对进行作业的区域及其周围环境进行联合检查，以确保不存在危险情况；在确认符合安全要求后，在审批证书上签字；夜间或休假期间由总管提前安排好交值班安全主管审批。

第Ⅳ阶段：安全教育和施工。

外包队领班/施工负责人接到工程主管/作业长审批结束的许可证后要对施工人员进行现场安全教育和安全交底，然后按要求施工。

船舶二、三级动火审批按照《热工（动火）作业审批制度》执行。

（3）作业许可证的分发。

①安全主管一份。安全主管保留第一联许可证备案存档。

②外包队领班/施工负责人一份。外包队领班/施工负责人在施工结束前保留第二联备查。

（4）一般要求。只有在第Ⅳ阶段许可证正式完成并由有关人员签字后作业才能开始；安全主管不得接受外包队有关人员批准许可证的要求；所有许可证的申请必须通过工程主管进行，许可证申请前工程主管必须按申请作业审批细节进行检查和确认相关内容；工程主管必须在 VSCC 会上提出相关的要求，需要其他主管配合的，必须提前提出。

（5）特殊要求。许可证的最长有效期为七天。

许可证的撤销：

①如果作业场地条件发生变化或发生不相容作业，许可证即失效。在这种情况下，施工队负责人或外包队领班必须立即停工，通知工程主管和安全主管，并将许可证返还给安全主管。

②作业许可证仅在许可规定的期限内有效。如果作业在规定期限内未完成，则需要重新申请许可证，并且一定要将旧的相应联许可证递交给安全主管，超过许可期限的许可证失效。

③如果作业人员作业期间不按许可证规定的条件进行则许可证失效。

4. 船舶电气作业申请单

中远船务公司船舶电气作业申请单格式如图 9-1、图 9-2、图 9-3 所示：

<table>
<tr><td>船名/区域</td><td></td><td>申请人</td><td></td></tr>
<tr><td>使用部门及队伍</td><td></td><td>拆除日期</td><td></td></tr>
<tr><td>设备名称及数量</td><td colspan="3"></td></tr>
<tr><td colspan="4">使用部门确认：

签字：

年　　月　　日　　时</td></tr>
<tr><td colspan="4">拆除人（电工）确认：

签字：

年　　月　　日　　时</td></tr>
<tr><td colspan="4">拆除电气设备注意事项：
1. 电工拆线按照安全用电操作规程施工；
2. 所拆除电线避免对其他电气设备造成影响；
3. 此申请单一式两份，由三供班、申请拆线队伍各持一份；
4. 此申请单与接线申请单相对应使用</td></tr>
</table>

图 9-1　电源线拆除申请单

<table>
<tr><td>船名/区域</td><td></td><td>设备名称及数量</td><td></td></tr>
<tr><td>使用部门及队伍</td><td></td><td>设备管理人</td><td></td></tr>
<tr><td>申请日期</td><td></td><td>使用期限</td><td></td></tr>
<tr><td colspan="4">申请事由：

工程主管签字：

年　月　日　时</td></tr>
<tr><td colspan="4">接线审批要求：

安全主管签字：

年　月　日　时</td></tr>
<tr><td colspan="4">接线状态确认：
1. 设备的绝缘________ MΩ。
2. 电缆是否有接线鼻及接地保护　□　□
3. 接线箱内电源开关状态是否良好　□　□
4. 36V 以上电源线是否有警示标识　□　□

接线人(电工)签字：

年　月　日　时</td></tr>
<tr><td colspan="4">接线安全要求：
1. 电工需按安全用电操作规程施工；
2. 各车间设备组对所属部门电气设备在使用前必须经过严格的检查，确保安全可靠；
3. 设备管理人必须经常检查所用设备、电器线路，确保完好，如发现异常及时与相关部门联系并进行妥善处理；
4. 船舶移泊、(包括进出坞)需再次恢复电气设备时，必须重新申请；
5. 在□内打“√”为是，在□内打“×”为否，需返工再确认，合格后在第二方框内打“√”，二次确认以第二方框为准</td></tr>
</table>

图 9-2　临时电线安装申请单

申请单位：　　　　　　　　　　　　　　　　　　　　　　申请日期：　年　　月　　日

申请人		电器名称及数量	
申请缘由： 1. 施工作业设备用电 □ 2. 场所照明灯具用电 □ 3. 其他类型用电 □ 申请车间/部门管理人员： 年　　月　　日			
接线状态确认： 1. 设备状况，符合使用要求 □ 2. 设备电缆符合使用要求 □ 3. 接线电源符合设备使用要求 □ 4. 设备电缆已作好防护（分道架空、36V 以上电源线有警示标示） □ 接线人（电工）签字： 年　　月　　日			
接线安全要求： 1. 接线人（电工）必须持证上岗，按安全用电操作规程作业； 2. 电工需确认接线状态完全满足安全要求方可接线； 3. 基建部、设备动力部外委工程用电必须由我司电工接线，禁止外委队伍自行操作； 4. 用电管理人必须经常检查所用设备、电气线路，确保完好，如有异常及时与相关人员沟通并妥善处理； 5. 使用结束需及时与相关部门联系拆除电源线缆； 6. 确认项在"□"内划"√"为是，划"×"为否			

图 9-3　陆域作业临时用电申请单

二、工作票制度

检修工作是技术工作，但电气检修工作中包含有十分重要的组织内容。

检修工作大体可分为全部停电检修、部分停电检修和不停电检修等三种情况。为了保证检修工作的安全，应建立必要的工作票制度和监护制度。

工作票有两种，即第一种工作票和第二种工作票，如图 9-4 和图 9-5 所示。

在高压设备上工作需要全部停电或部分停电者，以及在高压室内的二次回路和照明等回路上的工作，需将高压设备停电或采取安全措施者，应填写第一种工作票。

在带电作业和带电设备外壳上的工作；在控制盘和低压配电盘、配电箱、电源干线上的工

作以及在无需高压设备停电的二次接线回路上工作等情况下,应填写第二种工作票。

1. 工作负责人(监护人):________ 班组:________
2. 工作班组人员:________________ 共:____人
3. 工作内容和工作地点:________
4. 计划工作时间:自____年____月____日____时____分至____年____月____日____时____分
5. 安全措施:________________

工作票签发人填写	工作许可人(值班员)填写
应拉开断路器和刀开关(包括填写前已拉开断路器和刀开关),并注明编号	已拉开断路器和刀开关,并注明编号
应装临时接地线,并注明确实地点	已临时接地线,并注明确实地点
应设遮拦和挂警示牌	已设遮拦和挂警示牌,并注明地点
	工作地点保留带电部分和补充安全措施
工作票签发人签名:________ 收到工作票时间:____年____月____日____时____分 值班负责人签名:________	工作许可人签名:________ 值班负责人签名:________

值长签名:________
6. 许可工作开始时间:____年____月____日____时____分
工作负责人签名:________工作许可人签名:________
7. 工作负责人变动
原工作负责人:________离去; 变更________为工作负责人
变更时间:____年____月____日____时____分
工作票签发人签名:________
8. 工作延期
有效期延长到:____年____月____日____时____分
工作负责人签名:________ 值长或值班负责人签名:________
9. 工作结束
工作人员已全部撤离,现场已清理完毕。全部工作于____年____月____日____时____分结束
工作负责人签名:________ 工作许可人签名:________
临时接地线共____组已撤除值 班负责人签名:________
10. 备注:________________

图 9-4 变电所第一种工作票

1. 工作负责人(监护人):______________班组:______________
工作人员:____________________________________共:___人
2. 工作任务:____________________________________
3. 计划工作时间:自___年___月___日___时___分至___年___月___日___时___分
4. 工作条件(停电或不停电):____________________________________
5. 注意事项(安全措施):____________________________________
工作票签发人签名:______________
6. 许可工作开始时间:___年___月___日___时___分
工作许可人(值班员)签名:______________　工作负责人签名:______________
7. 工作结束时间:______________
工作许可人(值班员)签名:______________　工作负责人签名:______________
8. 备注:____________________________________

图 9-5　变电所第二种工作票

根据不同的检修任务、不同的设备条件以及不同的管理机构,可选用或制订适当格式的工作票。例如,检修线路的工作票与检修设备的工作票就小有差别。不论哪种工作票,都必须以保证检修工作的安全为前提。

工作票签发人应由熟悉情况的生产领导人担任。工作票签发人应对工作人员的安全负责,要在工作票中注明应拉开开关、应装设接地线及其他所有应采取的安全措施。工作负责人应在工作票上填写检修项目、计划工作时间等有关内容。工作许可人(值班员)应按工作票停电,并做好有关安全措施。然后,工作许可人应向工作负责人交代并一起检查停电范围和安全措施,并指明带电部分,说明有关安全问题,移交工作现场,双方签名后才许可工作。工作完毕后,工作人员应清扫现场、清点工具;工作负责人应清查人数,带领撤出现场,将工作票交给工作许可人,双方签名后才算检修工作结束。值班人员在送电前还应仔细检查现场,并通知有关单位。

在检修工作中,工作人员应明确工作任务、工作范围、安全措施、带电部位等安全注意事项。工作负责人必须始终留在工作现场,对工作人员的安全认真监护,随时提醒工作人员注意安全。对需要进行监护的工作,如不停电检修工作和部分停电检修工作等,应指定专人监护。监护人应认真负责、精力集中,随时提醒工作人员应注意的事项,以防止可能发生的意外事故。

1. 停电检修安全措施

全部停电和部分停电的检修工作应采取下列步骤以保证安全。

(1)停电。检修工作中,如人体与其他带电设备10kV及以下者的距离小于0.35m、20~35kV者小于0.6m时,该设备应当停电;如距离大于上列数值,但分别小于0.7m和1m时,应设置遮栏,否则也应停电。停电时,应注意对所有能够给检修部分送电的线路,要全部切断,并采取防止误合闸的措施,而且每处至少要有一个明显的断开点。对于多回路的线路,要注意防止其他方面突然来电,特别要注意防止低压方面的反送电。

停电操作顺序必须正确。对于低压断路器(或接触器)与刀开关串联安装的开关组,停电时应先拉开低压断路器(或接触器),后拉开刀开关;送电时合闸顺序与此相反。对于高压操

作，停电时应先拉开断路器，后拉开隔离开关；送电时合闸顺序相反。如果断路器的电源侧和负载侧都装有隔离开关，停电操作时拉开断路器之后，则应先拉开负载侧隔离开关，后拉开电源侧隔离开关；送电时应依次合上电源侧隔离开关、负载侧隔离开关、断路器。

（2）验电。对已停电的线路或设备，不论其经常接入的电压表或其他信号是否指示无电，均应进行验电。验电时，应按电压等级选用相应的验电器。

（3）放电。其目的是消除被检修设备上残存的静电。放电应采用专用的导线，用绝缘棒或开关操作，人手不得与放电导体相接触。应注意线与地之间、线与线之间均应放电。电容器和电缆的残存电荷较多，最好有专门的放电设备。

（4）装设临时接地线。为了防止意外送电和二次系统意外的反送电，以及为了消除其他方面的感应电，应在被检修部分外端装设必要的临时接地线。临时接地线的装拆顺序一定不能弄错，装时先接接地端，拆时后拆接地端。

（5）装设遮栏。在部分停电检修时，应将带电部分遮拦起来，使检修工作人员与带电导体之间保持一定的距离。

（6）悬挂标示牌。标示牌的作用是提醒人们注意。例如，在一经合闸即可送电到被检修设备的开关上，应注上"有人工作，禁止合闸"的标示牌。在临近带电部位的遮拦上，应挂上"止步，高压危险"的标示牌等。

2. 不停电检修安全措施

在工业企业中，不停电检修工作主要是在带电设备附近或外壳上进行的工作。而在电业部门，还有直接在不停电的带电体上进行的工作，如用绝缘杆工作、等电位工作、带电水冲洗等不停电检修工作必须严格执行监护制度；必须保证足够的安全距离，而且带电部分只能位于检修人员的一侧；不停电检修工作时间不宜太长，以免检修人员注意力分散而发生事故；不停电检修使用的工具应经过检查和试验；检修人员应经过严格训练，能熟练掌握不停电检修的技术。

低压带电检修工作应注意以下几点：

（1）低压带电工作应设专人监护，使用有绝缘柄的工具，工作时站在干燥的绝缘物上进行，并戴手套和安全帽。必须穿长袖衣工作，严禁使用锉刀、金属尺和带有金属物的毛刷、毛掸等工具。

（2）高、低压线同杆架设，在低压带电线路上工作时，应先检查与高压线的距离，采取防止误碰带电高压部分的措施。

（3）在低压带电导线未采取绝缘措施时，工作人员不得穿越。在带电的低压配电装置上工作时，应采取防止相间短路和单相接地的隔离措施。

（4）上杆前应分清相、零线，选好工作位置。断开导线时，应先断开相线，后断开零线。搭接导线时，顺序应相反。一般不应带负荷接或断线。

（5）人体不得同时接触两根线头。

（6）带电部分只允许位于工作人员的一侧。

第三节　船舶修造用电安全技术

一、概述

船舶在建造及修理过程中，应该时刻注意用电安全。因为在舱室内工作，就像在金属容器内工作一样危险；尤其在夏季，天气炎热，在舱室内工作就像在蒸笼里一样，人的身体要出很多汗；所使用的手持电动工具、移动式电气设备的绝缘损坏或者没能够正确使用，很容易发生触电伤害事故。

船舶在修、造的过程中，为了防止发生触电事故，在甲板上、机舱内的照明，应该由隔离变压器来供电。在其他狭小舱室里的照明，应该采用36V及以下安全电压，安全电压必须由特定电源来供电。

手持式电动工具、移动式电气设备，最好由隔离变压器来供电。这时其手持电动工具及移动式电气设备的外壳不用接零。

如果手持电动工具及移动式电气设备，采用三相四线制，变压器中性点直接接地的供电系统供电时，手持电动工具及移动式电气设备，不但要采用接零保护，还必须使用漏电保护器。

二、安全用电设施

1. 隔离变压器

隔离变压器与普通变压器的工作原理是一样的。所谓隔离变压器是指，其一次绕组与二次绕组，在电气上彼此隔离，也就是说彼此没有电气上的联系。它的二次绕组与地是绝缘的。因此绝对不允许将二次输出的任何导线与地(壳)、中性线、水管、暖气管等进行连接。

有单相及三相的隔离变压器。单相隔离变压器，其输入电压为220V，其输出电压也为220V。三相隔离变压器输入电压为380V，输出电压也为380V。

由隔离变压器供电，在接单相三极插座和三相四极插座时，保护接零插孔，可以不用接任何导线。

在选用隔离变压器时，可以根据所使用的电气设备，容量的大小以及电压等级，来选用不同规格的隔离变压器。并且应该按照其使用说明安装、使用。

企业可以组织一个专门的巡检组织，对船舶在修、造过程中，所使用的电气设备，临时线路等，如隔离变压器的运行情况进行日常检查，发现问题要及时处理。

2. 漏电保护器

漏电保护器的主要作用是防止由于线路或设备漏电，对人可能造成触电伤害事故，以及在某种场所漏电可能引起火灾事故等。

漏电保护器在选用时，应该根据使用的目的，使用场所的环境，如高温、低温、露天等，以及线路和设备的正常泄漏电流和使用电压等级来选择。

在一般工作场所，我们在选用漏电保护器时，其漏电动作电流为30mA，动作时间为0.1s就可以了。

在修、造的船舶上，金属容器内等，应该选用漏电动作电流为1.5mA，动作时间为0.1s的漏电保护器。

在使用漏电保护器时应该注意，漏电保护器只是防止发生电气事故的一种补充措施，但并不是唯一的措施，因此，电气设备还必须有其他的保护措施。

三、船舶修造安全用电要求

(1)在船舶的修理、建造过程中所使用的电气设备，其电源线应该绝缘良好，不能有破损

裸露的地方。尤其在夏季阴雨连绵，露天放置的电气设备应该有防雨设施。应该放置在较安全的地方，并且要便于检修。

(2)在船坞中、码头旁修造的船舶上，船体与电网的接零干线，要有良好的电气联接。所使用电缆软线的截面应该和使用的工况相对应，并应该考虑涨落潮所需要的裕量。

(3)开关箱、柜的里面以及前后左右，不能堆放杂物，尤其是易燃物品。要保持开关箱、柜的清洁。

(4)船舶上所使用的照明，不能任意拿到其他地方使用。如果工作地点的照度不够时，应该使用36V及以下的行灯照明。

(5)在修理船舶时，船舶上的一切电气修理工作，必须在船方有关人员认可后，才能停车、停电。从机舱内、居住室内等，拆卸下来的照明灯具、电动机等，其带电的线头要分别包扎好。

(6)在修、造的船舶上，最好都使用Ⅲ类手持电动工具。当使用Ⅰ类手持电动工具时，应该加装漏电保护器。在狭小舱室应该使用Ⅱ类或Ⅲ类手持电动工具，使用Ⅱ类手持电动工具时，也应该加装漏电保护器。

(7)手持电动工具在使用前，应该检查其电源线及插头是否完好无损，保护零线是否接上，以及接的是否正确。开关是否灵活好用，外壳、手柄是否破裂、损坏等。发现问题要及时处理或更换。

(8)一般电焊机的空载电压为60~90V。在空载的情况下，较长时间的接触此电压是很危险的。因此，电焊钳的手柄不应该有损坏的现象，绝缘必须良好。在暂时休息或者换焊条时，身体不能靠在船体上，焊把线也不能搭在身体上。

(9)在涂装作业的过程中，会产生大量的易燃易爆气体。因此，在涂装的舱室内，必须使用防爆照明灯具。其通风机及涂装设备，必须使用相应等级的防爆电气设备，并且必须将通风机及涂装设备可靠接地(零)。

(10)涂装作业人员，必须穿着防静电的工作服，不能穿着化学纤维布料制作的衣服，不能穿带铁钉的皮鞋。

(11)船舶发电机在调试时，使用的水电阻(也称盐水缸)和电抗器外壳应该可靠接地。距水电阻和电抗器周围1.5m要装设围栏，围栏上应该悬挂上标示牌。如“有电危险”，“严禁无关人员进入”等。

(12)在调试发电机时，水电阻和电抗器外，要有有关人员在此值班。

(13)水电阻和电抗器，在没有防雨设施时，下雨的天气，不要使用其调试发电机。

(14)船舶在试航前，给油箱、油柜加油时，要防止产生静电。因此，加油所使用的设备，必须进行可靠接地(零)。

四、船舶建造和修理临时用电安全

1. 陆地临时用电要求

(1)临时用电的单位，首先要到本企业供电的主管部门申请。说明临时用电的用途、设备的容量、使用的地点、使用的时间等，待批准后，方可以敷设临时电源。

(2)临时用电一般期限为15天，若15天的时间不够用，应该提前办理延期手续。但一般不得超过1个月。

(3)如果临时线架空敷设,在户内的临时线距地面的距离应该大于2.5m,在户外时应该大于4.5m。如果跨越道路,其导线距地面的距离应该大于6m。

(4)临时用电设备的金属外壳以及金属结构,都应该进行良好的接地(零)。

(5)在易燃易爆的场所,严禁敷设临时线。

2.船舶施工临时用电要求

(1)从船体成型一直到试航,在这段时间里船舶上必须使用临时电源,它主要用于船舶的照明以及电焊等。

(2)临时用电设备的电源,必须由专职电工作业人员来接,严禁非电工作业人员接线。要防止发生触电事故。所谓专职电工作业人员,是经过专门电工安全技术培训,经过考试合格,取得电工作业操作证的人员。

(3)由于电工作业属于危险性作业,也就是特种作业。它不仅涉及自己的安全,还对他人的生命安全有着重大威胁。因此,国家再三强调,特种作业人员,必须要持证上岗。

(4)在船舶上使用的其他临时电气设备,使用的时间越短越好,用完以后要马上拆除掉。在使用这些临时设备时,必须做好接零保护,还必须使用漏电保护器。

3.船舶换接岸电

接岸电时,陆上电源通过电缆接到通常位于主甲板层的岸电箱,岸电箱一般都有岸电电源指示灯、断路器或开关加熔断器、岸电接线柱、相序指示灯(或负序继电器)、表明船电的额定电压与额定频率。换接岸电的操作一般是在主配电板上进行的,在主配电板上除岸电开关外,还设有岸电指示灯,以指示岸电电缆已经通电。

接岸电注意事项:

(1)接岸电时岸电与船电的电流种类应一致。

(2)接岸电时岸电的额定频率、额定电压应与船电相一致。

(3)当岸电为三相四线制时,需将岸电的中性线接在岸电箱上接船体的接线柱上。只有船体与岸电中性线相连后,才可接通岸电。

(4)合上岸电箱上开关,只有当岸电相序与船电相序一致时才可到主配电板前进行转接岸电操作。

(5)船舶接岸电时严禁船舶发电机合闸供电,只有在岸电切除后发电机才可合闸供电;同样船电供电时严禁岸电开关合闸供电。

(6)经船级社(如GL)认可,某些船舶设有船电与陆上电源并联设施,这仅仅是为了转移负载,仅允许船上供电系统和岸上电网作短暂的并联运行。

五、修造船中电气火灾的预防和控制技术

对于电气火灾的预防和控制、重点应放在电气线路的拉设、电气设备(电动机、电焊机、二氧化碳焊机)等的使用上。

(1)船舶施工所安设的电气线路、电气设备,应由专业电工按工艺要求安设,其他人员不准乱拉乱设。

(2)安设的电气线路,绝缘必须符合线路电压的要求,电气线路的接头必须牢固。

(3)安设的电气线路,不得破皮漏电,超负荷或超负荷使用。不得乱接各种电气设备。

(4)安设的电气线路上,应安装断路器或熔断器,以便在线路发生短路时,能及时可靠地切断电源。

(5)船舶施工使用电动机时,电动机和启动装置与可燃物应有适当的距离,并安装合适的保护装置。

(6)电动机不得超负荷运行。电动机的运行温度不能超过最大容许温升,以免电动机过热烧毁引起火灾。

(7)焊接施工所使用的焊接工具必须良好,电焊机和电源线的绝缘要可靠,导线要有足够的截面。

(8)电焊工作业时,应对电焊机、电焊线等进行认真检查,电焊机接地必须良好,接线柱的螺丝应上紧,不得松动。电焊线不得破皮漏电,发现破皮漏电时,应及时处理。

(9)敷设电焊线(包括接零线)时,不得在喷涂油漆的密闭舱室的人孔及甲板上,以及装有易燃易爆物品的容器设备上或管道上通过。接零线长度不够时,不得借用金属构件、管道、装有易燃易爆物品的容器设备和管路作为接零线。

(10)船舶施工使用电热器具时,特别是船楼装饰使用的电加热器,如地布焊枪等,应由专人负责使用和管理。停电及作业结束,应将电源切断,放置在安全地点,以防复电及电热器具过热引起着火。另外,电热器具无电源插头时,不得将电源线头直接插入电源插座内,以防短路发生危险。

(11)静电火灾的预防和控制。对于静电火灾的预防和控制,重点应放在防止静电的产生和及时导除静电上,使静电不至于过多积累,产生静电放电引起易燃、可燃物质发生燃烧。

①船舶建造过程中,船体要有良好的接地,这样因摩擦产生的静电,就会立即导入大地中而消失。

②油柜(舱)注油时,应在正规的注油口和管系进行,并降低油品在管系中的流速,油品在管系中的流速一般以每秒4~5m为限。另外,还应防止油品飞溅冲击,最好用导管使油品在液面下接近容器低部的地方流出,以减少冲击。否则,油品的流速过快,冲击、飞溅情况越严重,产生的静电就越多,危险性也就越大。

六、手持电动工具和移动式电气设备的安全要求

手持电动工具包括手电钻、手砂轮、冲击电钻、电锤、手电锯等工具。移动式设备包括蛙夯、振捣器、水磨石磨平机、电焊机等电气设备。手持电动工具和移动式电气设备是电击事故较多的用电设备。

1. 手持电动工具和移动式电气设备电击事故较多的原因

(1)由于手持工具和设备在运行时,人与工具之间的电阻小,一旦工具带电,将有较大的电流通过人体,容易造成严重后果。同时,操作者一旦触电,由于肌肉收缩而难以摆脱带电体,也容易造成严重后果。

(2)这些工具和设备有很大的移动性,其电源线容易受拉、磨而漏电,电源线连接处容易脱落而使金属外壳带电,导致触电事故。

(3)这些工具和设备没有固定的工作位置,运行时振动大,而且可能在恶劣的条件下运行,本身容易损坏而使金属外壳带电,导致触电事故。

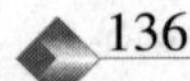

(4)小型手持电动工具采用220V单相交流电源,由一条相线和一条工作零线供电。如错误地将相线接在金属外壳上或错误地将保护零线(PE线)与工作零线(N)接在一起又赶上零线断线,会造成金属外壳带电,导致触电事故。

2. 手持电动工具使用安全要求

使用手持电动工具应当注意以下安全要求:

(1)辨认铭牌,检查工具或设备的性能是否与使用条件相适应。

(2)检查其防护罩、防护盖、手柄防护装置等有无损伤、变形或松动。

(3)检查电源开关是否失灵、破损,是否牢固,接线有无松动。

(4)电源线应采用橡皮绝缘软电缆,单相用三芯电缆、三相用四芯电缆。电缆不得有破损或龟裂,中间不得有接头。

(5)Ⅰ类设备应有良好的接零或接地措施,且保护导体应与工作零线分开。保护零线(或地线)应采用截面积0.75~1.5mm^2以上的多股软铜线,且保护零线(或地线)最好与相线、工作零线在同一护套内。

(6)使用Ⅰ类手持电动工具应配用绝缘用具,并根据用电特征安装漏电保护器或采取电气隔离及其他安全措施。

(7)绝缘电阻合格,带电部分与可触及导体之间的绝缘电阻Ⅰ类设备不低于2MΩ,Ⅱ类设备不低于7MΩ。

(8)根据需要装设漏电保护装置。

(9)Ⅱ类和Ⅲ类手持电动工具修理后,不得降低原设计确定的安全技术指标。

(10)电动工具用毕应及时切断电源,并妥善保管。

上述手持电动工具的使用要求对于一般移动式设备也是适用的。

第四节　特殊作业的用电安全

一、船舶涂装作业的电气安全

船舶涂装作业主要是指成品油轮大舱的特种涂装作业、船舶压载舱等一些密闭舱室的涂装作业,以及有限空间的涂装作业等。这些部位的涂装作业均属于密闭舱室喷涂作业。

船舶涂装作业所用的油漆,其主要溶剂是二甲苯。二甲苯属易燃气体,其挥发的气体与空气混合后能形成爆炸性混合物,遇热、明火、强氧化剂有引起燃烧爆炸的危险。

船舶涂装作业区域周围存在大量的热能和电能。热能主要是电气焊火花、烟头火、金属撞击的火花、机械能转化的热能等;电能主要是照明灯具、防爆灯具、焊接导线、各种电气火花,以及杂散和寄生的电流。这些热能和电能的能量,足以点燃涂装作业所产生的爆炸性气体。由此可见,密闭舱室涂装作业均具备了爆炸(燃爆)事故发生的条件,一旦发生爆炸(燃爆),后果将是群死群伤,属于具有潜在的重大危险作业区域,必须重点加强预防和控制。

对涂装作业的电气安全管理,主要是预防和控制作业人员的不安全行为,预防和控制设备、工具、电气设施在使用过程中产生火花或出现问题,导致涂装作业发生爆炸事故。

为了避免在船舶涂装作业中由于静电和电气设施等原因产生火花,导致爆炸事故,涂装作

业必须满足以下要求：

(1)涂装作业的舱室在进行涂装作业期间，必须设警戒区域，设警戒标志。此警戒区域内禁止任何其他施工作业。

(2)涂装作业的舱室的警戒区内，所有的电源线、电焊线、氧气带、乙炔袋，以及配电设施等，应全部撤离。

(3)涂装作业人员应按特种作业人员进行管理，必须经过专业安全技术培训、考核，持证上岗。

(4)涂装作业人员的着装必须符合防爆要求，防静电服和防静电鞋必须配套使用。无防静电服时，可穿纯棉工作服。严禁穿化纤工作服和带有铁钉的工作鞋。

(5)涂装作业人员严禁携带打火机、火柴、易产生火花的金属工具，以及对讲机、手机、非防爆照明设施等进入涂装作业施工区。

(6)涂装作业所使用的喷涂泵、喷枪、液流软管必须完好，且液流软管必须具有良好的导电性能。

(7)涂装作业时，油漆泵必须接地，喷枪与液流软管、液流软管与喷涂泵连接必须牢固可靠，保持其连续性，以保证通过油漆泵接地，其接地电阻值应不大于4Ω，以及时排除所产生的静电。

(8)涂装作业的船舶应有良好的接地，其全船的接地电阻不应大于4Ω，应由专业部门的专业人员进行检测，并出具书面检测报告。

(9)涂装作业的舱室内，不防爆的照明设施应撤除或撤出舱室外。当不防爆照明线路没有撤出舱室外时，应将电源端的线头扯掉，防止误送电。并按照国家有关爆炸危险场所电气安全的管理规定，安设防爆型照明灯具，其照明灯具的线路不准有接头。

(10)涂装作业舱室的220V照明系统，必须在每个舱室外设置一个电源开关，不允许几个舱室共用一个电源开关，并且照明线路应采用悬吊架设，避开作业空间，单独走一舱眼，不得与各种风带以及液流软管混杂在一起，从一个舱眼合并输入。

二、电焊作业的用电安全

在修造船行业中，电焊焊接使用的十分广泛，同时，焊接作业的安全也越来越受到人们的重视，这是因为焊接作业在船舶建造中施工面广、量大、危险程度严重、作业环境相对恶劣。由于诸多不安全因素，容易使施工人员受到火灾、爆炸、烧伤、中毒、触电和高空坠落等事故的威胁。从统计资料中来看，几乎每一个修造船企业都发生过由于焊割作业而引起的燃爆或烧(灼)伤事故，其中重大事故时有发生。究其原因，主要是由于制度不完善、管理不严格、操作不规范、思想不重视等因素所造成。

安全是修造船工业安全生产的重要组成部分，做好焊接作业的安全管理工作，具有十分重要的意义。

1. 电焊设备用电安全

为了避免焊接作业引起的火灾、爆炸事故，防止作业人员触电，焊接设备必须满足以下要求：

(1)电焊机放置必须平稳牢靠，通风良好、不准靠近高热部位。不应放置在潮湿、有腐蚀性工业气体、盐雾、霉菌的场所。

(2)电焊机必须装有独立的专用开关,其容量应符合要求。电源控制箱周围应留有安全通道;启动电焊机前,焊钳不得与焊件短路。

(3)电焊机必须具有良好的绝缘和可靠的保护接地或保护接零装置,几台电焊机共用时,接地线不得采用串联接法,应并联连接,接地(零)导线应符合安全要求。

(4)焊接电缆要求:

①焊接电缆应采用多股细铜线电缆。其截面应满足焊接电流量和长度要求。

②电缆线外套必须要完整,绝缘良好、柔软,绝缘电阻不得小于1MΩ,电缆外皮破损应及时用绝缘电布包扎好。

③焊接电缆与电焊机接线处必须有防护罩(盖);电缆线应牢固连接,严禁挂接。

④禁止利用厂房的金属构架、轨道、管路、暖气设施或其他金属物体搭接电焊导线。

⑤焊接电缆需要接长时,应使用接头连接器连接,接头不应超过两个,连接处的绝缘应良好。

⑥禁止焊接电缆与油、脂等易燃物接触。

⑦焊接电缆横过马路或通道时,必须采取保护措施。严禁搭在气瓶、乙炔发生器或其他易燃物品的容器和材料上。

⑧经常保持焊接电缆与电焊机接线柱接触良好,螺栓紧固。

(5)动力电源线应采用双层绝缘的多芯橡皮线或橡皮电缆,导线容量应满足电焊机的负荷要求,并应装设单独的开关和短路保护。电源线与电焊机的接线处必须有防护罩(盖);动力电源线中间不允许有接头。

(6)电焊钳必须符合安全要求,钳柄应完整无损,绝缘和隔热性能良好。焊钳与焊接电缆的连接应简便牢靠,接触良好。

(7)当电焊机发生故障时,应立即将电焊机电源切断,然后由维修人员及时处理。

(8)工作完毕或临时离开作业场所,必须切断电焊机的电源。

2. 电焊作业用电安全要点

(1)应掌握电气基本知识,熟悉使用的设备、器具的性能,顺应操作规律,主动预防设备事故或人身伤害。

(2)确认工作场所无危险因素后,方可启动电焊机电源开关,焊接过程中应避免烫伤。更换焊条时,身体不可直接触及焊钳与工件,避免遭到电击。敲渣皮时,要注意避免飞溅伤人。同时应避免弧光射伤眼睛。若与其他工种协作配合,还应防止意外伤害。

(3)工作结束停机时,应先关闭焊机开关,然后切断电源;离开现场时必须检查并扑灭残留的火种。

(4)禁止和油漆、绝缘等有易燃蒸汽挥发的作业一起工作,也不能在油漆和绝缘未干的舱内焊接。

(5)焊接电缆最好架空处理,并要经常检查,有绝缘破损处应立即用绝缘材料包扎。

(6)移动电焊机时要先切断电源。

三、船厂起重机械电气安全技术

1. 概述

起重机的电气设备必须保证传动性能和控制性能准确可靠,在紧急情况下能切断电源安

全停车,在安装、维修、调整和使用中不得任意改变电路,以免安全装置失效。

起重机电气设备的安装,必须符合 GB J232—82《电气装置安装工程施工及验收规范》的有关规定。

2.供电及电路

(1)供电电源。起重机应由专用馈电线供电。对于交流 380V 电源,当采用软电缆供电时,宜备有一根专用芯线做接地线;当采用滑线供电时,对安全要求高的场合也应备有一根专用接地滑线,即四根滑线。

凡相电压 500V 以上的电源,应符合高压供电的有关规定。

(2)专用馈电线总断路器。起重机专用馈电线进线端应设总断路器。总断路器的出线端不应连接与起重机无关的其他设备。

(3)起重机总断路器。起重上应设总断路器。短路时,应有分断该电路的功能。在地面操作的小型单梁起重机上可以不设总断路器。

(4)总线路接触器。起重机上应设置总线路接触器,应能分断所有机构的动力回路或控制回路。起重机上已设总机构的空气开关时,可不设总线路接触器。

(5)控制电路。起重机控制电路应保证控制性能符合机械与电气系统的要求,不得有错误回路、寄生回路和虚假回路。

(6)遥控电路及自动控制电路。遥控电路及自动控制电路所控制的任何机构,一旦失灵应自动停止工作。

(7)起重电磁铁电路。交流起重机上,起重电磁铁应设专用直流供电系统,必要时还应有备用电源。

(8)馈电裸滑线:

①起重机馈电裸滑线与周围设备的安全距离与偏差应符合表 9-1 的规定。否则应采取安全防护措施。

起重机馈电裸滑线与周围设备的安全距离与偏差表 表 9-1

项　目	安全距离与偏差(mm)
距地面高度	大于 3 500
距汽车通道高度	大于 6 000
距一般管道	大于 1 000
距氧气管道及设备	大于 1 500
距易燃气体及液体管道	大于 3 000
相邻滑线导电部分和对接地的净距	大于 30
滑接器距滑线末端距离	大于 200
固定装设的型钢滑线,其终端支架距滑线末端距离	大于或等于 800
滑线膨胀装置的间隙	10 ~ 20
型钢滑线与起重机轨道的实际中心线平行度偏差	小于或等于长度的 1/100,但最大偏差为 10
滑线接触面之间的等距偏差	同上
型钢滑线与起重机轨道沿滑线全长平行度的最大偏差	小于或等于 10
悬吊滑线间的弛度偏差	小于或等于 20

②滑线接触面应平整无锈蚀,导电良好,安装适当,在跨越建筑物伸缩缝时应设补偿装置。

③滑线的安全标志。供电主滑线应在非导电接触面涂红色油漆,并在适当的位置装设安全标志,或表示带电的指示灯。

(9)电线及电缆。起重机必须采用铜芯多股导线。导线一般选用橡胶绝缘电线、电缆。采用多股单芯线时,截面积不得小于 1.5mm²;采用多股多芯线时,截面积不得小于 1.0mm²。对电子装置、伺服机构、传感元件等能确认安全可靠的连接导线的截面积不作规定。

电气室、操纵室、控制屏、保护箱内部的配线,主回路小截面积导线与控制回路的导线,可用塑料绝缘导线。港口工作的起重机宜用船用电缆。

(10)电缆卷筒和收放装置。电缆供电的起重机移动距离 10m 以上时,应设置电缆卷筒或其他收放装置。电缆收放速度应与起重机运行速度同步。

(11)电气配线:

①室外工作的起重机,电线应敷设于金属管中,金属管应经防腐处理。如用金属线槽或金属软管代替,必须有良好的防雨及防腐性。

②室内工作的起重机,电线应敷设于线槽或金属管中,电缆可直接敷设,在有机械损伤、化学腐蚀或油污侵蚀的地方,应有防护措施。

③不同机构、不同电压等级、交流与直流的导线,穿管时应分开。照明线应单独敷设。

3. 主要电气元件的安全技术要求

(1)电气元件。电气元件应与起重机的机构特性、工作条件和环境条件相适应。在额定条件下工作时,其温升不应超过额定允许值。起重机的工况条件和环境条件如有变动,电气元件应作相应的变动。

(2)自动开关。自动开关应随时清除灰尘,防止相互间飞弧,并应经常检查维修,保证触头接触良好,端子连接牢固。

(3)接触器。接触器应经常检查维修,保证动作灵活可靠,铁芯端面清洁,触头光洁平整、接触紧密,防止粘连和卡阻。可逆接触器应定期检查,确保连锁可靠。

(4)过电流继电器和延时继电器。过电流继电器和延时继电器的动作值应按设计要求调整,不可把触头任意短接。

(5)控制器。控制器应操作灵活,档位清楚,零位手感明确,工作可靠。控制器的操作力,应力求减少,不得任意拆除定位元件。

操作手柄或手轮的动作方向应与机构动作的方向一致。

直立式手柄应设有防止因意外碰撞而使电路接通的保护装置。

(6)制动电磁铁。电磁铁应动作灵活准确、无阻滞现象,吸合时铁芯接触面应紧密接触,无异常声响。电磁铁的中间气隙应符合原设计要求。电磁铁的行程应符合机构设计要求。

4. 电气保护装置

(1)主隔离开关。起重机进线处宜设主隔离开关,或采取其他隔离措施。在地面操纵的小型单梁起重机可以不设。

(2)紧急断电开关。起重机必须设置紧急断电开关,在紧急情况下,应能切断起重机总控制电源。紧急断电开关应设在司机操作方便的地方。

(3)短路保护:

①起重机上宜设总断路器来实现短路保护。

②起重机的机械机构由笼型异步电动机拖动时,应单独设短路保护。

(4)失压保护和零位保护。起重机必须设失压保护和零位保护。

(5)失磁保护。直流并激、复激、他激电机,应设失磁保护。直流供电的能耗制动、涡流制动器调速系统,应设失磁保护。

(6)过流保护:

①每套机构必须单独设置过流保护。对笼型异步电动机驱动的机构、辅助机构可例外。

②三相绕线式电动机可在两相中设过流保护。用保护箱保护的系统,应在电动机第三相上设总过流继电器保护。

③直流电动机可用一个过电流继电器保护。

(7)超速保护。铸造、淬火使用的起重机的主起升机构,以及用可控硅定子调压、涡流制动器、能耗制动、可控硅供电、直流机组供电调速的起重机的起升机构和变幅机构,应有超速保护。

(8)接地:

①接地的范围。起重机的金属结构及所有电气设备的金属外壳、管槽、电缆金属外皮和变压器低压侧均应有可靠的接地。检修时应保持接地良好。

②接地的结构。

a)起重机金属结构必须有可靠的电气联接。在轨道上工作的起重机,一般可通过车轮和轨道接地。必要时应另设专用接地滑线或采取其他有效措施。

b)接地线连接宜用截面不小于 $150mm^2$ 扁钢或 $10mm^2$ 的铜线,用焊接法连接。

c)严禁用接地线作载流零线。

③起重电磁铁接地的要求。由交流电网整流供电的起重电磁铁其外壳与起重机之间必须有可靠的电气联接。

④悬挂式控制按钮站接地的要求。悬挂式控制按钮站金属外壳与起重机之间必须有可靠的电气联接。

(9)接地电阻与绝缘电阻:

①接地电阻。起重机轨道的接地电阻,以及起重机上任何一点的接地电阻均不得大于4Ω。

②对地绝缘电阻。主回路与控制回路的电源电压不大于500V时,回路的对地绝缘电阻一般不小于0.5MΩ,潮湿环境中不得小于0.25MΩ,测量时应用500V的兆欧表在常温下进行。

司机室的地面应铺设绝缘垫。

5.照明及信号

(1)起重机应设正常照明及可携式照明。

(2)照明应设专用电路。电源应由起重机主断路器进线端分接,当主断路器切断电源时,照明不应断电。各种照明均应设短路保护。

(3)手提行灯应采用不大于36V的双圈变压器供电,严禁采用自耦变压器。

(4)起重机司机室内照明照度应不低于30W。

(5)起重机的机器房、电气室及机务专用电梯的照明照度不应低于5W。

(6)障碍信号灯。总高大于30m的室外起重机在下列情况之一时,应设置红色障碍灯:

①周围无高于起重机顶尖的建筑物等设施时;

②有相碰可能时;

③有可能成为飞机起落飞行的危险障碍时;

障碍灯的电源不得受起重机停机影响而断电。

(7)起重机应有指示总电源分合状况的信号,必要时应设置故障信号或报警信号。信号指示应设置在司机或有关人员视力和听力可及的地点。

第五节　触电急救

一、概述

触电事故发生后,必须不失时机地进行急救,尽可能挽救触电者的生命。

动作迅速、方法正确,使触电者尽快脱离电源是救治触电者的首要条件。然后根据触电者的具体情况,迅速对症救护。现场常用的主要救护方法是心肺复苏法,它包括口对口人工呼吸和胸外心脏按压法。

人触电后会出现神经麻痹、呼吸中断、心脏停止跳动等症状,外表呈现昏迷不醒状态,即“假死状态”。据资料统计,从触电后1min开始抢救的,约90%的触电者可以救活;从触电后2~4min开始抢救的,约50%的触电者可以救活;从触电后4~6min开始抢救的,约10%的触电者可以救活;超过6min开始抢救的,仅有4%的触电者可以救活;10min开始抢救的,则救活的可能性就很小了。所以,抢救及时并坚持救护是非常重要的。除触电情况较轻者外,对触电者都应进行现场救治。在医务人员接替救治前,切不能放弃现场抢救,更不能只根据触电人当时已没有呼吸或心跳,便擅自判定伤员为死亡,从而放弃抢救。

触电急救时,应在现场对症地采取积极措施保护触电者生命,并使其能减轻伤情、减少痛苦。同时应根据伤情的需要,迅速联系医疗部门救治。尤其对于触电后果严重的人员,急救成功的必要条件是动作迅速、操作正确。任何迟疑拖延和操作错误都会导致触电者伤情加重或造成死亡。此外,急救过程中要认真观察触电者的全身情况,以防止伤情恶化。

二、使触电者脱离电源的方法

触电事故发生后,急救触电者的首要条件是使触电者尽快脱离电源,即要把触电者接触的那一部分带电设备的开关或其他断路设备断开或设法将触电者与带电设备脱离接触。

1. 低压触电时使触电者脱离电源的方法

(1)触电者如果触及低压带电设备,若电源开关或电源插头在触电地点附近,救护人员应设法迅速切断电源,如拉开电源开关,拔出电源插头等。但应注意拉线开关和平开关只能控制一根线,有可能只切断零钱,而火线并未切断,没有达到真正切断电源的目的。

(2)如果电源开关或电源插头不在触电地点附近,电流通过触电者入地,且触电者紧握电

线,可设法用干木板塞进其身下,使触电者与地面隔开;也可用干木把斧子或有绝缘柄的钳子等将电线剪断断开电源(剪电线时要一根一根地剪,并尽可能站在绝缘物或干木板上)。

(3)当电线搭落在触电者身上时,可用干燥的衣服、手套、绳索、木板、木棒等绝缘物作工具,拉开触电者或挑开电线,使触电者脱离电源。如果触电者的衣服很干燥,且未曾紧缠在身上,也可抓住触电者干燥而不贴身的衣服将其拉离电源(切记要避免碰到金属物体和触电者的裸露身躯),或者站在绝缘垫等绝缘物体上拉触电者使其脱离电源。但因触电者的身体是带电的,其鞋子的绝缘也可能遭到破坏,救护人员不得接触触电者的皮肤,也不能触摸他的鞋子。

(4)如果触电发生在杆塔上,若是低压线路,凡能切断电源的应迅速切断电源;不能立即切断时,救护人员应立即登杆(系好安全带),用戴绝缘胶柄的钢丝钳或其他绝缘物使触电者脱离电源。

2. 高压触电时使触电者脱离电源的方法

(1)触电者若是触及高压带电设备,救护人员应迅速切断电源或通知供电部门,对该线路停电;或者用适合该电压等级的绝缘工具(戴绝缘手套、穿绝缘靴并用绝缘棒)去解脱触电者(抢救过程中应注意保持自身与周围带电部分必要的安全距离)。

(2)如是高压线路且又不可能迅速切断电源时,可用抛铁丝等办法使线路短路,从而导致电源开关跳闸。抛掷金属线前,应注意先将金属线一端可靠接地,另一段系重物然后抛掷,被抛掷的一端切不可触及触电者和其他人。

(3)若触电者触及了断落在地面上的带电高压线,在未确认线路无电或未做好安全措施(如穿绝缘靴等)之前,救护人员不得接近断线落地点 8 ~ 12m 范围内,以防止跨步电压伤人(但可临时将双脚并拢蹦跳地接近触电者)。在使触电者脱离带电导线后,亦应迅速将其带至 8 ~ 12m 处并立即开始紧急救护。只有在确认线路已经无电的情况下,方可在触电者倒地现场就地立即进行对症救护。

3. 触电急救注意事项

在触电急救时,应根据具体情况,越快越好,但也不能麻痹大意,应注意下列事项:

(1)救护人员不可直接用手或其他金属或潮湿的物件作为救护工具,而必须使用干燥绝缘的工具。在未采取任何绝缘措施前,救护人员不得直接触及触电者的皮肤和潮湿衣服。

(2)救护人最好只用一只手操作,以防自己触电。

(3)要防止触电者脱离电源后可能摔伤,特别是当触电者在高处的情况下,应考虑防摔措施。即使触电者在平地,也要注意触电者倒下的方向,以防摔伤。

(4)触电事故发生在夜间,应迅速解决临时照明问题,以利于抢救。

三、现场急救方法

1. 急救方法

抢救触电者使其脱离电源后,应立即就近移至干燥与通风场所,且勿慌乱和围观,首先应进行情况判别,再根据不同情况进行对症救护。

触电者若出现闭目不语、神志不清情况,应让其就地仰卧平躺,且确保气道通畅。可迅速呼叫其名字或轻拍其肩部,以判断触电者是否丧失意识。但禁止摇动触电者头部进行呼叫。触电者若神志昏迷、意识丧失,应立即检查是否有呼吸、心跳,检查时,应仔细观看触电者的胸部和腹部是否还有起伏动作；用耳朵贴近触电者的口鼻与心房处，细听有无微弱呼吸声和心跳音；用手指或小纸条测试触电者口鼻处有无呼吸气流，再用手指轻按触电者左侧或右侧喉结凹陷处的颈动脉有无搏动，以判定是否还有心跳。

对伤势不重、神志清醒但有点心慌、四肢发麻、全身无力，或触电过程中曾一度昏迷、但已清醒过来的触电者，此时应让其安静休息，不要走动，并严密观察。也可请医生前来诊治，或必要时送往医院。

对伤势较重、已失去知觉，但心脏跳动和呼吸存在的触电者，应使其舒适、安静地平卧。不要围观，让空气流通，同时解开其衣服包括领口与裤带以利于呼吸。若天气寒冷则还应注意保暖，并速请医生诊治或送往医院。若出现呼吸停止或心跳停止，应随即分别施行口对口人工呼吸法或胸外心脏按压法进行抢救。

对伤势严重、呼吸或心跳停止，甚至都已停止，即处于所谓"假死状态"的触电者，则应立即施行口对口人工呼吸及胸外心脏按压进行抢救，同时速请医生或送往医院。应特别注意，急救要尽早进行，切不能消极地等待医生到来；在送往医院途中，也不应停止抢救。

对于与触电同时发生的外伤，应分情况酌情处理，对于不危及生命的轻度外伤，可以在触电急救之后处理；对于严重的外伤，应与实施人工呼吸和胸外心脏按压同时处理，如伤口出血，应予以止血，为了防止伤口感染，最好进行包扎。

2.心肺复苏法

对触电者现场救护的主要方法是心肺复苏法，包括人工呼吸法与胸外按压法两种急救方法。对于抢救触电者生命来说，既至关重要又相辅相成。所以，一般情况下该两法要同时施行。因为心跳和呼吸相互联系，心跳停止了，呼吸很快就会停止；呼吸停止了，心脏跳动也维持不了多久。所以，呼吸和心脏跳动是人体存活的基本特征。

(1)人工呼吸。采用心肺复苏法对呼吸停止的触电者进行抢救时，首先要保持气道畅通。若发现触电者口内有异物，则应清理口腔阻塞。即将其身体及头部同时侧转，并迅速用一个或两个手指从口角处插入以取出异物。操作中要防止将异物推向咽喉深处。采用使触电者鼻孔朝天头后仰的"仰头抬颌法"通畅气道。具体做法是用一只手放在触电者前额，另一只手的手指将触电者下颌骨向上抬起，两手协同将头部推向后仰，此时舌根随之抬起，气道即可通畅。禁止用枕头或其他物品垫在触电者头下，因为头部太高更会加重气道阻塞，且使胸外按压时流向脑部的血流减少。

在使触电者气道畅通后，应实行口对口人工呼吸。口对口人工呼吸就是采用人工机械的强制作用维持气体交换，并使其逐步地恢复正常呼吸。进行人工呼吸时，救护人员用放在触电者额上那只手捏住其鼻翼，深深地吸足气后，与触电者口对口接合并贴近吹气，然后放松换气，如此反复进行。开始时可先快速连续而大口地吹气4次。在进行人工呼吸时，除开始施行时的4次大口吹气外，此后正常的口对口吹气量均不需过大，以免引起胃膨胀。施行速度约每分钟12~16次；对儿童为每分钟20次。吹气和放松时，应注意触电者胸部要有起伏状呼吸动作。吹气中如遇有较大阻力，便可能是头部后仰不够，气道不畅，要及时纠正。若触电者牙关紧闭且无法弄开时，可改为口对鼻人工呼吸。口对鼻人工呼吸时，要将触电者嘴唇紧闭以防止漏气。经4次大口吹气后要观察触电者胸部有无起伏状，同时测试其颈动脉，若仍无搏动，便可判断为心跳已停止，此时应立即同时施行胸外按压。

(2)胸外按压法。一旦心脏停止跳动,机体因血液循环中止,将因缺乏供氧和养料而丧失正常功能,最后导致死亡。胸外心脏按压法就是采用人工机械的强制作用维持血液循环,并使其逐步过渡到正常的心脏跳动。

胸外按压的部位应该在胸骨中下方1/3处。在胸外心脏按压时,要保证按压的姿势正确,正确的按压姿势是达到胸外按压效果的基本保证。正确的按压姿势为:使触电者仰面躺在平坦硬实的地方,救护人员立或跪在伤员一侧肩旁,两肩位于伤员胸骨正上方,两臂伸直,肘关节固定不屈,两手掌根相叠。此时,贴胸手掌的中指尖刚好抵在触电者两锁骨间的凹陷处,然后再将手指翘起,不触及触电者胸壁,或者采用两手指交叉抬起法。以髋关节为支点,利用上身的重力,垂直地将成人的胸骨压陷4~5cm,儿童和瘦弱者酌减为约2.5~4cm,对婴儿则为1.5~2.5cm。按压至要求程度后,要立即全部放松,但放松时救护人员的掌根不应离开胸壁,以免改变正确的按压位置。按压时尤其应该注意抢救者双臂应绷直,双肩在患者胸骨上方正中,垂直向下用力按压。按压时应利用上半身的体重和肩、臂部肌肉力量,避免双臂倾斜向下或屈臂按压等不正确的按压姿势。

按压救护是否有效的标志,是在施行按压急救过程中再次测试触电者的颈动脉,看其有无搏动。由于颈动脉位置靠近心脏,容易反映心跳的情况。此外,因颈部暴露,便于迅速触摸,且易于学会与记牢。

采用胸外按压法进行救治时,动作要平稳,不能冲击式地猛压。而应以均匀速度有规律地进行,每分钟80~100次,每次按压和放松的时间要相等。当胸外按压与口对口人工呼吸两法同时进行时,其节奏为:单人抢救时,按压15次,吹气2次,如此反复进行;双人抢救时,每按压5次,由另一人吹气1次,可轮流反复进行。

参考文献

[1] 杨岳.电气安全[M].北京:机械工业出版社,2005.

[2] 李悦,杨海宽.电气安全工程[M].北京:化学工业出版社,2004.

[3] 杨有启,钮英建.电气安全工程[M].北京:首都经济贸易大学出版社,2000.

[4] 王勤章.船舶建造安全技术[M].哈尔滨:哈尔滨工程大学出版社,2005.

[5] 姜锦范.船舶电站及自动化[M].大连:大连海事大学出版社,2005.

[6] 赵殿礼.船舶电气设备管理与工艺[M].大连:大连海事大学出版社,2004.

[7] 郑华耀.船舶电气设备及系统[M].大连:大连海事大学出版社,2005.

[8] 孙成明,孙旭清.船舶电工工艺与电力拖动控制训练[M].青岛远洋船员学院,2003.

[9] 钱闵.油船安全知识与安全操作(第三版)[M].大连:大连海事大学出版社,2006.

[10] 中国船级社.钢质海船入级规范[S],2006.

[11] 中远船务工程集团有限公司.船舶修理技术标准(轮机电气分册)[S].北京:中国标准出版社,2006.